新时代脱贫攻坚研究系列

张 琦 主编

立下愚公移山志 打赢脱贫攻坚战

河南济源脱贫攻坚经验

张 琦 张艳荣 卫祥玉 等著

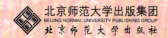

北京师范大学出版集团
BEIJING NORMAL UNIVERSITY PUBLISHING GROUP
北京师范大学出版社

本书由北京师范大学中国扶贫研究院和甘肃农业大学财经学院联合课题组完成。

课题研究人员

张　琦　北京师范大学中国扶贫研究院教授

张艳荣　甘肃农业大学财经学院教授

卫祥玉　河南省济源市原副市长，现为河南省三门峡市副市长

李兵园　湖北工程学院副教授

董雪梅　华南农业大学经济管理学院博士研究生

曹　委　甘肃农业大学财经学院硕士研究生

郭　琳　甘肃农业大学财经学院硕士研究生

孟　娜　甘肃农业大学财经学院硕士研究生

刘巧彦　甘肃农业大学财经学院硕士研究生

何正燕　甘肃农业大学财经学院硕士研究生

李　蓉　甘肃农业大学财经学院硕士研究生

代　序①

一、召开济源实践研讨会有特别意义

一是纪念意义。2015 年 11 月 27 日至 28 日，党的十八届五中全会后第一个中央会议——中央扶贫开发工作会议召开，习近平总书记发表长篇讲话，全面阐述打赢脱贫攻坚战的决策部署，特别是精准扶贫、精准脱贫基本方略。这在全球范围内，一个政党、一个国家的领袖如此长篇幅阐述如何解决贫困问题，无疑为其他政党如何领导减贫树立了典范。五年后的今天，全面脱贫攻坚战已经到了取得决定性胜利的时刻。我们以多种方式回顾脱贫攻坚的伟大历程，充分总结脱贫攻坚的辉煌成就，以及蕴含其中的政治制度优势，形成的脱贫攻坚精神，具有十分重大的意义。

① 本文系国务院扶贫办中国扶贫发展中心主任黄承伟在"立下愚公移山志，打赢脱贫攻坚战"济源课题研讨会上的讲话。

二是示范意义。党的十九届五中全会对脱贫攻坚战以后如何继续开启奋斗新征程，从两个方面进行了部署。第一，把"巩固拓展脱贫攻坚成果，全面推进乡村振兴"作为"十四五"重大目标的一部分；第二，"十四五"规划建议中的第 28 条明确："实现巩固拓展脱贫攻坚成果同乡村振兴有效衔接"，为后脱贫时代指明了方向。如何准确理解、领会，怎么贯彻、落实，需要顶层研究和设计，更需要基层的探索和实践。济源并不在 832 个脱贫摘帽县之中，过去几年在脱贫攻坚领域的成功实践，对于贯彻落实十九届五中全会精神，对于脱贫攻坚战完成后的乡村发展工作，对于如何接续推动脱贫地区发展、解决低收入人群的发展问题，具有在全国范围学习交流的价值。

三是启示意义。北京师范大学中国扶贫研究院和济源建立为济源发展提供总结支持与发展智能咨询服务的方式，对脱贫地区如何在新发展阶段贯彻新发展理念，构建新发展格局，充分利用智库力量加强研究、把握规律、优化政策、改善治理，提供了一种产学研有机结合的模式。

二、济源市脱贫攻坚的经验有借鉴价值

总体上，从全国脱贫攻坚工作、下一阶段不同贫困地区不同群体的发展、推动共同富裕在 2035 年实现实质性进展等维度看，济源在脱贫攻坚期间的典型发展实践，是习近平新时代中国特色社会主义思想的生动实践。济源以脱贫攻坚统揽经济社会发展全局。在中央顶层设计的指引下，在河南省委、省政府的领导下，济源市委、市政府坚决贯彻落实，实现了在高质量发展中如期完成脱贫攻坚目标任务。这实际上是为全国 2800 多个县特别是 832 个脱贫摘帽县如何实现更高质量发展提供了借鉴。

济源脱贫攻坚实践具有以下五个方面的经验启示。

一是以改革创新落实全面加强党的领导。济源脱贫攻坚充分体现了中国共产党的领导是中国特色社会主义最本质的特征。在中国特色社会主义道路发展中，党是领导一切的。那么，党如何实现对一切的领导？需要有效的方式方法，这就是治理体系和治理能力现代化的根本目的。为什么要现代化？实质是指在现代化进程中逐步构建既能够全面加强党的领导，又能实现更好发展的治理体系。济源在发展过程中如何体现中央的决策部署？体现省委的要求？最根本的经验就是以全面加强党的领导为基础和前提。全面加强党的领导绝不仅仅是一个说辞，也不是一个死搬硬套的原则，而是一整套有机结合的体制、机制和举措。济源在脱贫发展过程中采取了一系列有效方式，就是更有效地把党的领导贯穿到发展全过程各方面。如何才能贯穿？核心经验就是改革创新。脱贫攻坚的全过程都在改革创新。如果没有改革创新，就不可能短短几年实现脱贫摘帽。党的十八大以来，党中央把扶贫摆在治国理政突出位置，习近平总书记亲自谋划、亲自推动、亲自督战脱贫攻坚战，这是中华民族发展史上最大的民生工程。脱贫攻坚带来的巨大变化，最根本的就是人心的变化——人心的凝聚。通过改革全面落实党的领导，在落实党的领导中打赢脱贫攻坚战，从而进一步凝聚人心，激发中华民族的自豪感，这是这一历史事件的重要经验启示。

二是以改革创新推动精准扶贫方略的落实。在脱贫攻坚期间，精准扶贫无论是六个精准、五个一批，还是解决好"扶持谁、谁来扶、怎么扶、如何退"四个问题，既是工作具体要求，也是工作方法。在脱贫攻坚实践中，精准已经成为治国理政的重要方法。类似济源这样的区域发展，如果每个领域都能做到精准，区域发展质量肯定会进一步提高，成效也必定更加明显。精准扶贫方略的内涵，实际上可以理解为"十四五"规划建议五大原则之一——坚持系统观念的充分体现。六个精准，就是解决乡村发展中怎么更平衡、资源使用怎么更有效的方法论。而这套方法论是对传统扶贫方式方法的革命性改变，没有系统性的改革创新办法，是很难落实的。只有改革、创新，才可能实现对传统扶贫方式的根本性改变，换言之，在改革创新中把精准扶贫的要求落实到发展过程中，是取得今天发展成绩的重要原因。

三是以改革创新激发发展活力。在发展中，市场肯定很重要。如何激发各方面的活力，把市场、政府、社会形成习近平总书记要求的互动、联动，就需要深化改革。济源从实际出发，通过改革创新，构建了一套体系，改革创新激发了政府的效率、市场的动力、社会的活力。党的十九届五中全会要求巩固拓展脱贫攻坚成果，首先需要把握好巩固什么，拓展什么。拓展不等于简单地巩固，而是将已有的成果继续提高。如果党的初心使命不能够深入到每个老百姓心中，乡村振兴也就无从谈起，就会动摇我们党的执政根基。从这个角度看，如何更有效的构建社会治理结构，济源做了许多探索。比如，企业参与脱贫攻坚，在企业、产业发展中引入公益性安排，形成公益力量，推动了脱贫攻坚的社会动员。

四是以改革创新激发区域发展和人民群众的内生动力。实际上一种精神在每个时代都会有每个时代的呈现要求。愚公移山精神在新时代怎么呈现，需要有对应的方式方法，把适应时代要求的精神贯穿到方方面面，由此激发发展活力。同样，系统总结济源减贫发展经验，十分重要。一方面，精神属于软实力范畴。要使中国传统文化、社会主义建设文化、中国共产党在每个时期形成的精神和文化，都能够在新时代体现出新特点，从而激发出新的力量。另一方面，济源在改革过程中始终围绕着这种精神，也是很重要的经验。

五是以改革创新初步构建高质量脱贫的体系。为什么要有高质量脱贫要求？党的十八届五中全会决定打响脱贫攻坚战，党的十九大把精准脱贫作为三大攻坚战之一。从"打赢"到"打好"，实际上也就是高质量脱贫的要求，"打好脱贫攻坚战"，实际就是要在脱贫中体现高质量要求。从全国总体上看，无论是扶贫还是脱贫，都需要高质量这一标准。习近平总书记多次强调要坚持目标标准，也就是坚持"两不愁三保障"目标标准。济源脱贫攻坚的实践，可以说在许多方面达到了高质量脱贫要求，支撑高质量脱贫的这套体系，具有可借鉴性。特别是全国的脱贫攻坚任务完成之后，如何进一步巩固拓展形成的成果，具有探索、示范意义。这既是改革创新的成果，也是一条重要经验。

三、深化研究推动济源实践的三点建议

脱贫摘帽不是终点，而是新生活、新奋斗的起点。为进一步巩固拓展济源脱贫攻坚成果，实现巩固拓展脱贫攻坚成果同乡村振兴有效衔接，提出以下三点建议供参考。

第一，以习近平新时代中国特色社会主义思想在地方区域的实践为主线，创新构建中国之治地方区域发展模式。可以把这项目标列为济源编制"十四五"规划和 2035 年发展目标的重要方面。在我国，所有的县，或者说大部分的县找到自身更好地实践习近平新时代中国特色社会主义

思想的方式方法，改革创新体制机制、建立更有效的治理体系是基础和前提。也就是说，如何在新的发展阶段，在社会主义现代化国家建设的新征程中走得更稳，是各个地方区域发展面临的挑战。中央的部署、提出的要求是针对全国总体情况的，往往难以用统一的办法回应地域的差异。济源既有改革创新的成果，也有改革发展的任务。如何从更好实践习近平新时代中国特色社会主义思想，从中国之治地方区域发展角度构建可借鉴的发展治理范式，这是脱贫攻坚总结的重要着力点，这实际上也是贯彻落实党的十九届五中全会精神的具体行动。

第二，构建实现巩固拓展脱贫攻坚成果同乡村振兴有效衔接的体制机制和政策体系。党的十九届五中全会提出巩固脱贫攻坚成果同乡村振兴有效衔接。如何更好更快落地，济源有基础、有能力、有经验，理应走在全国前面。济源脱贫攻坚战任务已经完成，但是在新的阶段既要实现济源本身更好发展，也要在河南省、全国范围内提供更好的地方区域发展借鉴，更好的改革创新的借鉴。

第三，努力在社会主义现代化国家建设的新征程中，把贯彻落实新发展理念、构建新发展格局与弘扬愚公移山精神有效结合，探索出更加符合中国发展特色、更加体现共同富裕价值目标要求的发展模式。济源有基础，有理念，要结合"十四五"发展规划、2035 年远景目标的制定，凝聚更大合力，在改革创新道路上再出发，持续推进共同富裕的历史进程。

前　言

　　贫困问题是人类社会发展中面临的世界性难题，反贫困始终是世界各国人民的一项历史使命。我国高度重视扶贫工作，将脱贫攻坚作为全面建成小康社会必须打赢的攻坚战。2015年11月，习近平总书记在中央扶贫开发工作会议上指出，"脱贫攻坚战的冲锋号已经吹响。我们要立下愚公移山志，咬定目标、苦干实干，坚决打赢脱贫攻坚战，确保到2020年所有贫困地区和贫困人口一道迈入全面小康社会"。习近平总书记的要求，虽然是对全国讲的，但对于济源来讲，具有更为特殊的意义。

　　济源因济水发源地而得名，是愚公移山精神的原发地，辖2个产业集聚区、11个镇、5个街道，总人口73万，面积1931平方公里，山区丘陵面积占总面积的88%。中华人民共和国成立以来，在党中央国务院和省委省政府的坚强领导下，济源弘扬愚公移山精神，走过了一段又一段波澜壮阔的奋斗历程，实现了一次又一次振奋人心的发展跨越。地方经济从弱到强，人均生产总值从 55 元增加到 87683 元，增长了 1593 倍，居全省第二；济源工业从无到有、从小到大，从 20 世纪五六十年代发展闻名全国的"五小工业"，到改革开放以来大力发展乡镇企业、推动乡镇企业二次创业，再到 20 世纪 90 年代率先推进国有企业改制，工业增加值从不足 90 万元增加到 381.8 亿元；人民生活实现了从温饱不足到迈向全面小康的历史性转变，城乡居民人均收入从 42 元增长到 26647 元，居全省第二。1988 年撤县建市，济源成为河南省县域经济"十八罗汉闹中原"中的领头羊；1997 年实行省直管体制，推动济源进入经济社会持续健康发展的"快车道"，主要经济指标增幅和人均指标连续多年位居全省前列；2017 年 3 月，济源获批国家产城融合示范区，2019 年 8 月 31 日示范区正式挂牌运行，迎来了千载难逢的重大发展机遇，站在了跨越发展的历史新起点。

愚公移山所体现的这种坚定决心、一往无前、义无反顾的担当精神，锲而不舍、久久为功、永不言弃的顽强意志，咬定目标、苦干实干、永不懈怠的奋斗姿态，是中华民族的宝贵精神财富，是党和人民事业永续发展的力量源泉，更是济源人民最可宝贵的"传家宝"。济源市有建档立卡贫困村 59 个，建档立卡贫困人口 2073 户 7084 人，呈点状、插花式，都是贫中之贫，困中之困。近年来，济源按照习近平总书记精准扶贫、精准脱贫的要求，按照习近平总书记"立下愚公移山志，打赢脱贫攻坚战"的指示，深刻把握新时代愚公移山精神内涵实质，践行党中央精准脱贫各项举措，把传承与弘扬新时代愚公移山精神贯穿于打赢脱贫攻坚战的全过程，将决战决胜转化为广大党员干部的强烈共识和自觉行动，以产业扶贫、贫困群众增收为重点，以两不愁三保障为基础，强化工作落实、责任落实、政策落实，咬定目标，苦干实干，锲而不舍，久久为功，取得了明显成效。2017年7月，时任中共中央政治局常委、中央书记处书记刘云山同志在济源调研时，对济源抓党建促脱贫攻坚的做法给予了充分肯定。济源市荣获全国首批脱贫攻坚优秀城市；"十个全覆盖"扶贫扶志典型案例、"六位一体"健康扶贫案例等多篇典型案例在全国获奖；"双联双助双促"行动、精准扶贫徽标授权使用、"携手奔小康"产业扶贫基金、龙头企业"联镇带村"产业扶贫模式、精准扶贫企业贷款、增孝关爱扶贫政策等经验做法被河南省《脱贫攻坚动态》专题推介；档卡资料规范化建设的经验做法被河南省扶贫办制作成专题片，供全省学习；北京师范大学中国扶贫研究院在济源设立全国首家精准扶贫调研点，把济源作为非贫困地区精准扶贫的典型进行研究总结，为全国脱贫攻坚提供经验参考。2018年年底济源59个贫困村全部退出；2019年年底建档立卡贫困人口2073户7084人全部脱贫；2020年，济源贫困人口年人均纯收入达到16203元，是2015年贫困人口年人均纯收入的4.9倍。

一、咬定目标、尽锐出战

愚公立下移山的宏愿，带领子子孙孙叩石垦壤、挖山不止，历经千难万险仍然不改初衷。济源在脱贫攻坚过程中，始终传承着这种咬定目标不放松、不达目的誓不罢休的执着精神。为了挖掉贫困这座大山，济源人民在愚公移山精神指引下付出了长期不懈的努力。20世纪50年代，深受旱涝之患的济源人民开展了声势浩大的治理蟒河大会战，两次受到

济源市愚公移山群雕

国务院表彰。70 年代，济源响亮地提出"向高山水利化进军"，完成了
王屋山、鳌背山、天坛山三大水库建设，使山区 13.5 万亩"望天收"的
"火旱田"变成了"保丰田"。进入 21 世纪以来，济源持续加大对扶贫开
发的投入力度，切实增加贫困群众收入，着力改善山区群众生存环境，
率先在全省实现了"镇镇通"高速公路、"村村通"公交车、"组组通"硬化
路、"户户通"自来水。脱贫攻坚战的冲锋号吹响以来，济源深入贯彻落
实中央、省委关于脱贫攻坚的各项政策措施，聚焦"两不愁三保障"和贫
困群众增收，建立上下贯通、横向到边、纵向到底的责任体系，构建全
社会共同推进脱贫攻坚的大扶贫格局。经过几年来的努力，于 2018 年
年底实现 59 个贫困村全部脱贫出列，2019 年，实现所有建档立卡贫困
人口全部脱贫，2020 年贫困群众收入全部达到 10000 元以上，人均纯收
入达到 16203 元。

二、精准施策、攻坚克难

习近平总书记强调："扶贫开发推进到今天这样的程度，贵在精准，重在精准，成败之举在于精准。"①济源始终把贯彻落实精准扶贫、精准脱贫基本方略摆在重要位置，切实按照党中央、国务院的总体要求部署，深入贯彻落实"六个精准""五个一批"要求，强化到村到户到人精准帮扶举措，着力在"精准"二字上狠下功夫、在"绣花"二字上做足文章，确保脱贫攻坚各项政策措施落地生根、见底见效。首先是抓住产业扶贫这个增收之本，把蔬菜制种、畜牧养殖、农产品加工、乡村旅游等产业发展和贫困群众增收紧密结合起来，做到"一村一品""一户一策"，以特色产业发展带动贫困群众致富增收。积极探索实施龙头企业联镇带村（带贫龙头企业＋带贫合作社＋扶贫基地＋贫困户）的产业扶贫模式，扶持了龙头企业发展，壮大了村集体经济，带动贫困群众在参与生产经营过程中稳定增收。成立市镇两级"携手奔小康"产业扶贫基金，突出发展产业扶贫、消费扶贫、合作社带贫，建立了产业扶贫长效机制。同时在全国首家推行精准扶贫徽标授权使用，36家企业获得授权，走出了消费扶贫公益捐赠新路子。目前，共培育扶贫龙头企业3家、带贫合作社45家、电商扶贫企业6家，产业扶贫基金总额达到9420.8万元，实现了贫困村村村有产业，贫困户户户有产业支撑。3家带贫龙头企业中，丰之源已发展成为农业产业化国家重点龙头企业，瑞星农牧已发展成为国家级畜禽标准化示范场，阳光兔业已发展成为国家级星创天地；59

---

① 中共中央党校组织编写：《以习近平同志为核心的党中央治国理政新理念新思想新战略》，105页，北京，人民出版社，2017。

个贫困村中，村集体经营性收入全部达 10 万元以上，最高达到 109.36 万元。其次是稳住就业扶贫这个增收重点。落实就业扶贫政策，开展贫困家庭劳动力春季务工专项行动，通过优先组织就近就地就业、优先组织外出务工输送、项目建设优先安排贫困劳动力、政府购买服务优先安排劳动力、以灵活用工形式安置贫困劳动力等方式，对就业困难的贫困家庭劳动力进行妥善安置。同时，积极开发公益岗、益贫岗 508 个，加强公益性岗位安置，实现了济源有就业愿望的贫困家庭劳动力共有 3257 人"应就业尽就业"。

三、以人为本、民生优先

愚公移山的目的是造福子孙，我们打好打赢脱贫攻坚战，最终是为了保障和改善困难群众的生产生活环境，让贫困群众一道进入全面小康社会。近年来，济源始终将群众满意度作为检验脱贫攻坚工作的重要标尺，将解决困难群众最关心、最直接、最现实的利益问题作为工作重点。首先，深入开展教育扶贫，阻断贫困代际传递。在全市学前教育、义务教育和高中教育阶段学校全面开展"双千双扶"活动，即千名教师结对千名学生，努力让贫困户子女接受良好教育，确保每个贫困孩子在各个教育阶段"有学上""上得起"的同时，绝不让贫困孩子输在起跑线上。对济源籍建档立卡贫困家庭大学生开展生活补助，每生每年补助 5000 元，2020 年春学段各级各类学生资助项目累计资助家庭经济困难学生 14774 人次，发放资金 998.96 万元。其次，深入开展健康扶贫，杜绝因病致贫。实施"大病集中救治一批、慢性病签约服务管理一批、重病兜底保障一批"行动，不断完善"识别、救治、服务、管理、预防、惠民"六位一体健康扶贫工作模式，"先普惠再特惠、先医保再救助、先基本再大病后补充"的原则，形成了"六道防线"，即基本医保、大病保险、困难群众大病补充保险、民政救助、贫困人口医疗补充保险、困难群众医保再保障。最后，广泛实施社会保障，守住贫困底线。建立防返贫工作机制，落实"四个不摘"要求，促进贫困群众高质量稳定脱贫。按照"城乡一体、统一标准、精准识别、应保尽保"的原则，实行城乡低保并轨，标准统一为每人每月 570 元，人均月补助水平居全省前列。同时充分发挥保险行业的作用，从 2017 年起，为示范区所有建档立卡贫困户提供人身意外伤害保险、农村住房保险、种植业保险、养殖业保险、贫困人口医疗补充保险共 5 项 9 个险种的"一揽子"保险；2020 年，又推出了"防贫保"等防返贫保险产品，防止出现返贫人口和新的贫困人口。

四、志智双扶、激发活力

愚公移山精神是一种自力更生、艰苦创业的精神，打好打赢脱贫攻坚战，归根结底要靠贫困群众的自身努力。习近平总书记指出，"要加强扶贫同扶志、扶智相结合，激发贫困群众积极性和主动性"。[1] 近年来，济源针对部分贫困户中存在的"等靠要"思想等问题，科学统筹谋划，创新工作模式，多管齐下、多措并举、多方联动，积极推进实施"志智双扶"。一是加强舆论引导。为提高脱贫攻坚工作的感召力，统一设计了具有济源特色的精准扶贫徽标；统一扶贫漫画、标语、宣传牌的制作样式，统一提供通俗易懂接地气、激发贫困户内生动力的宣传内容。整合各级各部门扶贫宣传力量，组建"习习春风"宣传队，统一宣传

---

[1] 习近平：《在打好精准脱贫攻坚战座谈会上的讲话》，25 页，北京，人民出版社，2020。

队旗、宣传内容，定期开展扶贫政策宣传周活动。召开脱贫攻坚新闻发布会，开通"济源脱贫攻坚"微信公众号，实现报纸、广播、电视、新媒体脱贫攻坚宣传全覆盖，进一步坚定全市人民"立下愚公移山志，打赢脱贫攻坚战"的信心和决心。二是抓好文化扶贫。接地气、沾露珠、有温度，紧贴基层群众口味，创新改进宣传方式，编排了《向脱贫之路进发》《产业扶贫快板书》《山路弯弯》现代扶贫豫剧等节目，通过群众喜闻乐见的形式开展"咱们一起奔小康""'文化扶贫'乐乡村""文艺轻骑兵"等系列文化下乡宣传活动。扶贫文艺演出既让贫困群众享受了文化大餐，又提升了贫困群众脱贫致富的精气神。三是突出典型带动。习近平总书记强调，脱贫攻坚不仅要做得好，而且要讲得好。济源不断加大脱贫攻坚典型宣传力度，积极选树和宣传一批贫困户脱贫的先进典型，并组织"济源市脱贫攻坚巡回宣讲团"，开展脱贫攻坚"十佳"系列评选表彰活动，用身边人讲身边事、身边事教育身边人，激发贫困群众脱贫志气，消除贫困户"等靠要"思想，激发脱贫攻坚内生动力。四是开展技能培训。依托职业技术院校、实训车间、自办企业、科技特派员等，向贫困户传授致富增收实用技术，举办贫困户劳动力、"4050"人员等就业技能培训班，通过集中授课、分组讨论、现场指导、技术服务等相结合的"精准滴灌"培训形式，讲政策、讲经验、讲技术，提高贫困群众脱贫致富能力。

五、锲而不舍、久久为功

打好打赢脱贫攻坚战，不可能一蹴而就，也不可能毕其功于一役，必须要有愚公移山那种锲而不舍、久久为功的毅力和韧劲。在工作实践中，济源高度重视脱贫攻坚工作制度化建设，注重发挥各级党组织的战斗堡垒作用和共产党员的先锋模范作用，着力健全和完善脱贫攻坚工作长效机制，引导各级党组织和党员干部不忘初心、牢记使命，学习"当代愚公"、争做"当代愚公"，以挖山不止的拼劲挖掉"穷根"，以苦干实干的韧劲带动群众，推动了脱贫攻坚工作持续深入开展。一是以高质量党建促高质量脱贫攻坚。实施"党建强基"三年行动，深入开展"争创最强支部、争做最优党员、争当最佳书记""星级党组织"的创建和"逐村观摩、整镇推进"等活动，整治46个软弱涣散村党组织。同时开展党群结对联系、机关党组织与农村党组织结对共建"手拉手"活动，确保贫困村党组织全面过硬。二是以全方位工作动员克服疫情影响。2020年新冠肺炎疫情发生以来，济源示范区上下在疫情防控阻击战和脱贫攻坚收官战的双重考验下进一步发扬愚公移山精神，知难而进、迎难而上，统筹抓好疫情防控与脱贫攻坚工作。示范区党工委、管委会主要领导多次深入山区镇村调研脱贫攻坚工作，并结合济源工作实际，多次召开专题会议，安排部署疫情防控与脱贫攻坚工作。截至目前，示范区建档立卡贫困人口没有1例确诊病例和疑似病例，没有1户贫困群众基本保障受到影响；有就业愿望的3257名贫困家庭劳动力全部复工；3家扶贫龙头企业已全面恢复生产；带贫合作社已全部复工，带动贫困户1486人；2020年批复实施的50个脱贫攻坚项目全部开工建设。三是以"双联双助双促"行动促镇村长效发展。充分发挥工业强市优势，创新社会扶贫模式，以党建为引领，在企业中开展"企业联村、专员联络，助脱贫攻坚、助乡村振兴，企业和村党组织相互促进"的"双联双助双促"行动，70家企业结对帮扶59个贫困村和56个有5户以上贫困人口的非贫困村，企业先后为脱贫攻坚捐助现金、物资6538.8万元，帮助贫困村发展产业项目79个，提供就业岗位412个，有效促进了脱贫攻坚。四是以长效机制建设促作风转变。深入贯彻习近平总书记关于持续纠治"四风"、加强作风建设的重要批示精神，在全市各级党组织和党员干部中部署开展了作风建设三年行动，聚焦"四风"问题新表现，坚决克服形式主义、官僚主义，持续整治享乐主义和奢靡之风，通过大学习、大调研、大落实，推动广大党员干部转理念、转方式、转作风，促政治生态优化、促经济转型发展、促社会祥和文明。

脱贫摘帽不是终点，而是新生活、新奋斗的起点。我们要在接下来的乡村振兴战略和全面建设社会主义现代化国家新征程中，深入贯彻习近平总书记扶贫开发和乡村振兴重要战略思想，大力传承与弘扬新时代愚公移山精神，咬定目标、苦干实干，锲而不舍、久久为功，不断巩固提升脱贫攻坚成果，推动乡村产业、人才、文化、生态、组织等全面振兴，为全面实现农业强、农村美、农民富奠定基础。在新时代中原更加出彩的伟大篇章中写下济源浓墨重彩的一笔，向党中央国务院、向省委省政府、向济源的父老乡亲交上一份满意的答卷！

济源市城市全景图

目　录

总报告 ｜ 习近平新时代中国特色社会主义思想指引下的济源实践与探索

图 0-1 2020 年 8 月 "立下愚公移山志，打赢脱贫攻坚战"
课题报告研讨会在北京召开

在实现中华民族伟大复兴的征程中，党和国家提出"两个一百年"奋斗目标，符合人类社会历史发展的客观规律，为社会主义建设指明了方向，反映了中国共产党的初心与使命，彰显了中国特色社会主义制度的优势与自信。习近平新时代中国特色社会主义思想具有牢固的马克思主义思想理论根基，厚植于以人民为中心的发展思想，从根本上顺应了中国特色社会主义的本质要求。在全面建成小康社会的进程中，尤其是党的十八大以来，以习近平同志为核心的党中央提出精准扶贫战略方针，许下 2020 年农村人口全部脱贫和全面建成小康社会的庄严承诺，集中将人力、资源等倾斜于深度贫困地区、连片贫困地区，加快贫困地区经济发展步伐，但一个都不能少的目标要求插花式贫困地区扶贫工作不容懈怠。在脱贫攻坚的八年时间内，尤其是在脱贫攻坚决战决胜的关键时期，面对频频出现的"加试题"，济源市作为一个非贫困的县域，如何在经济发展过程中贯穿落实习总书记关于扶贫工作的重要论述、实现高质量脱贫发展，争当非贫困地区的典范？作为中原城市群核心发展区之一、中国传统愚公移山精神发源地、全域城乡一体化推进插花型治贫转型的典型城市，济源市政府将愚公移山精神贯穿整个脱贫攻坚战，通过产业规划带动区域经济一体发展，推进基础设施同质化、公共服务均等化和要素配置同权化，构建面向未来、结构均衡的高质量经济体，形成产业转型和社会资本互推互进的创新扶贫模式，为市级高质量打赢脱贫攻坚战探索了可复制借鉴的"济源经验"，成为非贫困市县治理解决绝对贫困问题的"排头兵"，同时也成为中华民族扶贫精神文化和中国实践经验的重要组成部分。因此，深入研究济源市脱贫攻坚经验，不仅丰富了中国减贫素材库的市级样板，为非贫困地区治理贫困、实现高质量脱贫提供参照蓝本，也为其他地区实施乡村振兴战略提供了发展思路。

一、习近平新时代中国特色社会主义思想的战略推进

"不谋全局者不足谋一域"。只有从全局把握大局，才能对我国全局发展了然于胸、对大势洞若观火、对大势运筹帷幄。习近平新时代中国特色社会主义思想站在党和国家大局的角度想问题、看问题，时时为整体布局谋划。习近平扶贫思想理论的形成是习近平新时代中国特色社会主义思想战略部署的目标化体现。坚持人民性，就要把实现好、维护好、发展好最广大人民根本利益作为出发点和落脚点，坚持以民为本、以人为本。习近平关于人民性的阐述，是新时代扶贫思想的价值依归和根本遵循。党的十八大以来，习近平心系人民，把人民的利益放在最高的位置，风雨兼程，步履匆匆，访遍大江南北，踏遍祖国贫苦地区，在践行人民至上的价值理念下，实践得出习近平扶贫思想的系列真知，并惠及贫苦百姓。

（一）习近平新时代中国特色社会主义思想统领全局

从发展全局、发展主体、发展目标、发展理念等角度来看，习近平新时代中国特色社会主义思想既有继承也有发展。从发展全局来看，在国家发展问题上，习近平新时代中国特色社会主义思想以国家大局为制高点，实施整体谋篇布局，注重全局与局部的结合。从发展主体来看，始终坚持以人民为中心的价值取向，实现经济发展与人民幸福相统一。从发展目标来看，中国革命建设、改革的各个历史阶段都有具体的历史任务。自经济发展进入新常态以来，中国梦是实现中华民族独立、人民解放、国家富强、人民富裕目标的更高层次。从发展理念来看，新常态下强调"创新、协调、绿色、开放、共享"是当前及未来更长时间我国

发展思路、发展方向、发展着力点的集中体现。对破解发展难题、增强发展动力、厚植发展优势具有重大指导意义。

（二）习近平扶贫思想理论的价值依归与指引

习近平扶贫思想是习近平新时代中国特色社会主义思想不可分割的一部分，在长期的实践中，逐渐形成以下几方面的核心内容：一是共同富裕思想。习近平总书记在多次讲话中反复强调："消除贫困、改善民生、实现共同富裕，是社会主义的本质要求。"[1] 共同富裕是扶贫开发工作的基本方向，是社会主义的本质要求。二是民本至上思想。2015年6月，习近平总书记考察贵州时提出："群众拥护不拥护是我们检验工作的重要标准。党中央制定的政策好不好，要看乡亲们是哭还是笑。"[2] 三是精准精细思想。习近平总书记强调："扶贫开发推进到今天这样的程度，贵在精准，重在精准，成败之举在于精准。"[3] 四是扶智扶志思想。习近平总书记在深度贫困地区脱贫攻坚座谈会上的讲话中指出："扶贫要同扶智、扶志结合起来。"[4] 只有富起脑袋，才能真正富起口袋。五是社会合力思想。2015年6月，习近平总书记在部分省区市扶贫攻坚与"十三五"时期经济社会发展座谈会上的讲话中强调："扶贫

---

① 习近平：《做焦裕禄式的县委书记》，15页，北京，中央文献出版社，2015。

② 《习近平考察贵州：政策好不好 要看乡亲们是哭还是笑》，http://www.xinhuanet.com//politics/2015-06/17/c_1115638309.htm，2020-12-29。

③ 中共中央党校组织编写：《以习近平同志为核心的党中央治国理政新理念新思想新战略》，105页，北京，人民出版社，2017。

④ 中共中央党史和文献研究院：《习近平扶贫论述摘编》，99页，北京，中央文献出版社，2018。

开发是全党全社会的共同责任，要动员和凝聚全社会力量广泛参与。"贫困是综合性问题，只有动员社会各界方能彻底摆脱贫困。六是综合施策思想。致贫原因错综复杂，对应地，方法政策也要全方位多形式。因此，产业扶贫、教育扶贫、健康扶贫等五个一批系列举措便是综合施策的关键所在，在实践中发挥着重要作用。七是机制创新思想。扶贫是一项长期性工作，必须要有不断创新的精神和头脑才能紧跟时代发展的脚步。

精准扶贫工作实施以来，济源市始终坚持以习近平新时代扶贫思想为指导积极开展扶贫工作。济源市作为地方脱贫攻坚的核心指导力，发挥着承上启下的纽带作用。对上，深入解读习近平新时代扶贫思想理论，将习近平新时代扶贫思想理论与地方实践高度结合。尤其是党的十八大以来，济源认真贯彻落实习近平总书记对愚公移山精神的阐释。在扶贫过程中，济源市多次强调习近平总书记提出的"扶贫既要富口袋，也要富脑袋"①，将其作为地方精准扶贫的最终落脚点。同时，认真学习落实中央及河南省委省政府的各项决策部署，为中国及河南省脱贫攻坚工作贡献济源经验、济源智慧。因地制宜谋划发展格局并督促各乡镇落实具体工作，提升群众幸福指数。济源市作为中原地区插花式贫困的典型，发挥着"参照物"的作用。对非贫困地区，济源以身作则，提前完成脱贫任务，争做非贫困地区的标兵，同时也为乡村焕发新机提供了济源方案；对贫困地区，济源针对贫困人口基数小而展开的治贫方式为贫困地区在未来解决相对贫困时提供了思路。

---

① 中共中央党史和文献研究院：《十八大以来重要文献选编（下）》，50页，北京，中央文献出版社，2018。

二、非贫困地区高质量脱贫的典范——济源方案

中华人民共和国成立以来，党中央、国务院高度重视减贫工作，兼顾当下与长远，出台实施一系列中长期扶贫规划，扶贫方式从救济式扶贫到开发式扶贫，再到开发式扶贫与保障式扶贫并重转变，探索出一条符合中国国情的农村扶贫开发道路，为全面建成小康社会奠定了坚实基础。中共中央、国务院于 2015 年出台的《中共中央 国务院关于打赢脱贫攻坚战的决定》中指出，现行标准下农村贫困人口实现脱贫，贫困县全部摘帽，解决区域性整体贫困成为 2020 年脱贫攻坚的总目标，也成为全面建成小康社会的重要标志。这里的脱贫摘帽，不仅仅指的是贫困县的脱贫摘帽，也包括非贫困县的脱贫摘帽。非贫困地区由于经济发展基础较好，良好的经济态势忽略了部分经济发展能力较弱的农村群体，随着国家精准扶贫战略的提出，这部分势单力薄的农村群体引起国家的重视，但由于贫困面小、贫困人口分布零散，其脱贫攻坚工作难度更大，任务更加艰巨。

（一）非贫困地区高质量脱贫的重要性

党的十九大宣告，经过长期努力，中国特色社会主义进入了新时代。这个新时代是全国各族人民团结奋斗、不断创造美好生活、逐步实现全体人民共同富裕的时代。进入新时代，我国对"两个一百年"目标做出与时俱进的深化和推进，其中奋斗目标之一是要消除贫困、实现全面小康社会。党和国家在逐步实现人民共同富裕的征程中，针对区域发展不均衡问题，以贫困地区为重点，先后实施"八七扶贫攻坚计划"和

两个为期 10 年的"中国农村扶贫开发纲要",区域性整体减贫成效显著。党的十八大以来,我国实施精准扶贫精准脱贫,全面打响了脱贫攻坚战,为实现第一个百年目标努力拼搏。

长期以来,党和国家为了支持贫困县域发展,不断加大对贫困县域的政策支持、资金支持等,从而在一定程度上造成与非贫困地区相比出现厚此薄彼的现象。在实际中,现存贫困人口虽然主要集中在贫困县,但是非贫困县的贫困人口也不容小觑,其精准扶贫任务与贫困县的扶贫任务同样重要。分东中西部地区来看,东部地区贫困人口占比最少,为 4.6%;中部次之,为 30.3%;西部地区贫困人口占比最大,为 65.1%。其中,约有近 40% 的贫困人口分布在非贫困县,部分非贫困县的贫困村及贫困人口的贫困状况比贫困县还要严重,脱贫任务更复杂。与贫困地区相比较,非贫困地区经济发展基础较好,但经济发展水平较高不能掩盖贫困人口现实发展的窘境,只是对贫困群体的辐射带动的影响程度不同。虽然非贫困地区的经济发展总量高,但分布零散,稀疏的贫困人口变成全面建成小康社会的"拦路虎"。非贫困地区的贫困属性是相对贫困,即存在"不患寡而患不均"的发展型难题,这类贫困既是当下我国非贫困地区亟待攻克的难关,也是未来我国贫困地区即将面临的问题。因此,非贫困地区的减贫不仅仅是相对发达地区的减贫模板,更是未来我国乡村治理和振兴的初步探索。

(二)愚公故里高质量脱贫的印记

济源市作为中原非贫困地区的脱贫典范,减贫之初面临贫困人口数量虽少但面广的脱贫困境,济源市委市政府上下齐心,合力攻坚,开辟了凤凰涅槃，浴火重生的新征程，为非贫困地区高质量打赢脱贫攻坚战提供了参照范本。

1. 贫困人口大幅减少，实现"真脱贫"

2018年6月发布的《中共中央　国务院关于打赢脱贫攻坚战三年行动的指导意见》，将"坚持把提高脱贫质量放在首位"列为工作要求之一。2019年发布的《中共中央　国务院关于坚持农业农村优先发展做好"三农"工作的若干意见》明确指出，要"不折不扣完成脱贫攻坚任务""巩固和扩大脱贫攻坚成果""减少和防止贫困人口返贫"。济源属于插花型贫困市，济源市贫困人数基数少，但分布较散，致贫原因复杂。自精准扶贫战略实施以来，济源市委、市政府不畏艰辛，按照党中央和河南省委的安排部署，结合自身实际情况制定了济源市脱贫攻坚工作规划，以"时不我待、只争朝夕"的紧迫感推进脱贫攻坚工作。从2014年到2019年，累计减少贫困人口13305人，贫困发生率由0.98%下降至0。2018年年底59个贫困村全部脱贫出列，2019年已实现现有建档立卡贫困人口原则上全部脱贫，超计划完成年度减贫400人的任务目标（见表0-1）。

表0-1　2014—2019年济源市减贫数据一览表

年份	济源市		全国平均水平	
	贫困人口/人	贫困发生率/%	贫困人口/人	贫困发生率/%
2014	4296	0.98	7017	7.2
2015	3768	0.86	5575	5.7
2016	2678	0.61	4335	4.5
2017	1980	0.45	3046	3.1
2018	583	0.13	1660	1.7
2019	0	0.00	551	0.6

数据来源：济源市脱贫攻坚领导小组办公室

2. 内生动能与外部发展耦合，实现脱贫可持续

从扶贫资金投入来看，由于济源属于插花型贫困，得到中央政府的政策支持相对较少，但是这并不阻碍济源开展精准扶贫工作。济源市利用自身优势，启动"携手奔小康产业扶贫基金"，鼓励社会各界参与其中，保证资金来源的稳定性。将资金作为撬动内生动能与衔接外部发展机会的桥梁，稳定地区脱贫攻坚工作，实现扶贫资金来源多元化和持续性。总体而言，济源市自身发展实力雄厚，脱贫攻坚期间资金来源结构更趋向于依靠自身实力实现扶贫，从而保证贫困发生率的降低。（见表0-2）

表0-2　2013—2019 年济源市扶贫资金投入总额及比例

年份	扶贫资金规模/万元	其中各级扶贫资金占比/%			
		中央政府	河南省政府	济源市政府	合计
2013	2656.6	34.35	14.83	50.82	100
2014	2604.4	28.14	23.86	48	100
2015	2233.48	54.77	6.19	39.04	100
2016	2132.9	4.52	52.32	43.16	100
2017	2316	7.21	34.5	58.29	100
2018	2820	0.57	46.77	52.66	100
2019	3381	9.14	40.28	50.58	100

数据来源：根据济源数据资料整理

3. 稳定贫困群体收入，消费水平大幅提升

从居民收入和居民消费水平来看，济源市以统筹城乡融合发展为主抓手，通过顶层设计规划、政策实施保障、产业融合协同发展、专项扶

贫基金投入、公共服务一体化、要素配置一体化，有效促进农村居民收入快速增加，农村居民生活水平和质量不断提高。另外，通过打造产城融合发展格局，城乡一体化程度超过 80%，真正实现城乡协同发展。农民可支配收入由 2010 年的 7784 元增加至 2018 年的 18446 元，城镇居民可支配收入由 2010 年的 16481 元增加至 2018 年的 33307 元。与河南省历年平均水平相比较，济源市人均可支配收入水平呈同步增长，且城镇居民收入与河南省城镇居民收入水平差距较小，表明济源市整体经济水平在逐步提升（见图 0-2）。

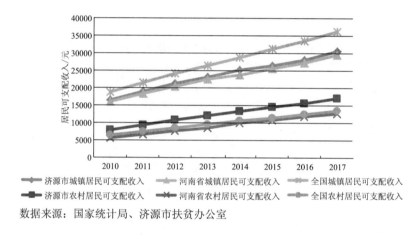

数据来源：国家统计局、济源市扶贫办公室

图 0-2 2010—2017 年全国、河南省及济源市城乡居民可支配收入变化对比状况

随着济源市产城融合发展和城乡一体化不断推进，济源市城乡居民消费潜力得到发掘，且发展水平较高。与周边焦作市、洛阳市、三门峡市相比，济源市居民消费水平位居第二（见表 0-3），虽然与全国平均水平存在一定差距，但是据调查，济源整体居民生活满足感、幸福感均处于较高水平。

表 0-3　2017 年河南省四市居民消费水平对比

	居民消费水平/元			指数（以上年为 100）		
	全体居民	城镇居民	农村居民	全体居民	城镇居民	农村居民
济源市	22221	24933	18098	108.4	103.7	117.1
焦作市	22452	25888	17856	104.3	102.3	106.3
洛阳市	21390	27367	14029	112.8	108.1	120.8
三门峡市	15976	21071	10015	112.2	110.9	111.3
河南省平均水平	17842	25593	10294	111.2	109，1	110.8
全国平均水平	22935	31098	11691	106	104.3	107.1

数据来源：国家统计局、济源市扶贫办公室

三、内生与外源嵌套下的可持续脱贫机制

习近平总书记深刻指出："反贫困是古今中外治国理政的一件大事。"[1] 脱贫攻坚是全社会共同关注的话题，各地区动员社会各界参与其中。扶贫开发工作是习近平新时代中国特色社会主义思想的重要组成部分，是我国新时代经济发展的保底任务。济源脱贫攻坚工作是习近平新时代中国特色社会主义思想的成功实践，济源作为插花型贫困地区，聚焦贫困县乡发展难点重点，以雄厚的经济实力，营造减贫环境，集中火力，精准施策，治贫措施有其特殊性。

---

[1]　中共中央文献研究室：《习近平关于全面建成小康社会论述摘编》，155 页，北京，中央文献出版社，2016。

（一）搭建城乡融合平台，打好精准脱贫的地基

济源市位于河南省西北部，是愚公故里和中华文明的发祥地之一，拥有地理位置优越、交通发达、资源丰沃等诸多优势，成为国家首批中小城市综合改革试点和河南唯一的全域城乡一体化示范市。截至2019年年底，济源市生产总值增长率居河南省第二，一般公共预算增长率第一，规模以上工业增加值增长率第三，城镇和农村居民人均可支配收入分别为第三、第二，城乡收入差距不断缩小，坚持"工业强市"主战略和高质量发展思路，推进传统工业向高端化、智能化和绿色化转型，强调现代优质农业产业链建设，为产城融合的持续稳步发展奠定基础条件。

济源山区丘陵的面积占全市总面积的80%以上，山区便成为横亘在愚公儿女发展面前的一座大山，济源人民在四十多年里，充分发扬愚公移山精神，致力于山区建设，翻开了济源山区发展的新画卷。从基础设施、产业、结对帮扶等方面为精准扶贫工作奠定坚实基础。在精准扶贫战略的指导下，济源在插花式贫困治理中探索了一条具有济源特色的扶贫道路，以脱贫攻坚的高质量提升全面建成小康社会和乡村振兴的成色。截至2019年年底，培育发展蔬菜制种、冬凌草、烟草、艾草等产业扶贫示范基地50余个，旅游扶贫产业带4个，带贫合作社50家，电商扶贫企业6家，其中，十字花科蔬菜制种基地面积达到3.5万亩①，惠及农户1.1万余户。59个建档立卡贫困村于2018年年底全部脱贫退

---

① 亩是中国市制土地面积单位，1亩大约为666.667平方米。

出，建档立卡贫困人中 2073 户 7084 人于 2019 年年底全部脱贫退出。在经济发展与扶贫开发同步推进中，济源儿女坚定愚公移山之志，以咬定目标不放松的恒劲和不达目的誓不罢休的韧劲向贫困宣战，推动城乡经济发展。

（二）市场化多元主体嵌入产业链的发展路径

1. 架构习近平扶贫论述下的减贫理念，践行精准方略

打赢脱贫攻坚战是一项复杂耗时的系统性工程，济源市以习近平扶贫开发工作重要论述为引领，践行精准方略，形成全新减贫理念——产城融合下的精准扶贫实施。2017 年济源成为全国唯一全域范围产城融合示范区，在这一优势加持下，济源首创脱贫攻坚与产城融合高位发展形式，将产业作为打破城乡地域分割线的工具，驱动公共服务和基础设施建设，促进经济辐射带动发展，在破解城乡二元体制上取得重大突破，是破解我国发展不平衡不充分，缩小贫困地区发展差距，实现经济社会可持续健康发展的必要举措。

济源区域经济一体化空间架构布局主要有以下三个层次：一是城镇体系架构，形成纵向级次呈"1133"，即"城乡一体化、中心城区、3个复合型组团、3个重点镇"的多层次现代城乡体系架构；二是功能分区布局，根据区域主导定位构建 6 个特色功能分区，横向分布呈"1＋5"支撑平台空间形态；三是产业空间组织，打破行政区划界限，按照突出区域优势资源、促进产业空间集聚的基本原则，在市域范围内统筹布局三次产业。同时，济源市构建生态保护红线、永久基本农田、城镇开发边界，形成可持续发展的国土空间格局，首先通过开展生态功能重

要性评估和生态环境敏感脆弱性评估，划定生态空间；其次划定农业空间，实现耕地数量、质量、生态"三位一体"保护；最后兼顾城镇布局和功能优化的弹性需要，划定城镇空间。

在经济一体化布局下济源推动城乡统筹战略，积极探索"插花"贫困精准脱贫创新机制，催生出一系列济源特色扶贫模式。第一，产业发展带动扶贫，一方面发挥工业强市优势，坚持以工哺农、工业转型升级，辐射带动周边地区及农户发展，另一方面延长优质农产品产业链条和农业多功能优势，促进农民增收；第二，城乡公共产品设计，实现住房、医疗、教育、社会保障均等化和基础设施同质化；第三，集体产权制度改革，提高要素配置效率。

2. 重构产业带贫布局，描绘乡村发展新面貌

习近平总书记指出："创新是一个民族进步的灵魂，是国家兴旺发达的不竭动力。"[①] 在脱贫攻坚的进程中，创新是推动其前进的源源动力，只有不断创新，才能实现触底而跃的跨越性发展。济源以新型产业为核心，打破行业边界，打造以创新为导向的全产业链生态系统，提高产业集群绿色化和智能化水平，产业转型和贫困治理相互促进，产业链嵌入式发展，通过就业扶贫和生产技能提升等多种方式，推进全市共同富裕。

一方面是工业强市的结构转型和带贫反哺，一是从政策设计和格局构建来说，国家战略、河南省政府和济源市政府，都将供给侧结构转型

---

① 中共中央文献研究室：《习近平关于科技创新论述摘编》，13页，北京，中央文献出版社，2016。

和产业融合发展放在首位，形成有色金属产业为主导，钢铁及装备制造、化工、食品饮料、能源及新能源为四大支柱产业，新材料、生物医药、节能环保、电子信息四大战略性新兴产业的"1＋4＋4"产业体系；二是打造高端产业集群，培育千亿级有色金属循环经济产业基地、千亿级装备制造产业基地和百亿级新兴产业集群；三是传统工业绿色发展，通过污染物资源化和智能制造等方式构建循环经济。

另一方面为现代优质农业的全产业链构建，一是安全优质生产，建设国家现代农业示范区、国家农业可持续发展试验示范区，创建国家农产品质量安全市和农产品质量安全追溯管理信息平台，打造农业产业优质化生产基地；二是产业链条延伸，打造生产资料投入到消费终端的全产业链模式；三是服务能力提升，完善农业科技服务体系、建设物流和产品检测等中间平台、加强投融资合作，以及培育新型农业经营主体。

3. 产业链嵌入模式下的多元主体协同发展机制

发展扶贫产业，重在群众受益，难在持续稳定。要延伸产业链条，提高抗风险能力，建立更加稳定的利益联结机制，确保贫困群众持续稳定增收。济源依据产业布局探索多种扶贫模式，既拥有产业链较完善的工业体系，也拥有成熟的农业生产体系。为建立更加稳固的利益联结机制，深度挖掘工业、农业生产体系，形成联产带动的可持续扶贫路径，具体包含以下几类。

基层党建与产业扶贫"双推进"模式：既具有党建工作政治优势和组织优势，也发挥了产业扶贫经济带动优势。首先，组织规划先行——以"发展什么"为前提，抓住全域资源生态优势，科学规划，组织引导各乡镇因地制宜发展产业；其次，构建扶贫路径——以"如何发展"为导向，通过支部＋合作社、技术支撑和销售保障，构建益农益贫的扶贫路径；最后，创新协同发展——以"销往哪里"为目的，举办农产品展销会、文化旅游节营销活动等，将农副产品变成旅游商品，打通农副产品销售的"最后一公里"。

龙头企业"联镇带村"模式：将产业扶贫资金按比例注入龙头企业，龙头企业通过供销关系带动合作社，从而促进合作社吸纳社员生产发展，实现扶贫减贫目的。筛选龙头企业遵循四项基本原则：保证固定收益、企业资产反担保、合作双方可退出、保障归还本金。另外，通过设立公益岗位、对失能人口或没有种地意愿贫困户的收益保障和就业扶贫等多种方式，提高贫困群体增收能力。

农民合作社组织化生产模式：以"合作社＋"模式突出地方农业特色，大力发展"一镇一品、一区一品、一村一品"，突出了村集体经济组织、村干部、帮扶企业、种养大户的作用，积极动员社会力量构建六种扶贫模式，形成三类主导主体各不相同的示范合作社，分别为第一家村集体控股的农民专业合作社——济源市八亩地农业专业合作社、国家级示范社——克井镇枣庙冬凌草专业合作社、非村集体控股合作社——下冶镇农民合作社系列。

现代农业生产基地带贫模式：积极推行"公司＋基地＋农户""合作社＋基地＋农户"带贫模式，逐渐形成以济源市六种特色产业为主的产业基地和片区，其中蔬菜制种更是一大亮点。截至 2019 年，济源市培育特色产业扶贫示范基地 26 个，通过流转土地、用工合作、订单合作、科技帮扶、小额信贷、到户增收和承包经营，贫困村、贫困户产业发展已做到全覆盖。

产销对接电商服务扶贫模式：一是设立三级电商服务体系，全市贫困村设立村级电商扶贫服务站点 59 个，实现建档立卡贫困村 100% 全覆盖；二是培育电商示范带头主体，发挥其示范带动作用；三是借助公司及网络平台打通销售渠道；四是开展扶贫成果展销会。

（三）地区经济的内生支撑动力——愚公移山精神与组织保障

1. 挖掘愚公移山精神新内涵，坚定文化自信

愚公移山的故事被人熟知，在代代相传中体现了中华儿女对愚公移山精神的传承与弘扬。初心与使命是中国共产党人血脉传承中的精神基因与价值追求，而愚公移山精神与中国共产党的不忘初心、不畏艰辛高度契合，在新时代的征程中，更应表现出愚公移山精神的新气象，而要弘扬新时代愚公移山精神，就必须领会习近平总书记重要指示精神，挖掘新时代愚公移山精神的内涵，凝聚文化共识，彰显时代价值。作为愚公移山精神的原发地，济源在推动经济一体化发展模式下进行的治贫道路独具匠心，走出了具有济源特色的扶贫开发道路。

济源市扶贫开发工作取得的阶段性胜利离不开习近平总书记关于扶贫工作论述的指导，其脱贫创新模式离不开愚公移山精神的支撑，同时其脱贫攻坚是习近平新时代中国特色社会主义思想在插花式贫困地区治理贫困的生动实践缩影。精神的作用是巨大的，无论什么年代，经济发展都离不开中华民族精神的支撑。发端于济源的愚公移山精神作为中华民族精神的重要组成部分，为推动济源经济一体化发展与打赢脱贫攻坚战提供了强大动力，为开启新时代济源全域内产城融合新征程提供了不竭源泉。在扶贫攻坚工作中，济源市坚定愚公移山之志，咬定"小康路

上一个都不能落下"的目标，根据农户实际情况与发展需求精准施策，发扬愚公移山锲而不舍的奋斗精神，苦干实干，坚决夺取脱贫攻坚战全面胜利，确保如期全面建成小康社会。

济源市广大干部群众以愚公移山精神为滋养，传承和构建中原地区济源地域精神新高地，打造愚公故里精神新名片，实现贫困群众物质和精神双脱贫。其一是愚公移山精神与扶贫文化内涵，济源市在脱贫攻坚战征程中持续弘扬"咬定目标，苦干实干，锲而不舍，久久为功"的新时代愚公移山精神；其二是扶贫文化与传统精神传承，通过文艺演出下乡将扶贫工作与文化文艺工作相融合，改编出一场现代豫剧《山路弯弯》，同时通过"我的驻村故事""我的脱贫故事"等形式，响应"道路自信、理论自信、制度自信、文化自信"的伟大倡导。

2. 社会资本参与乡村治理，构筑产业带贫新路径

济源市发动政府力量和社会力量，凝聚脱贫攻坚强大共识，将习近平总书记关于扶贫开发系列论述用到实处，深度挖掘社会资本，通过设立产业扶贫基金为促进产业扶贫发展提供资金来源保障，首创济源精准扶贫徽标，将扶贫文化转变为产业和区域经济品牌，增强产业带贫能力。

产业扶贫基金：社会资本蓄能和市场经济培育。产业扶贫基金通过发挥中介和杠杆作用，引导社会资本投入贫困村，提高扶贫效率，济源市慈善总会是济源产业扶贫基金的管理方，政府主要发挥中间桥梁作用，项目企业居核心地位，是连接产业扶贫基金和贫困村、贫困户的枢纽，贫困户、贫困村是被帮扶主要对象。运行模式分解为：首先，基金主要来源为财政投入、企业捐赠和消费扶贫公益捐赠；其次，基金通过

多种投资方式,主要用于龙头企业"联镇带村"项目、贫困村集体经济项目;再次,基金监管由济源市慈善总会负责,在事前、事中、事后对扶贫项目资金使用进行全流程监管;最后,关于基金退出路径处理方法各有不同。

精准扶贫徽标:区域品牌与文化价值。济源市将扶贫文化与徽标设计相结合,推出济源精准扶贫徽标(见图0-3),打造济源扶贫名片,使用对象为济源市内外各类企业、合作社、农副土特产品专柜、商店等。济源市扶贫办将徽标授权于信用良好的商家,不仅增强了企业的形象,提升了消费者对企业产品的认可度,也将扶贫文化转变为产业与区域经济品牌,增强了区域经济的竞争力。

设计使用说明

◆ 本标志为济源市脱贫攻坚领导小组办公室为济源扶贫工作指定设计的专用标志。
◆ 标志整体设计为圆形,由文字和图案两部分组成。
◆ 标志上方的文字为"立下愚公移山志,打赢脱贫攻坚战",这是习近平总书记对于脱贫攻坚工作的重要指示,同时,这一重要指示对于济源这个愚公移山精神的发祥地具有特殊重要的意义,表明济源市各级党组织和广大党员干部群众坚决落实总书记指示,奋力拼搏,打赢脱贫攻坚战的坚强决心。下方文字"济源精准扶贫"则表明了本标志的用途。
◆ 标志图案分三个部分:最顶端的党徽,象征着党的崇高威望和对脱贫攻坚工作的坚强领导。中间主体图案为愚公挖山的形象,愚公脚下是太行、王屋二山,二山之间为河流,由汉字的"水"字变形而来,象征着发源于王屋山的济水。主体图案涵盖"一山一水一精神",具有鲜明的济源特点。麦穗象征着人民群众对美好生活的向往,寓意着丰硕的成果要靠努力奋斗去获得。
◆ 本标志由市脱贫攻坚领导小组办公室授权使用。

图0-3 以"立下愚公移山志,打赢脱贫攻坚战"为主题的济源市精准扶贫徽标

3. 治理能力现代化,织就扶贫宣传网络

中国减贫道路和减贫基本经验在于发挥好党和政府对扶贫开发工作的领导,党和政府要提高政治站位,集中火力,为扶贫工作保驾护航。济源市多种形式的扶贫模式以及措施,离不开政府高效的组织治

理护航和扶贫宣传，多重机制护航是习近平新时代扶贫思想实践的保障之一。

构建协同合作且完善的组织保障体系，为推进"插花"式贫困精准扶贫提供保障。一方面是完善组织机制提供市场服务，明确市、镇、村、行业、驻村帮扶、督查巡查"六位一体"责任机制，组建督导巡查组、组织保障组、社会扶贫组、扶贫扶志（政策宣传）组、考核与政策指导组5个脱贫攻坚工作组，以及产业扶贫、就业创业、生态扶贫、金融扶贫、健康扶贫、教育扶贫、扶贫助残、易地搬迁、危房改造清零、交通扶贫、饮水安全、电力扶贫、人居环境改善、结对帮扶淮阳县14个脱贫攻坚专项推进组，实行市级领导驻镇督导、三级督查和四方联动机制，同时，从审批运行机制、投资服务环境、市场服务机制、监管服务机制、政务服务体系五个方面优化营商环境。另一方面，构建扶贫信息和宣传网络，专门成立脱贫攻坚政策宣传组，严格明确相应责任，首创脱贫攻坚新闻发布会，开通脱贫攻坚微信公众号，促进农民群众整体思想意识转变和舆论氛围营造。

（四）农村内生禀赋与城乡公共产品均等化

1."集体产权"的生成与再造，激活乡村发展新动能

习近平总书记指出："消除贫困、改善民生、实现共同富裕，是社会主义的本质要求。"[①] 农村集体产权制度改革是全面深化农村改革的重大政治任务，是进一步调整和完善农村生产关系，对农村集体经济结

---

① 习近平：《做焦裕禄式的县委书记》，15页，北京，中央文献出版社，2015。

构优化、合理划分产权资源、促进农业发展、农民增收高效实现共同富裕具有重要意义，同时也是发展新型农村集体经济、实施乡村振兴战略的重要制度支撑。

济源市作为中原经济区农村综合金融改革试验区试点，为解决农民生产经营方面资金不足、融资难的问题，探索开展农村承包土地的经营权、林权、股权等农村产权的抵押贷款，以此为契机推动农村产权改革，构建归属清晰、权能完整、流转顺畅、保护严格的农村集体产权制度，唤醒各类沉睡资本，激发乡村振兴内生动力。累计组织土地承包经营权和林权交易 133 宗共 6.6 万亩，发放土地承包经营权抵押贷款 2309 万元。

首先，通过清产核资"家底清"、身份确认"成员清"和股份合作"权益清"，明晰农村集体产权归属、维护农村集体经济组织成员权利为目的，增加农民的财产性收入。其次，探索集体资产及股权抵押担保模式，先后出台股权抵押担保贷款、股权抵押登记办法，明确抵押贷款对象、流程、风险防范等具体内容，探索建立"农户提出申请—集体经济组织批准—农业部门抵押登记—银行发放贷款—政府风险补偿"的股权抵押贷款新模式。最后，弱化小农交易风险，一方面，通过财政出资设立贷款风险补偿基金、扩大农业保险覆盖面等方式完善补偿机制；另一方面，构建农户信用体系，探索征信系统联网和信息共享，提高融资服务力度和成效。

2. 全面小康语境下城乡公共产品均等化

2020 年是全面打赢脱贫攻坚战的收官之年，也是全面建成小康社会目标实现之年。这一年，既要攻克脱贫攻坚的最后堡垒，也要补齐全面小康的突出短板，实现乡村振兴。济源市委、市政府为破解城乡二元结构、促进城乡均衡发展，不断推进城乡一体化建设，对促进济源市稳步发展发挥了重要作用。

住房安全有保障。深刻认识农村危房改造工作的重大意义，扎实推进农村危房改造工作，一是推进危房改造和改善乡村风貌，部署实施"愚公新居"工程，探索留住乡愁特色的土房土窑改造经验之路；二是推进易地搬迁和配套服务，实现迁入地交通、医疗、文化教育等生产生活条件有明显改善，迁出区生态环境有效恢复的双重目的。

义务教育有保障。促进城乡教育均衡发展，城乡学校之间联盟办学和一体化管理。其一是完善基础设施建设，资金倾斜贫困村薄弱学校建设；其二是保障师资队伍，实施贫困地区乡村教师支持计划；其三是健全资助体系，实现贫困家庭学生教育保障和资助政策全覆盖；其四是创新教育扶贫，助力文化扶贫。

基本医疗有保障。一是通过健全医疗服务体系和提高低保救助精确度，设计健康兜底制度；二是将"精准识别、大病专治、签约服务、动态管理、疾病预防、医疗惠民"六项医疗环节融合成一个体系，提出健康扶贫"六位一体"闭环工作法；三是推行"智慧医疗"便民服务。

社会保障制度同质化。其一是强化特殊贫困兜底，主要包括农村幸福院推进住房兜底、送教上门教育兜底和"第六道防线"托起医疗兜底三项工作；其二是统一城乡低保制度，于2018年在全省率先实行城乡低保一体化；其三是首创增孝关爱补贴。

四、高质量脱贫成效总结与启示

实践获得真知，济源深入贯彻落实习近平总书记扶贫系列讲话精神，扎实推进习近平重要扶贫理论在济源的扶贫开发探索，坚持多措并举、有序开展各项扶贫工作，持续提升脱贫攻坚质量。经过一系列努力，济源在经济发展、人均增收、扶贫减贫等方面取得显著成效，极大提高了人民群众幸福感、获得感、满意感。"立下愚公移山志，打赢脱贫攻坚战"是济源的精神符号，济源市在推动区域经济一体化发展时始终秉承愚公移山精神，实现经济与扶贫的良性互动，全力推动经济社会高质量发展。

（一）济源扶贫开发探索中取得的成效

济源属于插花型贫困，贫困人口基数少，但分布较散，致贫原因复杂，济源市从 2014 年到 2019 年，累计实现贫困人口 2086 户 7092 人脱贫，贫困发生率由 0.98％下降至 0％，2018 年年底 59 个贫困村全部脱贫出列。另外，通过打造产城融合发展格局，城乡一体化程度超过80％，真正实现城乡协同发展。农民可支配收入由 2010 年的 7784 元增加至 2018 年的 18446 元，城镇居民可支配收入由 2010 年的 16481 元增加至 2019 年的 36039 元。除直接减贫效果以外，还引致政府治理水平提升、村集体经济收入增长和精神文明建设等重要间接效益。

在推进社会治理和绿色经济转型下，首先，城乡一体化发展，经过多年探索，济源逐渐在脱贫攻坚工作中形成依托"产城融合，城乡一体化"发展规划，统筹城乡发展资源，脱贫攻坚与城乡一体发展、协同共进的局面。具体表现在产业链条对接、社会保障均衡发展和公共服化配置三个方面。其次，社会治理环境提升，实现精准扶贫、乡土文化与乡村治理协同发展，通过文化扶贫平台推进文化振兴工作和乡村治理结构改善。最后，绿色循环经济培育，实现产业可持续发展和生态环境优化治理。

（二）济源脱贫实践创新的经验总结与启示

习近平扶贫思想理论指导我们要在创新中促发展，要因地制宜采取多元措施助推扶贫工作，要抓住机遇谋划发展。在全面打赢脱贫攻坚战的决胜年，在全面建成小康社会的关键年，2020 年注定不平凡。回首济源在脱贫攻坚战中走过的路，可谓艰辛，可谓成就满满！

1. 济源脱贫攻坚的经验总结

总结之一：抢抓机遇，促成发展共同体

济源市紧紧围绕发展与创新理念，抢抓机遇，将产城融合与精准扶贫融为一体，把精准扶贫作为社会经济发展的一部分，在发展的方方面面融入习近平扶贫思想，把习近平扶贫思想作为指引，指导地区社会经济发展。济源市紧紧抓住"产城融合、城乡一体"的战略定位，不断深化改革、扩大开放，遵循发展规律，统筹城乡在规划布局、产业发展、公共服务等方面融合发展的有效举措，进一步解放和发展生产力，释放并增强社会活力，在破解城乡二元体制上取得重大突破，全面提升济源的综合实力和区域竞争力。同时将精准扶贫工作代入其中，以产业的益贫性与新型经营主体带动性增强贫困群体发展能力，从住房、教育、医疗方面全面保障处境不利群体权益，为促成经济发展共同体做出努力。

总结之二：贯穿愚公移山精神，打造地域品牌

"立下愚公移山志，打赢脱贫攻坚战"的重要思想是习近平扶贫思想理论的组成部分之一。济源作为愚公移山精神的原发城市，积极践行理论指导，牢记历史责任担当。在习近平新时代扶贫思想理论指导之下，济源市将愚公移山精神作为脱贫攻坚战的重要标识和符号，把"苦干实干，久久为功"的愚公移山精神贯穿社会经济发展的总脉络。多年来，济源坚持以弘扬愚公移山精神为主线，通过对愚公移山精神的宣传，打造了济源独有的文化品牌，更是塑造了脱贫攻坚的"愚公移山牌"，获得了世界范围内越来越多人的认知，同时也提高了其知名度。济源实施物质与精神并轨的扶贫方式，将愚公移山精神作为扶贫开发的内在驱动力，打造宣传平台，营造文化渲染的正向作用，打破落后思想对贫困群体的禁锢。

总结之三：凝聚社会力量，构建济源扶贫战略格局

供给侧结构性改革是我国新时期社会经济发展的必然趋势。济源市委、市政府为坚决打赢脱贫攻坚战、科学治贫，制定并出台一系列政策文件，持续释放改革红利，强化产业转型升级，在转型中带动地区扶贫工作。保障资金来源，鼓励非公企业入驻贫困县乡进行投资创业，创设携手奔小康产业扶贫基金。鼓励社会资本投入，将"输血式"扶贫模式转变为"造血式"扶贫模式，实现长效可持续发展。精准扶贫是一个系统工程，是全党全社会的共同事业，济源市以不同形式鼓励社会力量进入扶贫开发领域，不同程度参与扶贫开发工作的做法，成为济源市脱贫攻坚的亮点工程，并逐步形成政府有职责、社会有责任、民众有义务的全民扶贫大格局。

总结之四：优化组织保障，夯实脱贫攻坚堡垒

"习近平总书记在决战决胜脱贫攻坚座谈会上强调：'脱贫攻坚越到最后越要加强和改善党的领导。各级党委（党组）一定要履职尽责、不辱使命。'"① 党的领导是打赢脱贫攻坚战的根本保证，充分发挥好党组织的战斗堡垒作用，才能确保高质量完成扶贫重大任务。济源各级党组织以决战决胜的勇气、决战必胜的信心，团结广大干部群众砥砺奋进，构建"六位一体"责任机制，明确市、镇、村、行业、驻村帮扶、督查巡查六个层级的责任，形成分工明确、团结协作的全社会合力脱贫攻坚的工作格局。此外，完善定期协调会商机制，推行"5＋14"工作机制，实行市级领导驻镇督导机制，实行三级督查、四方联动机制进一步保证多位一体联动推动脱贫攻坚任务落实。在脱贫攻坚的节骨眼上，充分发挥党组织的领导能力和组织能力，确保冲刺阶段全力奋进。

2. 济源脱贫攻坚实践创新的启示

2020年注定是不平凡的一年，这一年是脱贫攻坚的决胜年，是"十三五"规划实现之年，也是全面建成小康社会的收官之年。习近平总书记指出："到2020年确保我国现行标准下农村贫困人口实现脱贫、贫困县全部摘帽、解决区域性整体贫困问题，是我们党对人民、对历史的郑重承诺。"② 在这关键时期，既要着眼当下，也要展望未来。2020年3月6日，习近平总书记在决战决胜脱贫攻坚座谈会上的重要讲话中

---

① 《脱贫攻坚越到最后越要加强和改善党的领导》，http://theory.people.com.cn/n1/2020/0421/c40531-31681184.html，2021-01-26。

② 《习近平看望参加政协会议的经济界委员》，http://www.xinhuanet.com/2020-05/23/c-1126023987.htm，2021-01-26。

指出，脱贫摘帽不是终点，而是新生活、新奋斗的起点。济源市在习近平扶贫思想的指导下，在脱贫攻坚与乡村振兴的交汇期，长远谋划，保证体制机制的稳定性与延续性，探索"济源模式"和"济源样板"，实现理论和实践的高效结合，实现城乡融合发展、人民共同富裕，为未来全国同类发展地区提供重要的借鉴意义和启示。

启示之一：愚公移山精神支撑下的济源治贫

"立下愚公移山志，打赢脱贫攻坚战"是济源的精神符号。济源市在推动区域经济一体化发展时始终秉承愚公移山精神，实现经济与扶贫的良性互动，全力推动经济社会高质量发展。一是济源市以脱贫、致富及发展三者统一为整体作为一个长期目标，打破行业、部门间的壁垒，建立长效稳定的协同发展机制，破解了区域内各自为政、市场割裂、资源分散的现实窘境。二是增强文化软实力，围绕愚公移山精神发展文化建设，从根本上打破贫困户内生发展困境，充分发挥愚公移山精神在脱贫攻坚中的引领作用，增强济源儿女的文化自信。三是建立建强绿色经济循环发展经济体系，在转型中寻求发展，在发展中带动扶贫。四是以产业为基调，搭建协同发展格局。借产城融合示范区的东风，将全市各项资源作为一盘棋统筹谋划，打破城乡发展"天花板"，以产业为基底，深化城、镇、村三地功能互补，构建"产业—协调—整合—紧密协作"的区域脱贫协作机制，实现真正的错位发展，深化三地的生产力布局，实现产业结构和空间结构的协同创新，推动区域和城乡协调发展，形成创新驱动经济高质量发展新引擎。为贫困地区进一步巩固脱贫攻坚成果、建立解决相对贫困的长效机制、促进区域经济协同发展提供有益的启示。

启示之二：结构均衡的高质量经济体

顺应发展大趋势，立足脱贫攻坚，构建共建共享的高质量经济体，为增进民生福祉做出努力。济源市以协调促进发展平衡，突出现代农业提升、绿色工业带动、旅游文化牵引、城乡一体推进、产城融合导向，扩大城乡公共产品的公共服务供给范围，提高城乡发展公平性，缩小城乡差距。一是推进体制机制创新，强化乡村振兴制度性供给，建立健全城乡融合发展体制机制与政策指导支撑体系，统筹城乡人、财、物等要素在城乡间双向自由流动和平等交换，形成"工农互促、城乡互补、全面融合、共同繁荣"的新型工农城乡关系，建立向农业农村倾斜的城乡融合发展体制机制，加速填平城乡二元结构的鸿沟。二是全面提升小农户发展能力，以小农户为主体建立形式多样的组织体系并提高小农户组织化程度，拓展小农户增收空间，健全面向小农户发展的社会化服务体系，完善利于小农户发展的扶持政策，把小农生产引入现代农业发展轨道，让小农户赶上现代农业的"快车"，使传统小农户向现代小农户转变，让小农户共享改革发展成果。从实践意义来看，济源市"产城融合，城乡一体"的发展模式为全国建设高质量经济体和实施乡村振兴战略提供了借鉴意义。

第一章 | 济源发展简介

如期全面建成小康社会，是中国共产党许下的郑重承诺，而脱贫攻坚是重中之重。习近平总书记深刻指出，"反贫困是古今中外治国理政的一件大事"。打赢脱贫攻坚战，是中国共产党执政为民的必然要求。在治理贫困时，我们走出了一条具有中国特色的社会主义扶贫开发道路，书写了人类历史上"最成功的脱贫故事"。在愚公移山精神扎根的济源这片土地上，济源儿女义不容辞地肩负起历史使命，擎起愚公移山精神这面民族旗帜，努力绘就新时代征程中中原地区插花式贫困的脱贫画卷。

在国家扶贫资源集中向贫困地区倾斜时，插花式贫困地区的治贫工作也在如火如荼地开展着。在2015年11月中央扶贫开发工作会议上，习近平总书记指出："脱贫攻坚的冲锋号已经吹响。我们要立下愚公移山志、咬定目标、苦干实干、坚决打赢脱贫攻坚战。"① 习近平总书记的要求是对全国讲的,对愚公移山精神的原发地济源却具有更特殊的意义。脱贫攻坚战的号角吹响以来,济源市委、市政府牢记"立下愚公移山志,打赢脱贫攻坚战"的指示精神,勇当非贫困地区的排头兵,将"愚公移山,敢为人先"的城市精神贯穿于社会经济发展中,凝聚起强大的社会合力,以愚公移山的韧劲和拼劲,不断开创脱贫攻坚工作新局面,用实际行动诠释中国共产党人的初心。截至 2018 年年底,济源市 59 个建档立卡贫困村已全部脱贫退出,已累计实现脱贫 1849 户 6524 人,贫困发生率降至 0.13%,扶贫扶志典型案例入选了全国脱贫攻坚优秀案例。济源市在 2018 年度河南省脱贫攻坚工作成效考核中被评为"较好"等次第一名:"两率一度"中,其贫困人口识别准确率为 100%,退出准确率为 100%,因村因户帮扶工作群众满意度为 100%;全年实现了扶贫项目实施和资金拨付率、产业扶贫竣工和拨付率、危房改造竣工率、卫生室建设完成率、大病救治率、慢性病患者签约率、转移就业率等 9 个 100%,均居河南省第一,在 2018 年 12 月,济源市获得"首批全国脱贫攻坚优秀城市"称号。2019 年年底实现了建档立卡贫困人口 2073 户 7084 人全部脱贫退出,虽然济源是一个非贫困地区,贫困人口基数小,但是其脱贫攻坚工作难度一点也不亚于贫困地区,其探索出的具有济源创新特色的脱贫路径,对于河南省以及全国的脱贫攻坚具有非常大的现实意义。

———————————

① 《习近平总书记系列重要讲话读本(2016 年版)》,220 页,北京,人民出版社,2016。

一、背景基础——区位优势与文化资源

中华人民共和国成立初期，国家为促进经济快速发展，提出"重工业优先发展"战略，工业一度成为国民经济发展的支柱性产业，在"生产资料优先增长"思想指导下，农业剩余通过工、农业产品之间的价格"剪刀差"流向工业部门，使得优先发展重工业的战略得以实现，使我国城乡二元经济结构进一步扩大。济源现行基础得益于国家重工业优先发展战略，提取农业剩余以支持工业发展为济源经济发展奠定良好的基础。优越的地理位置、市域内分布密集的便捷路网与四通八达的对外交通、丰沃的自然资源，为济源经济"引进来、走出去"铺就一条宽阔的发展道路。同时，源远流长的文化底蕴成就了济源以文化立市，"一山一水一精神"已经成为济源这座城市的代名词，在经济社会发展中不断传承与延续愚公移山精神，书写济源新篇章。

（一）区位交通

济源市位于河南省西北部，北隔太行山与山西晋城相接，西距中条山与山西运城交界，南临黄河与洛阳接壤，东与焦作毗邻，自古以来济源就是沟通晋豫两省的重要枢纽，有"豫西北门户"之称，市内铁路、公路四通八达。近年来，济源当地高速公路网络更加完善，城市二环路实现贯通，核心区15分钟通勤圈、30分钟核心区-平原镇辐射圈基本形成，1小时全域融合互动交通网的雏形加快形成，沿太行高速西延、邵原-新安高速等项目确定列入河南省高速公路网调整规划，实现了对内交通快捷便利；济（源）洛（阳）、济（源）晋（城）、济（源）焦

（作）、济（源）运（城）高速公路形成"十"字框架，距新郑国际机场90分钟车程，距洛阳机场50分钟车程，到京港澳、连霍高速30分钟。济（源）阳（城）、济（源）洛（阳）西高速公路建成通车后，济源境内高速公路网络更加完善，逐步形成豫西北枢纽型城市。焦柳（焦作—广西柳州）铁路、侯月（山西侯马—焦作月山）铁路在济源境内交会，形成"T"字形铁路通道，有大中型铁路站点、装车点6个，年货运吞吐量2200万吨，为济源经济发展提供了便利交通服务。经中华人民共和国国家发展和改革委员会批准，呼南高铁（呼和浩特—南宁）豫西通道按区域连接线纳入国家规划，济源作为重要节点城市，将踏入高铁时代。同时济源通用航空机场也已纳入河南省航空规划。现代立体综合交通体系初步形成，正加速向综合竞争优势转化。

（二）济源文化

济源市因济水发源地而得名，地处黄河流域的中原文化摇篮地带，是一座具有四千多年历史的文化名城，这里既是愚公故里、愚公移山精神的发祥地，也曾是夏朝古都，是中华文明的发祥地之一，在历史更迭中留下许多名山胜水和文物古迹，是一座文化底蕴丰富的现代化新城。《列子·汤问》中的"太行、王屋二山，方七百里，高万仞，本在冀州之南，河阳之北……"最早讲述的愚公移山寓言故事后来深植在济源这片土地上，并由济源儿女发扬光大。愚公移山精神是济源精神的主要载体，为济源建设社会主义现代化强市提供了精神支撑，为济源攻克一个又一个难关狭隘提供了不竭的精神源泉（在第五章对愚公移山精神详细阐述）。济水古时为"四渎"（即黄河、长江、淮河、济水）之一，被奉为天下名川大江的代表，受到历代帝王的隆重祭祀。隋朝为祭祀济渎神而修建的济渎庙是古四渎唯——处保存完整、规模宏大的历史文化遗产，是河南省现存最大的古建筑群落，享有我国北方"古建筑博物馆"的美誉（见图 1-1）。济源市在历史长河中展现的愚公移山精神、道文化、济水文化等文化资源为其发展提供了丰厚的优势，济源劳动人民充分利用当地的历史文化资源，形成了"一山一水一精神"的城市品牌。历史与现代的交错辉映使济源变为一座独具魅力的山水园林城市，先后被评为全国文明城市、国家卫生城市、中国人居环境奖城市、国家园林城市、国家森林城市、全国绿化模范城市、国家水土保持生态文明市。

图 1-1　河南省现存最大的古建筑群落济渎庙

（三）资源条件

济源市具有得天独厚的自然资源和人文景观，为济源经济转型升级奠定发展基础。济源地貌形态复杂，有山地、丘陵与平原，其独特的地理环境，孕育了较为丰富的野生动植物资源，其中国家重点保护的野生动物 33 种。济源市山区面积占全市总面积的 88%，森林覆盖率达 45.06%。济源市境内大山大河交相辉映，独特的山水风光为济源发展旅游业提供了优势条件，是首批国家全域旅游示范区，拥有许多独具特色的优秀景区，在地貌与文化的共同作用下，形成了独具魅力的山水文化旅游特色，其中王屋山、五龙口、小浪底、黄河三峡、济渎庙是济源旅游业发展的五大品牌。同时拥有丰富的矿产资源且种类较多，是河南省矿产资源分布的主要地区之一，已探明的矿藏有 40 多种，煤、铁、铜、铝、磷、石英石、大理石、石灰石等储量可观，为成为工业强市做好了铺垫。

二、发展式带贫——经济基底与反贫困历程

工业是济源市国民经济的主导产业，为济源经济高质量发展奠定坚实基础，农业与服务业为其提供了长远动力。济源经济在快速高质发展的同时，也出现了制约经济高质量发展的系列问题，而不平衡不充分发展就是最大的体现，同时城乡差距又是不平衡不充分发展的体现之一。精准扶贫战略实施以来，济源紧跟国家战略方向，在推动经济稳步发展时，严格落实精准扶贫工作，补齐城乡经济发展的"最短板"。虽然济源是一个非贫困县，贫困人口基数小，但贫困人口却呈点状分布，其脱贫工作任务艰巨，在党中央、省委、济源市委市政府的正确领导下，各级扶贫开发人的努力奋斗下，济源于 2018 年年底实现 59 个贫困村脱贫

摘帽；2019 年年底，实现建档立卡贫困人口 2073 户 7084 人全部脱贫。济源在新时代下书写的发展历程，就是一部不怕困难、"挖山不止"的奋斗史。

（一）经济与产业

工业发展：中华人民共和国成立初期，济源以"五小工业"（小火电、水泥、煤炭、耐火材料和机械）发展起家，奠定了济源工业的雏形，为济源工业发展打下了坚实基础。改革开放以来，济源坚持"工业强市"主战略和"上项目、上规模、上档次"的发展思路，工业经济实现了由小到大、由弱到强的产业转型升级。2007 年，济源按照"工业出城、项目上山"战略，高标准规划建设了虎岭、玉川和高新 3 个产业集聚区。经过 10 余年的发展，3 个产业集聚（开发）区逐步形成了以装备制造、精细化工、新材料和有色金属循环经济等为特色的千亿级产业集群。2017 年，济源市又以建设国家产城融合示范区为契机，着力优化产业布局，打造千亿级有色金属循环经济产业基地、千亿级装备制造业产业基地，培育百亿级新材料、电子信息、节能环保等新兴产业集群，改造提升钢铁、能源、化工、食品加工等传统产业，促进济源市工业发展质量提升。

农业发展：济源市地处丘陵山区与平原交会处，气候适宜。作为平原农业开发区，土壤肥沃、耕作层深厚，适宜多种农作物生长，丘陵区则适宜发展经济林业和特色农业，以及农副产品深加工。济源传统农业发展主要依靠种植业和养殖业两大门类，其中种植业包含小麦、玉米等粮食作物和烟叶等经济作物的种植，养殖业主要为家禽、家畜和小规模养殖。济源市的传统农业发展布局早、增速快，已经日渐成为持续推进济源新农业经济发展、农民增收的重要力量。济源市以农业产业化为契机，加快农业转型升级，全面推进高效种养业和绿色食品业向高端化、绿色化、智能化、融合化发展，注重发挥企业的规模效益、带动作用。2017年，济源市实现农林牧渔业总产值338723万元，分行业看，农业总产值125877万元，林业总产值24762万元，牧业总产值149737万元，渔业总产值32914万元。2018年，济源市实现农林牧渔业总产值321883万元，分行业看，农业总产值133249万元，林业总产值16046万元，牧业总产值138728万元，渔业总产值25682万元。2019年，济源市实现农林牧渔业总产值409776万元，分行业看，农业总产值179974万元，林业总产值16621万元，牧业总产值178854万元，渔业总产值23802万元。2010年至2019年济源市农业牧渔业生产总值见图1-2。

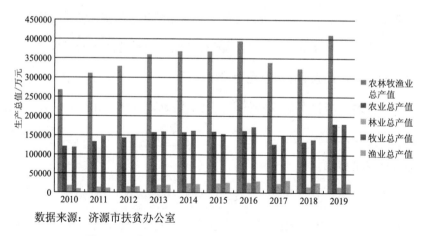

数据来源：济源市扶贫办公室

图1-2   2010—2019年济源市农林牧渔业生产总值

社会经济发展：济源市经济社会发展呈现总体平稳、稳中有进的良好态势，高质量发展迈出坚定的步伐。截至2019年年底，济源市生产总值完成 686.96 亿元，增长 7.8%，居河南省第 2 位；一般公共预算收入完成 57.1 亿元，增长 13.8%，居河南省第 2 位；规模以上工业增加值增长 8.8%，居河南省第 1 位；城镇居民人均可支配收入达 36039 元，居河南省第 3 位，增长 8.2%；农村居民人均可支配收入达 20235 元，居河南省第 2 位，增长 9.7%，其城乡居民收入差距由 2005 年的 2.36：1 缩小至 2019 年的 1.78：1，同时城乡居民的恩格尔系数不断下降且差距不断缩小。济源市 2010 年至 2017 年的恩格尔系数变化见图 1-3。

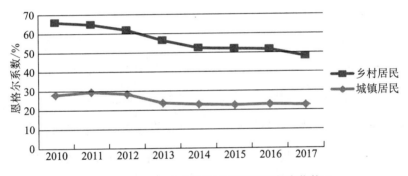

图 1-3 2010—2017 年济源市恩格尔系数变化状况

自 2010 年以来，济源市通过利用其独特的地理条件、自然资源以及发扬"愚公移山，敢为人先"的城市精神，促进经济稳步高质量发展，第一、第二、第三产业的增加值也保持平稳上升，其中第一产业增加值为 24.36 亿元，增长率为 3.9%，第二产业增加值为 421.89 亿元，增长率为 8.5%，第三产业增加值为 240.71 亿元，增长率为 7.1%。随着供给侧结构性改革的稳步推进，产业结构进一步得到优化，第一、第二、第三产业结构比由"十二五"末的 4.4：66.9：28.7 调整到 2019 年的 3.3：66.3：30.4，为产城融合的开展奠定扎实基础，稳步发展成为济源经济、社会发展的主流基调。

（二）济源市改革开放后的扶贫历程

1. 1978—2000 年：改革开放至新时期的扶贫阶段

济源市总体面积 1931 平方公里，其中山区丘陵面积约占 88%，由于历史及自然原因，形成山区乡镇 5 个、半山区乡镇 3 个。这 8 个乡镇都曾因土地贫瘠、水资源缺乏、基础设施薄弱等原因造成群众生产生活条件差、对自然灾害抵御能力低下等发展问题，进而导致地区经济发展相对滞后。1984 年，济源市 265 个山区村中仍有 158 个村人均收入在 100 元左右徘徊，70 个村人均口粮不足 150 公斤，140 个村不通公路，196 个村不通电，5 万多口人、1 万多头牲畜吃水严重困难，山区人口占济源市总人口的一半，其创造的工农业总产值仅占全市的 14%，同时供暖、供气、娱乐场所等缺乏，基础设施薄弱，环境质量低下。同年，中共中央、国务院发出《关于帮助贫困地区尽快改变面貌的通知》后，济源市根据中央、省委指示，进一步调整经济发展重心，市（县）领导十分重视山区建设工作，市（县）委、人大、政府、政协四大班子领导成员常常深入山区调查研究，为山区脱贫致富出谋划策。

山区发展就是横亘在愚公儿女面前的一座大山，济源人民在接下来的三十多年里，充分发扬愚公移山精神，致力于山区建设，翻开了济源山区发展的新画卷。1985 年 1 月，济源四大领导班子带领有关部门、山区各乡镇主要负责同志，在最偏远的邵原镇召开山区工作会议，确立了"济源要翻番，必须抓住山"的指导思想，明确提出把济源经济开发的战略重点转向山区，研究决定成立山区工作领导小组，下设山区办公室，并从市直单位选拔了一批优秀中青年干部，组成山区工作队，实行局委包乡、厂村挂钩，帮助山区群众发展。促进山区发展，首先要加强基础设施建设，方便群众生产生活，解决山区的吃水问题变成了头等大事，山区办干部和水利技术人员在20世纪八九十年代共同研究，创造了打旱地水窖的办法解决人畜用水问题，在地头地边、房前屋后共打旱地水窖15800个，可蓄水97万方，人畜吃水最困难的沿黄68个村，基本实现了一户多窖、一亩一窖，户蓄一方水、人保半亩田的目标。

1988年济源撤县设市之后，济源经济社会发展翻开了新的一页。在山区发展工作中，于1990年市政府成立山区开发办公室，改为常设机构，为推动山区经济的发展提供组织保障；1994年成立了山区开发试点工作领导小组，传承并弘扬愚公敢想敢干的精神，在"重点突破、典型引路、四面辐射、整体推进"的指导思想带领下，14个山区建设试点村取得了显著成就；1998年济源市出台《中共济源市委、济源市人民政府关于加大山区建设的意见》，进一步明确山区开发的根本任务和具体职责，制定促进山区发展的系列优惠政策。而使山区长远发展，主要是产业的发展，济源市在20世纪90年代为促进山区封闭的自然经济向市场经济转变，形成以山区特色为主的商品生产新格局，立足山区资源优势，坚持"以建设商品基地、发展名优特产品"为目标，在农、林、牧、药、烟草等方面发力，与山区的生态环境相融并满足市场需求，初步建立了"3515"山区经济发展板块，即发展烟叶5万亩、中药材5万亩、牧草5万亩、干鲜果15万亩，同时对山区资源进行原料、加工、市场三位一体的综合系列开发，促进农业向规模经营发展，增加农民收入。

2.2001—2013 年：新时期开发与保障相结合的扶贫阶段

进入新时期后，济源市的扶贫工作进入快车道，组织保障进一步健全。2001 年取消山区办，保留扶贫办，隶属市政府办公室，为扶贫工作引航；随后在 2004 年 9 月单设扶贫办，重视并规范扶贫工作；2010 年，济源市编办批准扶贫办继续单设，内设综合科、项目建设科、社会扶贫科 3 个科室，机构的健全和人员的配备为做好扶贫工作提供了保证。

济源市在时代洪流中传承发扬愚公移山精神，持之以恒挖断出现在扶贫开发路上的一座又一座大山。2001 年以来，济源市组织引导贫困农民，围绕贫困山区经济板块，以生态治理区、退耕还林地和现有林果地为主要发展对象，认真落实技术指导、解决农产品销售等问题，促进贫困山区烟草、林果、中药材、畜牧养殖四大产业基地建设，培植产业集群，提高规模效益。2002 年 9 月，济源市委、市政府在科级以上领导干部中开展"与贫困户结穷亲，帮助提高素质，帮助脱贫致富"为主的"一结两帮"活动，全市 786 名科级以上领导干部与 983 个贫困户结成帮扶对子，为后来的驻村帮扶铺路。在接下来的十多年中，济源持续开展帮扶活动，对农村的水、道路、通讯等基础设施、产业发展给予支持和帮助，从而推动贫困乡村、人口各项经济社会事业的发展。在 2001—2010 年，济源市多措并举基本完成了 64 个村的整村推进任务，共投资 11211.8 万元，解决了 52 个村 4.13 万人的出行难问题，解决了 101 个村 9.44 万人和 3.7 万头大牲畜的吃水难问题，解决了 6500 名学生的上学难问题，同时完成 118 个搬迁点，加快了偏僻山区 4135 户 1810 人脱贫致富的步伐。

3.2014 年至今：精准扶贫阶段

济源市深入学习贯彻党的方针政策和习近平总书记扶贫开发战略思想，始终把脱贫攻坚作为一项重大政治任务和第一民生工程。在 2016 年，济源市认真谋划，精心部署，全市上下大力弘扬愚公移山精神，以"踏石留印、抓铁有痕"的作风，咬定目标不放松，精准施策，坚决打好脱贫攻坚战。在一年的"挖山不止"中脱贫 472 户、1666 人，24 个贫困村按相关程序调查核实后摘掉"贫困村"帽子。

2017 年，济源市以"叩石垦壤、坚持不懈"的愚公移山精神内涵为引领，着力在"精准"二字上下功夫，在"绣花"二字上做文章，坚持问题导向、结果导向，层层压实责任，狠抓工作落实，苦练内功，坚持"一针一线绣，一镐一锹干"，先后实施了"愚公就业"脱贫计划、"愚公金融"扶贫活动、"愚公新居"脱贫工程、"愚公增智"扶贫系列行动等。截至 2017 年，济源市累计实现 36 个村，1614 户、5375 名贫困人口稳定脱贫，其中 2017 年实现 345 户、1141 人脱贫。市扶贫项目资金支付率达 99.19％，居河南省第一；小额信贷户贷率达 90.16％，居河南省第一；动态调整信息数据准确率达 100％，居河南省第一。2017 年农村居民人均可支配收入达 16938.6 元，居河南省第二位，增幅达 9％，高于河南省平均增幅 0.25％。

2018 年，济源市委、市政府出台《济源市打赢脱贫攻坚战三年行动计划》，对以后三年脱贫攻坚工作目标再细化、措施再具体，在政治担当、工作措施、智志双扶、社会扶贫、能力素质、工作作风六个方面继续发力，推动脱贫攻坚工作向纵深发展。济源市进一步坚定攻坚决心，坚持以多元产业发展带动贫困户脱贫，高质量地完成了年度目标任务，其脱贫攻坚工作取得了阶段性明显成效。2018年，济源市共培育发展产业扶贫示范基地50个，带贫企业3家，旅游扶贫产业带4个，产业项目27个，做到了贫困户户户有产业支撑。全市贫困户中，共发展种植业1138户，养殖业458户，林果业253户，龙头企业带贫957户，合作社带贫105户，安置公益岗466人。2018年年底，济源市59个建档立卡贫困村已全部脱贫退出，累计实现脱贫2070户6793人，还有未脱贫人口243户583人。在全省脱贫攻坚2018年上半年重点工作核查中，济源市综合评价为较好等次，"两率一度"中，错退率为0，漏评率为0，帮扶工作群众满意度达到100%，居河南省第一。

2019年，济源市上下认真学习习近平总书记扶贫重要论述和系列重要讲话精神，大力弘扬愚公移山精神，以解决"两不愁、三保障"突出问题为重点，在扶贫力度、广度、深度和精准度上下功夫，聚焦突出问题和重点群众，聚焦产业扶贫、合作社带贫和贫困群众增收，脱贫攻坚各项工作扎实推进，取得了阶段性明显成效。2019年年底，济源已实现现有建档立卡贫困人口全部脱贫，超计划完成年度减贫400人的任务目标；《河南日报》《中国扶贫》等报纸杂志对济源弘扬愚公移山精神，打好打赢脱贫攻坚战的做法进行全面报道；教师结对帮扶贫困家庭学生、产业扶贫资金投入占比较高、扶贫信访治理成效明显等系列脱贫经验受到省领导的认可；扶贫干部李向阳荣获第九届全国"人民满意的公务员"称号、原创微视频《过年》在全国扶贫宣传教育中心举办的"脱贫攻坚 精彩瞬间"网络微视频优秀作品征集大赛活动中荣获"优秀作品奖"（见图1-4），这一个个含金量十足的荣誉，凝聚起了全社会共同关注、支持、参与脱贫攻坚的强大合力，为河南省脱贫攻坚贡献了济源智慧、济源力量。

图 1-4 原创微视频《过年》在全国扶贫宣传教育中心举办的
网络微视频优秀作品征集大赛活动中荣获"优秀作品奖"

2020 年，济源市进一步坚定"立下愚公移山志，打赢脱贫攻坚战"的信心和决心，继续发扬愚公移山精神，咬定目标，苦干实干，聚焦重点，攻克难点，啃下贫困硬骨头，为河南脱贫攻坚贡献济源智慧、济源力量。在新冠肺炎疫情的影响下，济源市全力聚焦巩固脱贫成果，做好防返贫工作，强化"四个不摘"，开展了"十大提升行动"①，旨在防范

---

① "四个不摘"，即摘帽不摘责任、摘帽不摘政策、摘帽不摘帮扶、摘帽不摘监管。"十大提升行动"，即产业扶贫合作社带贫提升行动、稳岗就业群众增收提升行动、贫困群众基本保障提升行动、贫困农村面貌提升行动、扶贫干部攻坚能力提升行动、结对帮扶提升行动、防范返贫提升行动、问题整改提升行动、贫困群众内生动力提升行动、宣传总结提升行动。

返贫风险，并建立健全脱贫成果巩固和返贫预警机制，加强了对边缘农户、易返贫农户的跟踪和持续帮扶，有效防止了贫困人口返贫和贫困人口新增。

（三）建档立卡时的插花型贫困状况

1. 贫困村分布情况

济源因位于太行山南麓，山区丘陵占全市总面积 80% 以上，所以历史上济源的经济、社会发展受自然条件限制较多，其山区、丘陵地带也是其行政区划内贫困发生率较高的地区。尽管济源市贫困人口总量不大，却具有整体呈点状分布、居住分散、局部又较为集中的特点。济源市的贫困人口主要集中分布在邵原、王屋、下冶、大峪、坡头、承留、克井、思礼、梨林、轵城 10 个镇。济源市 59 个贫困村中有 47 个分布在下冶镇、坡头镇、王屋镇、大峪镇、邵原镇。下冶镇辖 38 个行政村，其中建档立卡贫困村 10 个，有建档立卡户的非贫困村 22 个；坡头镇辖 23 个行政村，其中建档立卡贫困村 5 个，有建档立卡户的非贫困村 11 个；王屋镇位于济源市西部山区，下辖 44 个村，其中建档立卡贫困村 10 个，有建档立卡户的非贫困村 21 个；大峪镇位于济源市西南部，辖 30 个行政村，其中建档立卡贫困村 10 个，有建档立卡户的非贫困村 11 个；邵原镇位于济源市西部山区，辖 50 个行政村，其中建档立卡贫困村 12 个，有建档立卡户的非贫困村 33 个（见表 1-1）。

表 1-1　济源市主要贫困村分布乡镇

乡镇	行政村数量/个	贫困村数量/个
下冶镇	38	10

乡镇	行政村数量/个	贫困村数量/个
坡头镇	23	5
王屋镇	44	10
大峪镇	30	10
邵原镇	50	12

数据来源：根据济源市资料整理

2. 贫困人口状况

济源市自 2014 年开始开展建档立卡工作，当时建档立卡贫困人口有 1878 户 6251 人，包括已脱贫 578 户 1955 人，未脱贫 1300 户 4296 人。未脱贫户按照属性分为一般贫困户、低保贫困户、五保贫困户"三种属性"，其中，一般贫困户 884 户 3090 人，低保贫困户 396 户 1185 人，五保贫困户 20 户 21 人（见表 1-2）。

表 1-2　济源市 2014 年年底建档立卡贫困户分类一览表

类型	属性	户数/户	人数/人
未脱贫户	一般贫困户	884	3090
	低保贫困户	396	1185
	五保贫困户	20	21
脱贫户		578	1955

数据来源：根据济源市资料整理

济源建档立卡贫困户具体致贫原因复杂多样，主要分为 8 种类型，即因病致贫、因残致贫、因学致贫、因灾致贫、缺土地致贫、缺劳动力致贫、缺技术致贫、缺资金致贫，其中因病致贫 1593 人，因残致贫 863 人，因学致贫 695 人（见图 1-5）。因此，完善医疗保障措施、兜底保障、均衡城乡教育资源是实现济源脱贫攻坚的突破点。

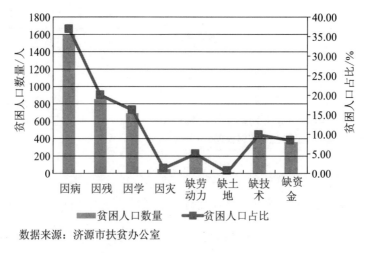

数据来源：济源市扶贫办公室

图 1-5 2014 年济源市建档立卡贫困户致贫原因分析

第二章 ｜ 定义减贫基调：产城融合与城乡一体化

让我们大力弘扬愚公移山精神，大力弘扬将革命进行到底精神，在中国和世界进步的历史潮流中，坚定不移把我们的事业不断推向前进，直至光辉的彼岸。

维持生态平衡的重要性及资源的不可再生性，对地区经济发展提出更深层次的要求。济源市顺应国家经济发展潮流，提高政治站位，在习近平扶贫思想理论指导下，抢抓经济发展机遇，承接多项试点改革项目，为经济实现跨越式发展搭建更广阔的平台，以现有经济发展条件为基础进行战略调整，谋划以经济发展为主线、扶贫开发相辅的局面。① 济源市通过系列

---

① 习近平：《在全国政协新年茶话会上的讲话》，载《人民日报》，2016-12-31。

活动践行愚公移山精神，充分发挥其对促进区域经济发展的指导作用，主动作为，千方百计地办好与群众息息相关的实事。

济源市素有"豫西北门户"之称，是中原城市群核心发展区城市之一，经济基础条件较好，是多项国家级、省级改革的承接地，通过发扬愚公移山的奋斗精神，探索出系列改革经验，走在全国前列，成为经济发展的"排头兵"，为其他地区发展提供了参照蓝本。2015 年，国家发展改革委员会开展全国中小城市综合改革、产城融合示范区建设、农村集体资产股份权能改革等多项改革，济源市成功入选，成为 61 个地区进行综合改革试点之一和 29 个"积极发展农民股份合作赋予农民对集体资产股份权能改革"（农村集体资产股份权能改革）试点之一。2017 年成为全国唯一一个在全域范围内建设的产城融合示范区，同时又被确定为第一批国家农业可持续发展试验示范区。产城融合、城乡一体成为济源城市转型发展新的战略支撑点，济源市紧紧抓住"产城融合、城乡一体"的战略定位，不断深化改革、扩大开放，遵循发展规律，统筹城乡在规划布局、产业发展、公共服务等方面融合发展的有效举措，进一步解放和发展生产力，释放并增强社会活力，在破解城乡二元体制上取得重大突破，全面提升济源的综合实力和区域竞争力。虽然济源是一个非贫困地区，但贫困人口基数少、分布广成为区域经济协同发展的制约因素，济源市通过营造以愚公移山精神为主的文化氛围，以润物细无声的方式实现对愚公儿女思想意识的整体提升，并激发贫困群众的内生动力，以产业的益贫性与新型经营主体的带动作用增强农户自身造血能力，从住房、教育、医疗等方面织密民生事业网，为全面建成小康社会做出贡献，同时为脱贫攻坚与乡村振兴的衔接提供参考。

一、全域一体化布局——发展与可持续

进入新时代以后，我国社会主要矛盾已发生改变，转化为人民日益增长的美好生活需要和不平衡不充分的发展之间的矛盾。促进区域均衡协调发展是破解我国发展不平衡、不充分，实现经济社会可持续健康发展的必要举措。中国特色社会主义迈入新时代，济源的发展也开启了新征程，虽然经济社会发展基础更加坚实、优势更加明显，但发展不平衡不充分的问题依然突出，尤其是城乡发展的不平衡不充分，全面建成小康社会还存在不少短板和薄弱环节，脱贫攻坚任务艰巨。在多种重担的叠加压力下，济源市借产城融合示范区的东风，统筹城乡一体发展，勇担经济发展改革的重任，破解城乡二元结构，推动经济转型升级稳增长，不断开创济源发展新局面，为促进济源高质量脱贫与乡村振兴有机衔接创造出更多含金量高的"济源经验""济源方案"。

（一）产城融合整体规划

产城融合是在我国供给侧结构性改革背景下提出的一种相对于产城分离的发展思路，是主动适应经济发展新常态、推动产业结构调整、实施新型城镇化战略、促进区域协同协调发展的重要举措。以产业与城市融合发展的理念，推动提高地区的发展承载力，将产业作为打破城乡地域分割线的工具，驱动公共服务设施配套建设，促进经济辐射带动发展。济源市抓住建设国家产城融合示范区的历史发展机遇，以市场的理念、改革的思维，推进体制机制创新，为促进区域经济发展打造新高地。推进济源国家产城融合示范区建设，是加快中原城市群建设的有效路径，有利于发挥济源产业基础好、城镇承载能力强的优势，优化空间、规模、产业结构，提升城镇综合服务能力，创新产业人口集聚机制，推进城乡一体化发展。

济源市以习近平新时代中国特色社会主义思想为指导，并贯彻习近平总书记调研指导河南工作时提出的打好"四张牌"要求，紧紧抓住"产城融合、城乡一体"的战略定位，遵循发展趋势，深化供给侧结构性改革，出台《建设国家产城融合示范区实施方案》，从空间布局、产业集群、城镇发展、公共设施、生态环境等领域做出战略部署，对生态、农业、城镇空间以及生态保护红线、永久基本农田、城镇开发边界合理划分形成可持续发展的国土空间格局，统筹空间、规模、产业三大结构，力破城乡二元结构，促进城乡在空间布局、产业发展、公共服务、生态保护等方面相互融合和协同发展，构筑"一核两带多点"空间发展格局，构建经济、生态、人居功能叠加的发展空间，构建布局合理、融合互动、协作紧密、环境友好的新型产业体系，人、产、城和谐共生的城镇空间新格局，以均等化服务提升示范区建设的支撑服务能力，建立与产城融合发展相适应、与深化改革相匹配的管理体制和城乡一体发展机制。

党的十八大以来，以习近平同志为核心的党中央以巨大的政治勇气和强烈的责任担当，提出一系列新理念新思想新战略，出台一系列重大方针政策，推出一系列重大举措，推动党和国家事业发生历史性变革。

济源市贯彻党中央和省委系列决策部署，以城乡一体化统揽经济社会发展，积极主动把握发展机遇，为有序且持续推动城乡融合发展，出台《济源市城乡总体规划（2012—2030）》统筹规划城乡发展格局，从经济发展、城镇化和人民生活发展、社会发展、生态环境保护等领域提出发展目标，从城镇体系、产业布局、基础设施、公共服务、生态环境、传承文化六个维度做出战略部署，促进经济全面、协调、可持续发展。在空间架构布局中：一是构建城镇体系架构。形成纵向级次呈"1133"，即一中心城＋三组团＋三中心镇＋多个新型社区的多层次现代城乡体系架构。二是功能分区布局。根据区域主导功能定位，构建玉川循环经济功能区、虎岭转型发展功能区、王屋山生态文化旅游功能区、小浪底西霞湖生态经济功能区、东部高效农业功能区和中心城区6个特色鲜明的功能分区，横向分布呈"1＋5"功能片区为支撑平台的空间形态。三是产业空间组织。打破行政区划界限，按照突出区域优势资源、促进产业空间集聚的基本原则，在市域范围内统筹布局三次产业。济源通过统筹城乡发展以期形成现代城市和现代农村和谐交融的新型城乡关系，打破城乡体制间的壁垒，使城乡居民在教育、医疗、社保等公共服务方面享受市域内同等待遇，并成为河南省甚至是全国城乡一体化的典范。济源自2005年被确定为河南省城乡一体化试点市以来，充分发挥省直管，市、镇、村"一竿子插到底"的体制优势，以城乡一体化统揽经济社会发展，探索出一条全域统筹推进农业转移人口就地就近城镇化的新路径，初步实现"二元分割"向"一元融合"的转变。

（二）空间格局生态基调

济源市以主体功能区规划为基础，摸清并分析全市国土空间本底条件，构建生态保护红线、永久基本农田、城镇开发边界，形成可持续发展的国土空间格局。一是划定生态空间，通过开展生态功能重要性评估和生态环境敏感脆弱性评估，以城市水源保护区、世界地质公园、黄河湿地自然保护区、猕猴自然保护区、风景名胜区等为重点划定生态保护红线，以市域生态走廊、近郊绿环、中心城区生态间隔带、骨干河道等承担生态服务和生态系统维护功能的地域为重点划定生态空间。二是划定农业空间，加强对已划定永久基本农田的特殊保护，结合农村土地"三权"确权登记颁证，实现耕地数量、质量、生态"三位一体"保护，统筹考虑农业生产和农村生活需要，以都市休闲农业、现代高效农业、山区特色农业及村庄、集镇等承担农村生活功能的地域为重点，科学划定农业空间。三是划定城镇空间，根据地形地貌、自然生态、环境容量和基本农田等因素，兼顾城镇布局和功能优化的弹性需要，从严划定城镇开发边界，城镇空间占全市国土空间控制在 6% 左右。

二、城乡一体化战略——减贫与内增长

济源以抓好脱贫攻坚与产城融合建设相结合，以不抛弃不放弃的愚公移山精神作为奋斗的精神支撑，积极探索中原地区"插花式"贫困精准脱贫新机制，有力促进贫困群众脱贫致富、城乡一体化发展。在"以

民生改善为目标，以产业发展为核心，以协调发展为基调"的扶贫思想指导下，济源市的产业发展、教育、医疗、产权改革等各项扶贫政策融合在一起，催生出了一系列济源的特色扶贫新模式，推动了济源市精准扶贫工作的有序、高效开展。

（一）产业发展带动扶贫

济源市发挥自身工业基础好、自然资源丰富的优势，坚持以工哺农、以产兴城，在尊重市场规律、符合客观实际和体现地方特色的基础上，一路探索、一路创新，走出一条具有济源特色的产业扶贫之路。产业结构的调整在激烈的市场竞争中至关重要，在深化供给侧改革背景下，济源市坚定愚公移山之志，用坚定信心不动摇的韧劲，以产业链延伸、资源充分利用、生产要素整合等路径健全产业链，辐射带动周边地区及农户发展。济源市出台《济源市产业扶贫工作实施方案 2018—2020》《济源市关于推进乡村振兴战略的实施意见》等一系列促进产业发展文件，以特色产业为抓手，创新扶贫模式，推动农户与龙头企业、合作社等经营主体形成紧密有效的纵向协作模式，构建长久的农业产业链纵向协作体系，推动扶贫特色产业向高端的全产业链扶贫优化，实现三产联动融合发展，构建产业化扶贫大格局，实现农业发展、乡村振兴、农民致富的"多赢"局面。为严格扶贫资金使用，出台了《济源市财政专项扶贫资金管理办法》（济财〔2018〕73 号）、《济源市财政专项扶贫资金项目全流程管理办法（试行）》（济扶贫办〔2018〕79 号）等规范性文件，明确扶贫资金优先用于产业扶贫、合作社带贫和贫困群众增收，确保资金使用安全、固定收益稳定、分配使用合理。同时为发挥农业的多功能性,与旅游业相融通,发挥旅游产业的关联带动作用,把乡村旅游业培育成为精准扶贫和农民增收的新亮点,出台实施《济源市办公室关于印发济源市加快旅游业发展奖励扶持政策的通知》(济政办〔2019〕21号),发展丰富多彩的乡村旅游业态,通过农民的普遍参与,实现旅游扶贫、旅游富民的目的。通过产业化扶贫,提高农民的组织化程度和抵御市场风险的能力,增强自身造血能力。

(二)城乡公共产品设计

作为河南省城乡一体化改革试点,济源市以破解城乡二元结构为出发点,致力于推进城乡均衡发展,以人民为中心,构建覆盖城乡、可持续发展的基本公共服务体系,深化改革释放产权活力,助推经济社会协调发展,与群众共享改革成果、让群众获得更多的发展红利。

济源市将安居扶贫工程作为改善的突破口,让贫困群众"居者有其屋",主要从危房改造和易地搬迁两方面齐头并进,出台《济源市农村危房改造实施方案》《农村土房土窑改造工作办法(试行)》《济源市建档立卡贫困户"六改一增"实施方案》《关于印发济源市增效扶贫实施方案(试行)的通知》等一系列农村危房改造、助力脱贫攻坚的创新政策,明确规定了申报农户申请办理、质量监管、房屋竣工验收、资金拨付和监督等程序,改善农户住房条件;严格落实《河南省"十三五"易地扶贫搬迁规划》,改善贫困群众的生产生活条件,减轻迁出地的生态压力。教育始终是扶贫开发的重要领域,出台《济源市教育局关于开展"双千双扶"活动助力脱贫攻坚的通知》(济教办〔2018〕149号)、《济源市教育局 济源市民政局关于对济源籍建档立卡贫困家庭在校大学生进行资助的通知》(济教〔2018〕119号)、《济源市人民政府办公室关于印发济源市乡村教师支持计划实施办法的通知》(济政办〔2016〕51号)等相关文件，通过调整政策倾斜、加大基础设施投入、完善师资队伍、健全教育资助体系等各种方式以最终实现教育领域的减贫与脱贫；同时从2017年起降低高中学费，2018年全面免除公办普通高中学费，从整体上提升愚公儿女的文化素养，也实现了从九年义务教育向十二年免学费教育的提升。为全面实现城乡居民基本医疗有保障，出台《关于印发健康扶贫部门职责和工作机制的通知》《关于印发济源市城乡居民医疗保险"一站式"即时结算工作方案的通知》《济源市扶贫"一揽子"保险实施方案》《济源市人力资源和社会保障局关于调整我市基本医疗

脱贫攻坚动态

2018年第72期

(总第189期)

河南省脱贫攻坚领导小组办公室　　　　2018年6月10日

济源市开展扶贫"一揽子"保险工作

济源市聚焦难点，立足精准，充分发挥保险行业扶贫力量，打造"保险+脱贫攻坚"新模式：市政府全额出资，与中原农险公司签订扶贫战略合作协议，为全市建档立卡贫困户提供人身意外伤害保险、农村住房保险、种植业保险(小麦、玉米)、养殖业保险(育肥猪、能繁母猪、肉牛、肉羊)等4项8个险种的"一揽子"保险，基本涵盖了贫困人口生产生活的各个领域。扶贫"一揽子"保险为贫困户在创业脱贫过程面临的各类风险提供保障，为贫困户脱贫路上增加了一道"防火墙"。"一揽子"保险实行以来，市财政共投入资金121万元，撬动了高达3800万元

图2-1　打造"一揽子"保险新模式，省《脱贫攻坚动态》
2018年第72期予以专题推介

保险门诊重症慢性病相关政策的通知》等系列文件，从组织保障、费用报销、结算流程、慢性病管理等方面使医疗工作流程化，提升健康扶贫工作的规范化、精准化程度。兜底保障是全面建成小康社会的底线制度安排，济源市对于完全或部分丧失劳动能力的贫困群众，出台《关于在济源市脱贫攻坚三年行动中切实做好社会救助兜底保障工作的实施方案》《关于提高 2019 年最低生活保障标准、财政补助水平及特困人员供养标准的通知》等政策，通过"输血"维持其基本生活。同时出台《关于加强困境儿童保障工作的实施意见》，形成家庭尽责、政府主导、社会参与的困境儿童保障工作格局。居民最低生活保障不仅在打赢脱贫攻坚战当中发挥了重要作用，也是群众共享改革开放成果的重要体现之一，济源市出台《关于在全市开展城乡一体化样板区建设的实施意见》，努力把城乡一体化样板区打造成为济源市经济增长的新高地、产业升级的新载体、城乡统筹的新平台。基础设施是国民经济各项事业发展的基础，济源市为进一步增强公共交通在城市交通中的主体地位，出台《济源市优先发展城市公共交通实施意见》，于 2019 年实现城区公交免费，让市民绿色出行、发展低碳经济，更好地提升群众的幸福指数。

（三）集体产权制度改革

深化改革是全面建成小康社会的必然要求，也是解决当前我国发展面临的系列问题的必然要求。农村集体经济薄弱一直以来是制约农村发展的重要因素，济源作为农村集体资产股份权能改革试点之一，出台《济源市农村产权制度改革指导意见》，提出"六权确权、两权两改两建"思路，为保障产权改革真正落到实处，先后出台推进集体产权制度改革、股权抵押担保办法、壮大农村集体经济等文件 30 余个，盘活农村集体资产、提高资源要素配置率，为集体经济发展安装"发动机"，调动成员发展壮大集体经济的主动性和积极性，让农民腰包鼓起来。同时为加快土地承包经营权流转，推进农业规模化、产业化经营，出台《济源市关于加快农村土地承包经营权流转的实施意见》，以创新土地流转机制为核心，促进农民增收。

附件 1　济源市《建设国家产城融合示范区实施方案》

阶段目标

重点突破阶段（2017—2018 年）。产城融合示范区建设实现良好开局，产业转型发展取得突破性进展，市场竞争力进一步增强。城镇综合承载能力进一步提升，特色小镇、田园综合体和美丽乡村建设初见成效。生态保护、建设、修复成效显著，生产生活绿色低碳水平明显提升。行政管理体制改革效果显现，产城融合、城乡一体的新型发展机制加快形成，经济社会发展活力明显增强。

全面推进阶段（2019—2020 年）。在全面建成小康社会的基础上，加快现代化建设步伐。综合实力显著增强，工业增加值达到 500 亿元左右，人均生产总值突破 10 万元，城乡居民人均可支配收入超过 32000 元，常住人口城镇化率超过 65％，以先进制造业为主体的现代产业体系基本建成，城市功能全面提升，城乡一体发展格局全面形成，生态环境更加优美宜居，人民生活更加富足安定，产城融合发展体制机制更加完善，初步探索形成一批可复制、可推广的经验。

整体提升阶段（2021—2025 年）。经济社会发展实现重大跨越，经济发展和社会事业达到更高水平。产业和城镇深度融合，城乡关系更加和谐，居民生活更加富裕，在全国中小城市现代化建设中发挥示范引领作用，成为地域特色突出、全国领先的产城融合、城乡一体发展示范区。

空间布局

按照生产空间集约高效、生活空间宜居适度、生态空间山清水秀的原则，强化自然生态格局基底作用，着力破解产城、城乡二元结构，坚持核心带动、轴带发展、点状支撑、协调联动，构筑"一核两带多点"空间发展格局，推动全域一体布局、一体发展。

"一核"，即产城融合发展核心区，主要包括中心城区和产业集聚（开发）区。

——中心城区。重点提升要素集聚、科技创新、高端服务能力。加快发展商贸物流、职业教育、文化创意、现代金融、信息服务等第三产业和都市型工业，加强自然文化历史资源保护，提升城市设计水平和建设标准，提升中心城区空间品质和文化氛围，营造高品质的创业就业和生态宜居环境。

——产业集聚（开发）区。推动产业集聚（开发）区、专业园区空间整合、职能优化，推进克井镇、五龙口镇、承留镇、思礼镇、轵城镇与产业集聚（开发）区融合发展，统筹公共设施和基础设施建设，全面优化生产生活空间，强化产业集群发展支撑能力。虎岭经济技术（高新技术产业）开发区重点发展装备制造、新能源汽车、电子信息、现代化工等产业，打造千亿级装备制造产业集群。玉川产业集聚区重点发展有色金属循环经济、能源及新能源等产业，打造千亿级有色金属循环经济产业集群。

"两带"，即沿太行-王屋生态旅游发展带和沿黄河小浪底北岸健康养生发展带。

——沿太行-王屋生态旅游发展带。充分发挥太行-王屋自然生态景观资源优势，瞄准打造世界级旅游品牌，高水平建设王屋山、五龙口、九里沟、小沟背等景区，深挖文化内涵，强化生态修复和生物多样性保护，完善旅游公共服务设施，开发一批精品旅游线路，打造集生态养生、文化旅游、观光休闲于一体的综合性旅游发展带。

——沿黄河小浪底北岸健康养生发展带。充分挖掘小浪底北岸山水生态资源和中医药文化底蕴，依托黄河三峡景区和小浪底景区，升级改造沿黄河小浪底北岸快速通道，开通黄河小浪底库区水运航线，布局建设空铁、通用航空机场，建设以健康养老、"医养＋"、水上运动为主导的精品旅游度假带。

"多点"，即在核心区外建设若干特色小（城）镇、田园综合体和美丽乡村。

——重点镇。坚持全域一体、错位发展，完善基础设施和公共服务，吸引当地居民就近就业，推动与中心城区互补协调联动。发挥坡头镇毗邻洛阳、山水资源丰富的优势，打造国际康养旅游度假特色镇。发挥王屋镇生态文化旅游资源优势，打造文化旅游特色镇。发挥邵原镇省际交界区位优势和资源优势，打造文旅商贸特色镇。发挥梨林镇农业资源优势，建设现代高效农业特色镇。

——特色小镇。加强分类指导，坚持特色发展，按照不同区位条件和资源环境禀赋，打造若干产业支撑有力、公共服务完善的特色小镇，重点建设"那些年·小镇"、济水源文化小镇、王屋福源小镇、连地康养小镇、高铁小镇等，与重点镇开发相互补充、相得益彰。

——田园综合体和美丽乡村。坚持规划先行、示范带动，以田园综合体建设为重点，把美丽乡村建设与乡村旅游、农村住房改造、生态村庄建设等有机结合，大力发展生态特色农业，进一步改善农村生产生活条件，建成一批基础设施便利、生态环境优美、社会安定和谐、产业特色明显、宜居宜业宜游的美丽乡村。

附件2　《济源示范区城乡总体规划（2012—2030)》

战略一："核心带动，全域一体"

以"全域济源"理念为统领，统筹中心城区、组团、中心镇、新型农村社区之间的交通联系、职能定位、产业布局、生态建设，提升中心城区承载能力，加快新型农村社区建设，打造以中心城市为核心带动、各级城镇节点协调发展的新型城镇体系。

战略二："产城互动，融合发展"

围绕功能区产业定位，突出特色、错位发展、融合互补，加快形成功能集合、资源节约、集群发展的新格局，支撑推动城乡一体化发展。重点加快虎岭转型发展功能区、玉川循环经济功能区工业转型，加快中心城区核心功能区、西霞湖生态经济功能区、王屋山生态旅游功能区现代服务业和东部高效农业功能区现代农业发展，促进城乡产业高效连接、联动发展。

战略三："设施优先，共建共享"

统筹城乡交通、能源、水利等重大基础设施建设，加强与周边城市的联系通道建设，优化中心城区与功能区、新型农村社区的交通连接；

加快供水设施与水源建设，提高水资源保障能力；加强信息基础设施建设，实现全域信息化。探索建立城乡一体的基础设施建设模式，推动全域基础设施共建共享。

战略四："民生为本，服务均等"

建立城乡教育均衡发展体系，完善公共医疗卫生服务体系，健全公共文化服务体系，完善城乡社会保障体系，强化政府在基本公共服务供给上主体和主导作用，完善推进基本公共服务均等化的体制保障和配套措施，加快建成覆盖城乡、功能完善、城乡一致的基本公共服务体系，率先实现公共基本服务全覆盖。

战略五："保育生态，优化环境"

以建设生态宜居精品城市为目标，加快各类生态设施建设，推进济源猕猴自然保护区建设，加快荒山、煤矿塌陷区治理、农村土壤修复，大力发展循环经济，推进环境综合整治，加强生态廊道建设和保育，构建城乡一体化的生态环境安全体系。

战略六："传承文化，提升品位"

充分挖掘山水文化、道文化、药文化、画文化等特色文化资源，大力弘扬愚公移山精神，按照"市域全景、景城一体"理念，推动文化旅游与工业、现代农业、城乡建设、生态建设融合发展，彰显"诗画山水、灵秀济源"特色，突出"愚公移山""山水济源"两大品牌，提升济源文化魅力。

第三章 | 工农城乡耦合：产业转型中市场带贫的多重路径

坚持社会动员，凝聚各方力量。脱贫攻坚，各方参与是合力。必须坚持充分发挥政府和社会两方面力量作用，构建专项扶贫、行业扶贫、社会扶贫互为补充的大扶贫格局，调动各方面积极性，引领市场、社会协同发力，形成全社会广泛参与脱贫攻坚格局。①

面对复杂的经济形势，济源敢于挑战困难，善于转换思维，坚定愚公移山之志，用好发展的"巧劲"，弘扬不怕艰难险阻、朝着既定目标不懈努力的愚公移

① 习近平：《在打好精准脱贫攻坚战座谈会上的讲话》，8～9页，北京，人民出版社，2020。

山精神，为促进社会经济发展提供长远发展思路。在优化产业布局时，立足工业优势，积极推进产业转型，不断加快构建现代化产业格局。济源以有色、钢铁、能源、化工、建材等为主的传统优势产业，紧咬精深加工、技术改造、完善链条等重点，逐渐提高产业发展集群化、绿色化、智能化水平，并形成以有色金属产业为主导，其他重点产业共同发展的"1＋N"产业格局，具体来说就是"1＋4＋4"产业体系（见图3-1）。此外，济源立足实体经济打好产业攻坚战，加快构建以新型产业为核心，打破行业边界，打造以创新为导向的开放式区域产业链健全的实体产业生态系统，释放经济活力，激活经济发展动力，促进经济高品质发展。在这一过程中，已经带动形成一批行业巨人——豫光集团、济源钢铁、万洋集团、金利集团等企业，为济源提升产业链水平、促进多元产业融合，辐射带动整体社会经济进步提供坚实支撑。

图3-1　济源市"1＋4＋4"产业体系

一、工业强市的结构升级与带贫反哺

济源依托雄厚产业基础优势发展高端产业融合，通过将传统产业的技术与人才优势移植到新型产业发展上，强化传统产业支撑力，鼓励本区域企业融入更为广阔的地理区域发展，实现跨区域、跨专业的生产经营活动。近年来，随着产业快速发展，各类企业逐渐发展壮大，不仅实现了企业高度空间集合，也实现了主导产业内部企业之间、产业之间的产业链接度，即由点式企业集合发展向链式企业集聚发展的转变。产业结构转变促使济源产业向高端化、集约化、生态可持续化方向不断迈进，进一步实现济源绿色友好型产业格局。同时，济源加快产业集聚区转型升级的做法，促进人口加速集聚。而产业结构优化升级，也促进了人口与产业的良性互动，产业促进就业，就业带动人口增收致富。

（一）政策格局顶层设计

1. 各级政府战略引导

国家层面：党的十九大强调构建以企业为主体、市场为导向、产学研深度融合的协同创新体系。产业融合是现代产业发展的新特征、新形态和新趋势，是产业结构高度化的必要前提，能够有效推动我国产业结构升级。有鉴于我国新常态下的时代背景，以及深化供给侧改革和协调发展理念的指导下，产业融合成为大势所趋。产业融合促使科技创业企业向更高级的产业链延伸，扩充价值链，对不同属性、不同功能产品进行研发和整合。

河南省省级层面：自我国经济进入新常态，也就意味着我国经济发展要在相对稳定的环境下逐步实现经济结构革新，顺应当前新趋势、新特征，注入新动能。河南省是传统农业大省，也是能源和农业原材料大省，传统产业结构不合理问题十分突出，煤炭、建材等主导产业普遍存在"小、弱、散"的问题。为进一步改善河南省产业结构问题，河南省顺应经济新常态趋势，加快促进三产融合，强化河南省经济发展原动力。同时，也提出以产业集群推动科学发展的新思路，专门出台《百千万亿级优势产业集群培育工程行动计划》。针对第二产业"规模大却不强、结构全却不合理"的情况，河南省进一步提出推动先进制造业发展，由"河南制造"向"河南创造"转变，加强产业融合，推动产学研高度发展，实现产业价值链延伸、产业链拓展的全方位发展大格局。

济源市市级层面：随着国家层面和省级层面对产业结构升级和产业融合发展的推进，济源市积极响应号召，按照上级要求，扎实推进供给侧结构性改革，持续推动产业转型升级，做大做强产业融合、产业链延伸，实现产业集群、规模化发展。

2. 新型产业格局构建

工业是济源的主导产业，在济源的三次产业结构中占66.3%。济源顺应全国经济改革大趋势，从最初的"五小工业"的小格局，逐渐发展转型进入当前以有色金属为主导，其他重点产业共同发展的"1+N"产业格局。即有色金属产业为主导，钢铁及装备制造、化工、食品饮料、能源及新能源的四大支柱产业，新材料、生物医药、节能环保、电子信息四大战略性新兴产业的"1+4+4"产业体系。同时，形成重要的产业集聚区，即虎岭经济技术开发区和玉川产业集聚区。

在产业融合发展方面，济源拥有雄厚的产业基础，早期发展中，各产业之间联系相对较少。随着产业升级转型时代的到来，济源通过紧密结合本区域产业发展实情和改造提升传统产业、培育战略性新兴产业，立足实体经济产业攻坚战，大幅度提升区域产业基础能力，打破产业边界，促进产业融合，提升产业链水平。目前济源已经明确未来产业发展方向：以产业链延伸为主攻方向，推动新型材料、装备制造、文化旅游等产业向中高端迈进，打造具有全国影响力的产业集群。

发展导向：2019年9月17日，习近平总书记在河南考察调研企业时指出，"中国必须搞实体经济，制造业是实体经济的重要基础，自力更生是我们奋斗的基点"①，为各地市区域产业治理，以及未来更长一段时间的产业发展和产业升级指出了努力方向、提出了工作遵循。

发展目标：济源市以工业而兴，由工业而强。早在2010年，济源市便抓住先机，快速进行工业转型。以敢为人先的精神聚焦钢铁及装备制造业，制定打造千亿级装备制造业产业基地的目标。

具体措施：济源市以发展为先导，全力推进优势主导产业产能整合，扩充先进优质产能，减少传统落后产能，推进生产要素向先进优质产能与新兴领域集中，形成了济源产业发展新优势。在产业高度发展的基础上，积极推进企业整合，通过调整落后、战略重组、资产重组等资本运作形式，做大做强做优行业龙头企业，提高主导产业集中度。在此基础上，积极推进资源整合，支持大型企业或战略联盟企业群加强企业合作，实现产业链上下游延伸，使产业链在纵向上下游各环节和横向多种功能互补间实现效率提升和成本优化，进而增强济源产业发展后劲。

---

① 《习近平在河南考察调研》，http://www.xinhuanet.com/nzzt/110，2021-01-26。

(二) 打造高端产业集群

一是打造千亿级有色金属循环经济产业基地，完成有色金属产业发展规划编制，制定产业发展扶持政策，高效配置公共资源，推进玉川产业集聚区、思礼有色金属循环经济产业园整合，大力发展循环经济和精深加工，加强技术创新。组建有色金属产业技术研究院、产业技术创新联盟等新型研发机构。二是打造千亿级装备制造产业基地，抓住产业升级的关键环节，开展传统装备制造企业智能制造创新工程，提升矿用设备、风电成套设备、关键基础部件等传统装备制造产业向高端化、规模化、产业化方向发展，建成一批示范智能车间和示范智能工厂，推进高端装备领域关键和共性技术系统性、协同性研发攻关，建设具有影响力的装备制造业创新中心，加大与高端装备制造龙头企业合作力度，培育发展航空装备、智能成套装备、工业机器人、智能控制系统、节能环保装备等产业，建设中部高端装备产业园。三是培育百亿级新兴产业集群，包括新材料产业、电子信息产业和节能环保产业。

＊＊＊专栏 3-1

河南济源钢铁（集团）有限公司实施产业转型案例介绍

河南济源钢铁（集团）有限公司是 1958 年建厂的地方钢铁企业，2000 年企业整体改制，由国有企业改制为股份制企业。济源钢铁（集团）有限公司紧随时代潮流，在供给侧结构改革大背景下，不断扩充优质产能，减少落后产能，推进产业要素向新兴领域扩充，提升创新能力，实现自主研发，其生产工艺实现全铁水热装炼钢、优特钢全精炼、全连铸成坯、全一火成材、高炉喷煤和高炉煤气综合利用等先进技术，产品连续四次荣获（原）国家质量检验检疫总局颁发的"国家产品质量免检"证书。

随着产业结构转型升级的推动，济源钢铁（集团）有限公司围绕"由建筑用钢向工业用钢转型，由普钢向优特钢转型"的目标，按照"资产重组、淘汰落后、调整布局、提升档次、绿色发展、集群发展"的指导方针，河南济源钢铁（集团）有限公司与河南煤化集团深度合作，集中投资 40 亿元，在虎岭产业集聚区建设优特钢产业园，针对炼铁、炼钢、轧钢三大系统进行全系统技术整体改造，形成了"钢材→优特钢→线材、棒材"的大产业链。大产业链延伸使其产品具有质量稳定、品种规格全、服务质量优的特点，成为中西部地区机械制造业的重要支撑。

为进一步适应市场，济源钢铁（集团）有限公司进一步发展线材改造，其全资子公司济钢精品钢材有限公司也成为我国中西部地区唯一的线材改制生产线，它的投产是济钢产品的延伸。为进一步降低生产成本，济钢精品钢材有限公司在产业集聚区积极寻找合作伙伴，以大幅度缩小采购成本，形成产业链高比例配套。基于这一目标，济钢精品钢材有限公司与河南国泰铂固科技有限公司签订合作协议，将济钢精品钢材有限公司所生产的部分线材作为生产紧固件的原材料向国泰铂固科技有限公司进行销售，通过企业之间的合作，突破产业链瓶颈环节，进行缺失环节补充并实现本地产业链对接。

图 3-2　济钢精品钢材有限公司车间生产图

（三）传统工业绿色发展

产业链延伸的过程是实现产业价值增值的过程，也就是创造经济效益、生态效益和社会效益的过程，是当前产业提升自身竞争力的必要措施，这涉及技术、资源、管理、社会环境等多方面内容。近年来，资源及能源的浪费，环境的污染使产业的发展面临越来越多的问题，而绿色产业则是运用新理念、新材料和新技术，在满足社会有效需求的前提下以较少的资源投入和较高的科技投入获得高产出并与环境友好的产业。在环境保护倒逼经济发展模式转型的条件下，济源将产业发展的绿色化置于首位，鼓励企业产业链向绿色循环可持续方向做文章。

以有色金属产业为例。济源市围绕打造千亿级有色金属循环经济产业基地的目标，积极做好"容量、存量、增量"三量文章，引导有色企业挖掘自身潜力，向绿色、智能、创新、高效方向转型升级。济源市规模以上有色金属及深加工企业主要分布在玉川产业集聚区、虎岭产业集聚区，龙头企业有豫光集团、万洋冶炼、金利金铅三家。

新兴绿色产业链价值增值过程体现在通过产业链各个环节之间的整体协作优势实现生产效率的提高和交易费用的下降。一是利用污染物资源化，减少副产品的产生，从而提高资源效率；二是智能制造，减少人力资本的投入，提高人力和资本效率。最终通过生产链的延长实现价值增值，增值的表现即为经济效益、社会效益和环境效益的增加。例如，济源市重点依托豫光集团等龙头企业建立全国废旧蓄电池回收网络，扩大再生铅规模，提高资源保障能力，重点发展"电解铅—极板—蓄电池—新能源电动车（二轮、三轮、四轮、场地车等）""电解铅—极板—蓄电池—再生铅""阳极泥—黄金、白银等贵金属—金银深加工"等产业链。通过产业链条进一步延伸，实现废弃资源再利用，减少废料产生。

＊＊＊专栏 3-2

万洋企业实施绿色创新循环产业链战略案例介绍

创新是驱动企业成长的核心动力。在建厂之初，面对缺技术、缺设备、缺人才的重重困难，万洋集团董事长卢一明下大力气组建起技术团队，高度重视工艺改进和技术攻关，经过多年不懈努力和积累，现在，万洋已经拥有省级科研中心和强大的研发团队，并先后获得国家专利10 余项，为企业发展壮大提供着不竭动力。

2012 年公司总投资 16500 万元，新建三连炉生产线，"三连炉"即"氧化炉—还原炉—烟化炉"三炉相连，实现了热渣直流，大大降低生产电耗和煤耗，可实现年节能折合标准煤 28680 吨，年减少排放二氧化碳 66700 吨、二氧化硫 4730 吨。该项目成功通过国家科技成果鉴定，2013 年该项目获中国有色金属工业科学技术一等奖，2016 年"底吹熔炼—熔融还原—富氧挥发连续炼铅新技术及产业化应用"项目获国家科技进步奖二等奖。

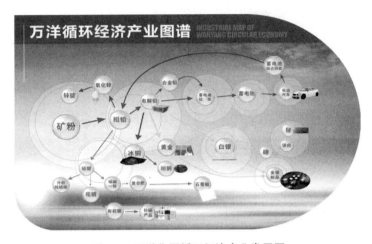

图 3-3 万洋集团循环经济产业发展图

企业是感受市场水温的"先行者"，也是落实可持续循环生产的主体。万洋集团始终遵循"循环经济，多元发展"的经营模式，在企业发展过程中，万洋不断地进行产业结构调整，变单一铅冶炼产业为"资源—产品—废弃物—再生产品"多元良性循环产业，实现了金、银、铜、铋、锑、碲等有价元素多种产品的综合回收，在大力发展铅冶炼主业的同时，一方面积极向外拓展，打破地域、行业局限，按照"优势互补、强强联合、合作共赢"的经营理念，与国内知名企业强强联合，抱团发展；另一方面着力向下游延伸，将废品渣料回收利用，既绿色环保，又变废为宝，例如万洋集团铅冶炼的副产品硫酸被用来生产复合肥，生产复合肥产生的石膏废渣用来生产环保建筑材料石膏板，实现了全程无废渣。由单一产品发展到十几种产品，打破了传统的发展模式，形成了"再生为主、冶炼为辅"的发展方式。目前公司已形成3条重要的循环经济产业链：

电解铅—合金铅—蓄电池—废旧蓄电池—再生铅—电解铅

电解阳极泥—贵金属回收—金银深加工

铅冶炼尾气—硫酸—复合肥—复合肥弃渣—石膏板

二、现代优质农业的全产业链构建

（一）安全优质生产

加快推进国家现代农业示范区建设，争创国家农业可持续发展试验示范区，实行最严格的耕地保护制度，高标准建设10万亩粮田。开展国家农产品质量安全市、国家级出口蔬菜种子质量安全示范区创建，建立农产品质量安全追溯管理信息平台。实施农业产业化集群培育工程，立足全国最大的十字花科蔬菜制种核心基地，建设王屋山现代蔬菜种业产业园，依托伊利乳业、双汇食品、济世药业等龙头企业，打造生猪、肉兔、奶牛、冬凌草、薄皮核桃等八大产业集群，打造农业产业优质化生产基地。

（二）产业链条延伸

全产业链是指从源头到终端所涵盖的种植、采购、物流、食品原料/饲料原料及生化、养殖、屠宰、加工、分销、品牌推广、销售等多个环节构成的完整的产业链系统。通过对产品质量进行全程统一标准的控制，实现产品安全可追溯。全产业链最重要的环节是上游的种植（养殖）与下游的营销，其中上游的自给尤为重要。全产业链的上下游形成一个整体，把下游终端市场和消费者需求，通过市场机制和企业计划反映给上游种植环节，使得产业链所有环节都必须以市场和消费者为导向。

当前中国正由高速发展阶段向高质量发展阶段转变，人口消费对产品质量安全可靠的要求越来越高，而全产业链生产形式是对产品安全性、可靠性的重要保障。因此，未来企业的市场定位应该要向全产业链模式转变。济源作为工业起步的城市，拥有良好的产业基础，因此，在转变经济发展方式的战略议题上，济源早已精准定位，以延长产业链，实现全产业链模式为重要导向，加速促进产业融合发展。以济源市阳光兔业科技有限公司为例，其发展目标是"完善链条、循环生产、节能降耗、优质高效"，围绕这一目标，逐步实现产业升级换代。

＊＊＊专栏 3-3

阳光兔业全产业链战略实施案例介绍

济源市阳光兔业科技有限公司成立于 2008 年，经过多年的创新发展，已成为一家集良种繁育、饲料生产、食品加工、实验兔供应、有机肥生产、生物科研、餐饮休闲为一体的肉兔全产业链生产企业。公司是中国畜牧业协会兔业分会副会长单位、农业产业化省重点龙头企业、河南省肉兔产业化联合体示范核心企业、河南省民营企业现代农业 100 强企业。

1. 上游整合发展路径

主要分为肉兔的饲料来源、肉兔良种繁育和养殖基地建设。饲料来源方面，饲料生产已经成为阳光兔业的核心产业，在满足企业养殖用料的同时，70% 以上都销售到了山西、四川等地。在量产的基础上，公司还与法国的一家研究机构合作，不断提升饲料的科技含量。金誉饲料通过欧盟 GGE 认证，被河南省畜牧局首批检查验收为"动物食品安全饲料企业"。公司的饲料厂，每年都要为集群提供近 30 万吨优质、安全、绿色的专用饲料，并在全国建立了 268 个经销网站，为肉兔的产业发展奠定了一个安全可靠的基础。良种繁育方面，与法国克里莫集团海法姆公司、英维沃集团开展育种、饲料领域的战略合作，拥有法国伊普吕祖代配套系种兔繁育和兔专用饲料生产等核心技术。养殖基地方面，2010 年，阳光兔业在全省建立了首家规模化祖代种兔场，使公司肉兔养殖从家庭作坊式走向工厂化、批次化、规模化，有力带动了更多农户从事肉兔养殖业，为公司的集约化经营、集群式发展奠定了坚实基础，公司的龙头带动效益初步彰显。在发展过程中，与有意愿有能力的贫困户签订协议，通过带动群众发展养殖业，激发内生动力，加快致富步伐。按照每户饲养基础母兔 200～1000 只的标准，以"五统一"的服务体制（公司对养殖户实行统一供种、统一供料、统一技术、统一防疫、统一保护价回收）为保障，在保证兔子质量的同时，实现辐射带动作用。

2. 中游整合路径

阳光兔业在中游阶段，主要集中发展兔产品加工。公司建设了国家

图 3-4　阳光兔业产业园

出口兔肉备案养殖场，旗下阳光食品公司拥有年加工 3000 吨生熟兔肉能力，"伊啦"系列兔肉产品有休闲、调理、礼品三大系列 20 余个品种，产品通过了质量安全认证、危害分析与关键控制点和 ISO22000 认证，建立了从养殖、饲料到兔食品加工的全程质量可追溯体系，同时与山西长治云海公司合作共同出口欧盟和美国市场。阳光兔业下属的食品加工通过跟江南大学等高校研究所的合作，现在已经摆脱了单一的产品结构，形成了以休闲类的快销产品为代表的一系列兔肉食品。

3. 下游整合路径

阳光兔业在全产业链的下游环节，主要搭建线上线下销售平台。实现线上线下同步销售，线下主要在全国中小学、大学等院校销售，或当地超市售卖，线上主要做"村淘"、三级分销的手机"微商"。此外，阳光兔业还具有生物工程、生物有机肥、餐饮连锁等多种产业链发展方

图3-5 阳光兔业科技有限公司厂区

向。生物工程方面，公司建设了标准化实验兔场，开发了实验兔专用饲料，每年可提供生物实验用兔10万只以上，目前是河南省规模最大的实验兔供应基地。生物有机肥方面，公司"硕丰"品牌有机肥，工艺成熟先进，年生产兔粪有机肥能力达1万吨。餐饮连锁方面，公司面向全国提供兔肉餐饮加工技术、兔肉营养知识、中央厨房运营、冷链物流管理等各方面资源支持，帮助合作伙伴延伸兔产品的产业链条。

（三）服务能力提升

一是农业科技服务方面，认真落实农机具购置补贴政策，基本实现农业机械化。完善农业科技服务体系，加快现代农业科技创新及成果转化，建设现代农业科技示范园。推进农业信息化建设，建立农业大数据中心，实施智慧农业工程，推进农业物联网示范应用和农业装备智能化。加强农业综合气象服务，提升农业防灾减灾水平。二是载体平台建设方面，加强农产品流通体系建设，完善农资配送和综合服务网络，推动农村电商发展，深化供销社综合改革，持续完善产业集聚（开发）区电力、通信、供热、排水等基础设施和现代物流、电子商务、创新创业等公共服务平台，加快产品展示、物流配送、产品检测、人才市场等配套设施建设。三是投融资服务方面，加强与金融机构、省级投融资平台合作，建立风险分担、利益共享的新型融资模式。四是农业服务组织方面，积极培育新型农业经营主体，壮大农业产业化龙头企业规模，扶持发展种养大户和家庭农场，促进农民合作社规范发展。

三、产业辐射贫困的效果简析

概言之，以"五小工业"起步的济源，深入实施"工业强市"战略，坚持创新驱动，拉长产业链条，着力向绿色化、智能化方向发展，为济源产业注入新动能。近年来，国家政策支持、济源市科学规划，使得济源产业发展迅猛，企业发展质量、效益和竞争力总体上有明显提升，在实现自身发展的同时也为本地贫困人口、贫困乡镇带来福利，促使济源整体经济水平显著提高。

回馈社会，实现共同富裕。济源市以工业实现总体经济上升，在产业转型升级推动产业融合发展过程中，济源始终以总体发展为主线。其中涌现出许多优秀企业，为社会发展做出贡献。例如，民营企业万洋集团始终践行"兴百年万洋，富四方百姓"的企业理念，先后出资2000余万元建设思礼村中心小学教学楼、老年活动中心、幼儿园、武山剧场、卢仝文化广场等公共设施，造福一方；购置农机设备，免费为周边村民春耕、秋收；每年出资 30 余万元丰富周边村民业余生活和慰问。近年来，公司先后荣获"AAA"信用企业、"河南省纳税 100 强企业""河南省五一劳动奖状""慈善捐助特别贡献奖""支持教育发展先进单位"等荣誉。

＊＊＊专栏 3-4

民营企业带贫，实现共同富裕

思礼镇原名武山镇，"思礼"得名于抗日烈士于思礼在此献身就义，后改为思礼镇。万洋企业早先发家于此，1994 年 10 月，对于贫苦落后的思礼村民而言，是一个历史性转折点。面对家乡贫困面貌，思礼镇（原思礼村）党支部书记卢玉民决定飞出"穷窝窝"，带领村民集资 27.5 万元，建成最初的"万洋冶炼厂"，由于项目选择准确，市场前景广阔，万洋冶炼厂当年就收回投资，村民获得创业的第一桶金。1996 年提出扩建，并同时扩股，保障每个村民都有收益分红，针对家庭贫困的农户没钱入股问题，由企业担保，为 20 多名村民（破产算企业，盈利算村民）扩建扩股。以后的几年，企业采取"联产、联户、联心"的办法，不断扩大规模，上项目，实现企业跨越式发展。如今，思礼镇不再是以前贫困落后的小村庄了，在万洋企业的带动发展下，思礼镇已经成为年税收上亿的富裕乡镇。

产业链嵌入式发展，提升群体生产技能，实现脱贫致富。济源市在产业融合发展中，创新水平提升、产业链延伸空间拓展、推动产业增值，多重效益得到保障，促使产业发展迈向新台阶。高效生产体系、良性的企业互动、区域要素整合等，激发济源产业发展沉淀资源，释放发展动能。济源对产业发展、企业经营的要求不是单纯地依靠规模横向扩张，而是靠产业链条的纵向整合实现生产能力的提升，在每个环节注重各主体分工协作的整合理念，内在地契合了地区整体经济转型的要素供给、资源禀赋等客观环境。此外，产业链嵌入式发展，强调企业自身盈利和企业社会责任担当的兼顾。基于此，济源市产业发展、企业带动过程中，强调对用工人口的技能要求，无形中能够提高地区整体劳动力素质，从而实现群体自我发展。例如，阳光兔业在全产业链发展模式中，对贫困群体养殖技能的要求，通过专门技术指导人员上门服务，举办专业培训等措施，不仅解决企业养殖环节的场地问题，还解决当地贫困群体就业问题，从而无形中实现企业社会责任落实。再如，从 2019 年 8 月开始，河南巨力钢丝绳制造有限公司先后在济源市承留镇玉皇庙村、邵原镇花园村等 20 个村建起索具加工基地，免费提供钢丝绳索具插编技术培训、工具用品、原料及产品运输等服务，带动贫困户就业，壮大村集体经济收入，满足企业生产需求，实现民、村、企三方共赢。截至 2020 年 6 月底，河南巨力钢丝绳制造有限公司已带动济源 24 个行政村近 300 名群众在家门口实现就业。群众人均月收入超过 3000 元，累计获得工资 190 余万元。再如，济世药业与河南中医学院合作承担了国家"十五"重点科技攻关项目"河南中药现代化科技产业基地关键技术研究"的主课题——"冬凌草规范化种植研究"。在济源市委、市政府的大力支持下，成功完成了冬凌草由野生变为家种科学种植实验，并获得国家食药监局良好农业规范种植基地认证。2004 年，济世药业选择到克井镇枣庙村开展冬凌草示范种植。经过科学指导和规划，枣庙村农户收入由人均不足 2000 元逐渐提高到人均收入上万元。

※本章小结

新时代，新征程。沿着高端化、绿色化、智能化的发展轨道，济源以咬定青山不放松的定力，成功实现产业升级转型，并进一步拉长产业链条，走出一条生态良好、绿色发展的循环经济之路。通过产业政策倒逼机制，督促大中小型企业实行绿色生产改革，将生产过程中的废弃物变废为宝，实现产业聚集区内"废水、废渣、废气"回收再利用，形成产业聚集区内的资源大循环。此外，产业链上下游充分联结，使得企业抱团发展，实现企业强强联手，激发本地产业发展潜能，同时也提高本地产业分工合作网的核心竞争力。企业在竞争中实现发展，这种竞争关系也潜移默化地成为其发挥辐射带动作用的助推器，从而覆盖本地劳动者收益。

以全产业链打造为主线，构建乡村振兴发展基础。济源市产业扶贫的优势在于企业数量多，实力强，企业发展潜力巨大，带贫能力强。这样的现实也使得济源市在农业产业扶贫过程中，有明显区别于其他地区的优势。在产业扶贫中，首先要明确，产业发展过程中要以何种形式实现人口的产业参与度和产业价值的分享；其次要明确，如何在提高生产体系的效率的同时对分散小农模式进行改造升级，确保农户收益的稳定性和持续性。济源市的产业扶贫模式主要利用了企业全产业链形式，根据各主体优势和强项，在生产的各个环节合理分工，利用相对丰裕的生产要素，使不同主体之间衔接紧密，发挥各自优势，从而达到"1+1>2"的效果。

进一步来看，济源市以全产业链形式为依托，合理安排利益个体参与其中，能够深度挖掘个体潜在生产技能。对于乡村整体发展而言，全产业链打造模式能够帮助乡村留住人才，振兴人力资本。按照习近平总书记的要求，让愿意留在乡村、建设家乡的人留得安心，让愿意上山下乡、回报乡村的人更有信心，激励各类人才在农村广阔天地大施所能、大展才华、大显身手。在乡村形成产业聚集、人才汇集、资金汇集的良性循环，让贫困村实现"筑巢引凤"，使各类要素在乡村振兴中焕发光彩。

第四章 | 多元主体帮扶与扶贫产业链嵌入

发展扶贫产业，重在群众受益，难在持续稳定。要延伸产业链条，提高抗风险能力，建立更加稳定的利益联结机制，确保贫困群众持续稳定增收。[1]

随着我国扶贫开发进程不断推进，绝对贫困的问题逐渐解决，但是不容忽视的是当前我国贫困问题出现了新特征：一是鳏寡孤独者和残障人士为主的剩余型贫困；二是因病、因教育问题或者因灾等导致的相对型贫困，还有被学术界认定为处于就业状态的贫困人口——"工作的穷人"。新的贫困问题表明我国扶

---

[1] 《习近平在陕西考察时强调：扎实做好"六稳"工作 落实"六保"任务 奋力谱写陕西新时代追赶超越新篇章》，http://www.gov.cn/xinwen/2020-04/23/content_5505476.htm，2021-01-26。

贫工作任重而道远，也表明脱贫的稳定性和持续性是后续脱贫攻坚工作乃至在新阶段乡村振兴工作中的重点之一。

济源作为经济较发达的工业型城市，也存在上述所提到的多种贫困问题。济源市坚定愚公移山之志，以愚公不达目的不罢休的恒劲和吃苦耐劳的韧劲，咬定目标，展现愚公儿女功成不必在我的广阔胸襟，以精准施策不漫灌的巧劲增强农户的可持续发展能力。依托产业优势，在脱贫攻坚中探索出将扶贫嵌入到社会经济发展中，通过借助产业融合、产业链延伸所发挥的辐射带动作用，推动农村脱贫致富，而不是简单地将脱贫攻坚作为一项政治任务完成。从经济发展的长远性来看，济源市委、市政府有效避免了条块化扶贫模式，将不同产业的产业链环节与农业农村联系起来，因地制宜探索多种模式，形成各模式既有联系又相对独立的农业产业扶贫格局。把精准扶贫作为推动地区经济发展主要力量的落脚点，使得济源市农业产业扶贫对贫困村和贫困户的带动性更加长远和稳定。在调研中发现，济源既拥有产业链较完善的工业体系，也拥有成熟的农业生产体系，其农业格局主要分为生态农业（林果、烟草业）、高效农业（优质粮、蔬菜）、特色农业（高效养殖、冬凌草产业）、沿黄农业（水产、林果）。济源依据农业产业布局探索多种扶贫模式，实现联产带动的高效局面。济源市在农业产业扶贫方面的发展模式（见表 4-1）对实现市一级脱贫攻坚发挥了巨大作用，此类发展模式无论是从实践角度还是理论角度皆具备推广的意义。因此，本章将从以下几个模式类型进行介绍。

表 4-1 济源市农业产业扶贫模式

模式一	"双联双助双促"扶贫模式
模式二	龙头企业"联镇带村"
模式三	"合作社+"农业产业
模式四	"基地+"农业产业
模式五	"电商+"农业产业

一、基层党建与产业"双推进"扶贫模式

"党建+产业"的精准扶贫模式是具有中国特色的主要扶贫模式之一，这种模式既具有党建工作的政治优势和组织优势，也具有产业扶贫的经济带动优势，使精准扶贫工作的方向更加明确、动力更加强劲。从党建角度来看，"党建+产业"是以村党支部和企业党支部为主体所开展的与贫困地区产业发展相关的政治、经济、文化、社会实践等活动。从产业视角来看，"党建+产业"是以党建工作为引领，以非公企业为主体所开展的具有扶贫意义的产业发展活动。济源市以党建驱动产业项目、企业、基层农村发展"三驾马车"齐聚贫困一线，建立促进党群干群和贫困群体和谐共处、促进当地产业发展、营造争先创优生产氛围的"双联双助双促"行动（即企业联村、专员联络、助脱贫攻坚、助乡村振兴、企业和村党组织建设相互促进）（见图 4-1）。

树高千尺生由根，江河流远唯有源。坚持厚植基层基础，把基层党组织建设成为带领群众脱贫攻坚的坚强堡垒，是济源市打赢脱贫攻坚战的重

要理论指导。济源市委、市政府发挥基层党建的政治优势和组织优势，提升党建促脱贫的管理水平，以党建为中心点，向多个方向辐射，推动企业产业项目落地、完善农村基础设施建设、促进贫困户就业、培植消费扶贫发展等。其中，党建在产业方面的做法最为突出，最具济源特色。济源市委、市政府结合全域内丰富的生态旅游资源，通过党建引领带动作用，将党建与当地农村旅游充分融合，形成风格迥异的济源农村旅游架构，如大峪镇、邵原镇。

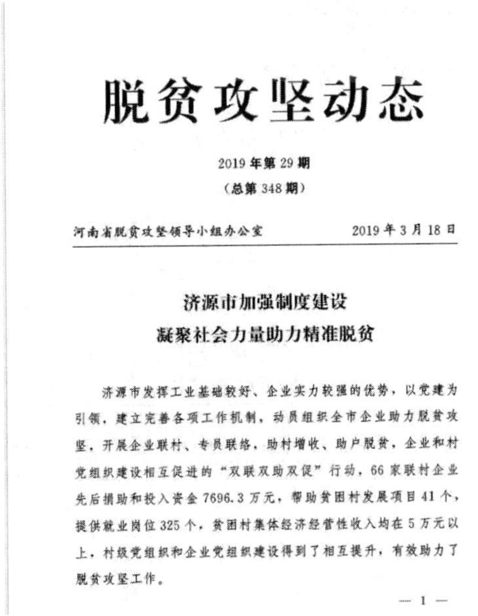

脱贫攻坚动态

2019年第29期
（总第348期）

河南省脱贫攻坚领导小组办公室　　2019年3月18日

济源市加强制度建设
凝聚社会力量助力精准脱贫

济源市发挥工业基础较好、企业实力较强的优势，以党建为引领，建立完善各项工作机制，动员组织全市企业助力脱贫攻坚，开展企业联村、专员联络，助村增收、助户脱贫，企业和村党组织建设相互促进的“双联双助双促”行动，66家联村企业先后捐助和投入资金7696.3万元，帮助贫困村发展项目41个，提供就业岗位325个，贫困村集体经济经营性收入均在5万元以上，村级党组织和企业党组织建设得到了相互提升，有效助力了脱贫攻坚工作。

— 1 —

图4-1　济源“双联双助双促”行动被省《脱贫攻坚动态》2019年第29期专题推介

（一）组织规划先行——以“发展什么”为前提

在实践中，济源市坚持党建引领与脱贫攻坚双推进，将基层党建建设与社会经济发展密切结合，抓住全域内资源生态优势，科学规划，组织引导各乡镇因地制宜发展旅游产业，以旅游带动发展。例如，大峪镇属于典型的山区乡镇，位于国家水利枢纽工程小浪底腹地，该镇区域内蕴藏了丰富的旅游资源，如小浪底大坝、明珠岛、大峪湾、龙潭沟等。此外，大峪镇东沟村是远近闻名的旅游小村庄，借助旅游产业，东沟村带动了当地农产品的销量和基础设施的提升。"东沟现象"让大峪镇看到本地区旅游带动扶贫的潜能，也意识到乡村旅游是政府精准脱贫、农民快速脱贫最直接、最有效的途径。因此，大峪镇党支部通过组织引导，把党的基层组织资源转化为发展资源，将党支部、党小组建立在产业链上，构建"党建＋乡村旅游"模式，以大峪镇党委统领，引进龙头企业带动发展乡村旅游，自此，一场如火如荼的旅游产业大扶贫在大峪镇全面铺开。大峪镇党建促扶贫帮扶流程见图 4-2。

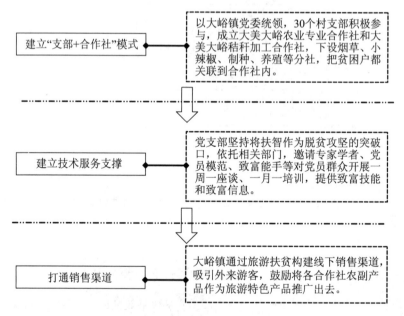

图 4-2 大峪镇党建促扶贫帮扶流程图

（二）构建扶贫路径 ——以"如何发展"为导向

济源市在明确定位各乡镇的发展方向后，对于如何发展提出疑问。因此，济源市委、市政府坚持以民心为基准，在党建引领脱贫致富的方法策略上，始终因地制宜、因村施策，建立健全符合域情、体现乡村发展特征、赢得民心的乡村旅游发展体系。如大峪镇坚持将基层党建与精准扶贫深度融合，将广大群众最根本的利益放在首位，在定位好未来产业发展方向的同时，构建益农益贫的扶贫路径。其乡村旅游发展体系主要由党建引领、新型经营主体带动、技术为支撑、销路为保障几个子系统组成。此外，建立较为完整的党建扶贫支持体系作为旅游扶贫的主要机制保证，从而让农户放心发展产业、大胆发展产业。

邵原镇坚持党建引领带动旅游产业发展，积极引进龙头企业，将企业党组织与村党组织紧密相连，做好班子带头，推动发展。其下属双方村以"党建＋"工作模式为承载，解决了乡村旅游如何发展的难题。依托丰富的文化遗产资源和自然资源，与当地龙头企业娲皇山旅游开发公司共同探索出"旅游＋公司＋贫困户"的扶贫模式，确定了"游玩小沟背，吃住娲皇谷"的乡村旅游发展战略，进而激发村民抢抓商机，开展餐饮、住宿、土特产销售等旅游配套服务，促进村民脱贫致富，开拓特色旅游发展之路。事实证明，党建扶贫不仅动员了更多人力、物力资源投入到扶贫建设中，同时也完善了反贫治理体系。济源市通过基层党组织的引领带动，强化了基层党组织在群众中的威信，也密切了党员与群众的关系。

图4-3 邵原镇娲皇谷人山人海看红叶景观图

(三) 创新协同发展——以"销往哪里"为目的

产业的发展不仅只是独立个体的发展，而是多个部分整合、提升、完善的过程。一个经济社会的发展，不是"1＋1＝2"的简单整合，而是调动社会各项机能协同配合形成"1＋1＞2"的整体成效。济源市委、市政府秉持协同发展的理念，在党建引领旅游产业发展的过程中，协调其他相关行业同步发展，形成旅游扶贫带动产业多元化的扶贫大格局。农副产品是当前广大中国农村主要产出品，销量的高与低基本决定了一个农村家庭的收入高低，现如今，济源市打破这一传统销售理念，通过党建带动乡村旅游发展，鼓励农户返乡就业，借助旅游平台销售农副产品。如大峪镇自定位扶贫发展方向后，整合乡村旅游资源，吸引外出务工人员、复原退伍军人等力量返乡就业，建立党员志愿服务站、先锋队，对口帮扶群众找市场、找销路。大峪镇政府定期举办农产品展销会、文化旅游节营销活动等，将农副产品变成旅游商品，打通农副产品销售的"最后一公里"，走出穷山沟。

＊＊＊专栏 4-1

大峪镇王庄村党建带动旅游扶贫发展

大峪镇王庄村是省定贫困村，地处济源市西部偏南约 26 公里，属王屋山余脉浅山地貌，区域面积 12 平方公里，耕地面积 668 亩，共有老庄、西沟、王庄、化坡、刘沟、周庄 6 个居民组，22 个自然村，165 户，602 口人，党员 18 人。有建档立卡贫困户 12 户 38 人，从 2016 年到 2019 年其脱贫人数及户数情况见表 4-2。2017 年 12 月，王庄村经济源市公告摘掉贫困村帽子。2019 年村集体收入突破 30 万元，成功挂牌国家 AAA 级旅游景区，被中国生态文化协会命名为"全国生态文化村"，村党支部被济源市委、市政府表彰为全市"先进基层党组织"和"十佳村党支部"。

表 4-2　大峪镇王庄村 2016 年—2019 年脱贫情况

年份	脱贫户数/户	脱贫人数/人
2016	3	8
2017	7	26
2018	1	3
2019	1	1

数据来源：根据济源市数据资料整理

自精准扶贫工作开展以来，王庄村以"设施扶贫、产业脱贫、政策兜底、造血奔康"扶贫总体思路，坚持组织引领、规划先行，以两确保三资金为重点，构建精准扶贫平台，资金聚合，项目聚合，脱贫攻坚力量聚合，完善基础设施，构建乡村振兴基础平台，创新协同，互助合作，发展集体经济，拓展乡村旅游业态，积极探索以乡村旅游和产业发展带动全村共同富裕奔小康的道路，初步实现了华丽转身。

第一，资金聚合，项目聚合，脱贫攻坚力量聚合，完善基础设施，构建乡村振兴基础平台。用好用活政策扶持项目资金，自精准扶贫工作开展以来，争取财政资金、协调帮扶单位资金以及引进社会资本等累计3000余万元，在彻底改善基础设施和面貌的同时，大大增强了群众的获得感和幸福感，盘活了乡村旅游业的资源，为加快实现王庄村乡村振兴奠定了坚实的基础保障。如今的王庄村，登山、垂钓、采摘等活动四季不断，游客络绎不绝。

表4-3 大峪镇王庄村资金使用具体项目

工程举措	具体内容
村庄道路	完成了村庄道路的全部升级和村内约6.8公里危险路段安装波形护栏进行安全防护、村容村貌整治、东山民居改造、环境绿化、小流域治理、文化场馆建设、旅游景点建设等工程
旅游服务设施	建设了极富山村特色、备受村民欢迎、设施功能完备的王庄村综合文化服务中心，涵盖游客服务中心、便民服务大厅、文化娱乐室、旅游共享书屋、网络图书室等各项服务
环境整治	实施了村内砚瓦河清洁小流域工程，先后修建了7个塘堰坝、一座提灌站、10余处小坝，绿化了700余亩荒山
通信及电网设施	改造提升了村内电网和入户电表箱，增设了电信信号塔，实现了通信信号的全覆盖

续　表

工程举措	具体内容
饮水工程	实施了居民饮水安全提升改造工程，彻底解决了村民吃水和饮水安全问题
便民生活服务	安装太阳能路灯 100 多盏，成为济源市山区村第一个安装太阳能路灯的山村，方便了村民生产生活，围绕周庄、王庄、刘沟等居民组，修建了健康步道，形成了近 10 公里长的环路
旅游项目服务	修建了骑行绿道、骑行驿站等，增加了游客游玩项目

资料来源：根据济源市资料整理

　　第二，创新协同，互助合作，发展集体经济，拓展乡村旅游业态。第一书记、村两委班子成员推行"制定一套脱贫奔康规划、建立一本精准帮扶台账、梳理一张项目推进单、探索发展集体经济机制、树立一个脱贫争先风气、宣传一个扶贫脱贫典型"工作法，建立值班考勤制度，每周召开一次工作例会，每月召开一次党员代表大会和村民代表大会，凝聚"两委"、帮扶单位及党员群众力量。针对王庄村村集体收入薄弱问题，积极争取省市财政资金、扶贫专项资金项目以及社会资本等，大力发展与乡村旅游相关的产业和集体经济：一是根据省市扶持村级集体经济发展试点实施方案等文件精神，积极争取省市财政资金 162 万元，参股恒盛农业公司的汽车主题公园部分建设项目，参股享受利润分红，确保每年 10% 的固定收益。二是租赁经营，降低经营风险，将村劳保手套加工设备租赁给有实力的济源市康利纺织有限公司屯军加工车间，租金 4.2 万元/年。三是成立休闲农业合作社，村集体和贫困户各占 50% 的股份，带动村集体和贫困户共同发展。四是委托管理，建设房车营地，交由第三方管理，每年给村委会 10% 收益。五是修建东山民居，交由第三方管理，每年给村委会6%收益。六是建设一座农副产品加工厂房,将村农副产品加工厂房租赁给有实力的济源大美大峪实业有限公司,租金4.2万元/年。目前,村集体资产已达到400余万元,年收益近30万元。

图4-4　"2020年中国美丽休闲乡村"济源市大峪镇王庄村全景

二、龙头企业"联镇带村"就业模式

济源市在社会经济发展过程中,突出的特点是高度城镇化,这也就意味着其所管辖的村镇在城镇化的发展中与城市居民一样享有同样的发展机会和权利。在推进城镇化进程的同时,济源市着力推动精准扶贫工作,将精准扶贫作为社会经济发展力量之一,提高城乡发展一体化水平。农村经济社会发展的重要阻碍点在于农民自身的社会认知缺陷、自身技能水平低以及承受市场风险的能力弱,进而常常被排斥在城镇化进程之外。从济源市农村整体贫困状况来看,贫困户数量较少,且贫困户分布较为分散,其中鳏寡孤独者、老弱病残者较多，自身发展能力不足，农民的潜力需要被挖掘。通过创新龙头企业"联镇带村"模式，由龙头企业带动合作社，再由合作社通过生产关系带动农户生产积极性，从而提高农民的整体发展能力和水平。此外，借助龙头企业的入驻，先进的管理理念、生产种植技术的输入，也使得农民就业观、创业观、消费理念等都发生较大改观，从而推进城镇化进程和脱贫攻坚进程。因此，济源打破传统农业依靠横向规模扩张的窘境，实施产业纵向一体化，探索出产业链嵌入式农业产业扶贫方式，依靠产业链条的纵向整合实现农业生产力提升和贫困群体长效稳定发展。

（一）运行方式

济源市委、市政府所探索的龙头企业"联镇带村"（见图 4-5）、产业就业联动发展的产业扶贫模式，参与方主要有济源市脱贫攻坚领导小组筛选的优质龙头企业、有贫困户的村镇和合作社。该模式主要包括产业扶

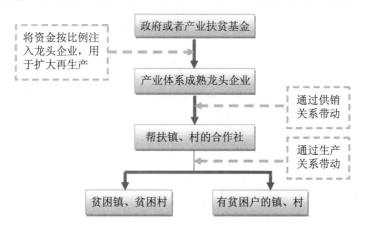

图 4-5　龙头企业"联镇带村"模式运行图

贫、合作社扶贫，根据各镇贫困户数量，将产业扶贫资金按比例注入龙头企业，以用于企业的发展生产，实现群众增收。龙头企业通过供销关系把合作社带动起来，合作社通过吸纳贫困户从而带动贫困户生产发展。这一模式的核心在于以利益联结为纽带，将三者捆绑在一起，三者各取所需，既满足了龙头企业发展需求，也符合当前国家鼓励农村新型经营主体发展要求，同时也保障了农户生产收入的稳定性、持续性，从而实现共赢。这种模式将农户收益与村集体收益作为重点对象，通过产业项目带动，实现对贫困村和有贫困户的非贫困村的全面覆盖，补齐了发展短板，缩小了城乡发展差距，进而推动济源市社会经济综合平衡发展。

在前期龙头企业筛选和资金投入方面，济源市委、市政府经过重重科学论证，遵循市场经济规律，在产业项目筛选上，始终坚持四项原则（见表4-4），通过科学筛选最终确定了阳光兔业有限公司、河南瑞星农牧科技有限公司、丰之源生物科技有限公司等龙头企业。同时，在项目运行过程中，始终保证资金运行的安全性、可持续性，从而助推龙头企业的带动辐射作用。

表 4-4 济源市龙头企业"联镇带村"模式的四项原则

四项原则	具体内容
一是有固定收益	与省级以上农业龙头企业合作，确保产业项目有固定收益，且收益能够持续增加。合同约定，合作期限 8 年，第 1—2 年收益 10%，第 3—4 年收益 11%，第 5—8 年收益 12%
二是反担保	龙头企业将企业的全部固定资产作为债权抵押物依法进行抵押登记，为政府投入提供反担保，确保资金安全
三是可退出	在明确合作期限 8 年的基础上，约定合同到期后，根据企业发展情况和双方意愿，可续约、可退出、可转让
四是保本金	合同到期后，若双方不再合作，龙头企业归还本金，实现扶贫资金的循环利用

在带动贫困群体增收方面，龙头企业"联镇带村"模式其主要目的是带动贫困村、贫困群体增收致富。在此过程中政府非常注重龙头企业与镇、村、户之间的利益联结机制，通过设立公益岗位、带动合作社吸纳农户、出台政策实行就业保障等措施，提供多种就业渠道，稳定群体增收（见表4-5）。通过"龙头企业＋合作社＋贫困户"模式形成的紧密的利益联结关系，确保了贫困户都有一项或多项产业发展扶持项目，提高了带贫承载力，拓宽了贫困群众增收渠道。

表 4-5　龙头企业"联镇带村"模式带动群体的具体做法

措　施	具体内容
设立公益岗位	结合镇情、村情，由镇、村因地制宜设立与贫困户生产生活相适应的保洁员、护路员、护林员、护理员等公益性岗位，让贫困户和特殊困难群体在家门口实现就业，通过劳动获取稳定的工资性收入
流转土地	对失能人口或没有种地意愿的贫困户，将承包土地流转给村集体经济组织，由村集体经济组织统一使用或由村集体经济组织再流转给合作社，从而为贫困户获得稳定的收益提供保障
企业吸引	龙头企业与合作社签订合作协议，通过利益联结，带动合作社发展和特色产业发展，贫困户可以通过直接或间接参与的形式，在农产品生产、加工、运输等各个环节增加收入

（二）龙头企业典型做法及成效

在龙头企业"联镇带村"模式的推动下，丰之源生物科技有限公司、阳光兔业有限公司、河南瑞星农牧科技有限公司积极响应政府号召，参与其中，为济源市打赢脱贫攻坚战做贡献。如丰之源生物科技有限公司积极开展项目带贫，2019年，公司实施济源市联镇带村农产品加工项目，总投资600万元，建成一条农产品深加工扶贫生产线，主要产品为核桃露等系列产品。根据协议约定，公司将按年度支付给大峪镇、坡头镇总计不低于 54 万元的固定收益，收益将作为村集体经济收入，全部分配给贫困村或有贫困户的非贫困村。目前，已向两镇支付固定收益 27.1 万元。公司为贫困户提供就业岗位 20 个，薪酬超出济源市最低工资标准 10%。对于核桃种植贫困户，在同等质量同等价格下，公司将优先收购贫困户的核桃。公司还和各相关镇的农民合作社开展薄皮核桃订单收购业务，有效带动贫困村、贫困户发展核桃产业，带动种植户就业，从而达到共同致富的目标。

龙头企业"联镇带村"模式自实施以来，初步实现了预期效果。产业项目的市场化、利益联结的制度化、资金使用的规范化保障了产业扶贫项目的有效落实。济源市立足于地方农业产业特点以及分布状况，兼顾市域层面规模和地方层面特色，为贫困村和有贫困户的非贫困村产业发展留足发展空间。自"联镇带村"模式实施以来，济源市向三家龙头企业投资金额累计达到 7952 万元，每年可增加村级集体经营性收入 800 万元左右，项目收益实现 59 个建档立卡贫困村、134 个有贫困户的非贫困村共计 2073 户 7084 人建档立卡贫困人口全覆盖。

＊＊＊专栏 4-2

河南丰之源生物科技有限公司扶贫案例

丰之源公司成立于 2003 年，总占地 150 亩，是一家专业从事植物蛋白、功能饮料产品研发、生产、销售和核桃种植三产融合发展的农业产业化龙头企业，年可生产核桃露等系列饮品 20 万吨。

　　丰之源公司的产品于 2012—2019 年，连续 8 届在中国"农洽会"上荣获"优质产品奖"，2015 年公司"起跑线"牌商标被认定为"河南省著名商标"；2016 年河南丰之源薄皮核桃产业集群被河南省人民政府认定为省级薄皮核桃产业化集群；2017—2019 年，连续三年被省工商联评为"河南民营企业现代农业 100 强"；2019 年被认定为国家级农业产业化重点龙头企业；被评为"济源市十佳扶贫企业"。丰之源公司自成立以来，非常重视社会责任，积极参与精准扶贫工作。

　　一是公司每年都要组织捐款捐物、捐资助学、贫困户慰问等多种形式的帮扶活动，每年秋季开学之前，公司为济源市王屋镇桃花洞村、寨岭村的每位贫困学生资助 500 元至 1000 元的助学金。

　　二是积极参与结对帮扶，公司坚持"主动参与、积极作为，村企合作、互惠双赢，精准帮扶、精准脱贫"的原则，先后和王屋镇桃花洞村、寨岭村结成了扶贫对子村，选派联络专员，每周到帮扶村了解情况，力所能及解决群众实际困难。公司全体员工每年都积极为帮扶村解决辣椒、西红柿等农产品滞销问题，提供资金支持村集体经济发展优势产业，每年到帮扶村开展"迎中秋茶话会""慰问贫困户"等活动，与党员干部群众欢聚一堂，同心筑梦，共谋发展，欢度佳节。

三、农民合作社组织化生产模式

　　农民合作社具有独特的治理结构及运行机制，从而使其具有天然的益贫性，是联结贫困户和政府的不可或缺的中间载体。同时，反扶贫工作并不是由一个单一主体的投入即可完成的,它需要国家、社会、社区、贫困群体之间的有效合作,而合作社是联结这种有效合作的组织载体。济源市依托强大的产业优势,将合作社与企业、贫困群体等联系在一起,探索出具有自身特色的合作社扶贫模式。

(一)六大联结类型

随着"三农"工作的不断推进,农民合作社在我国农村产业发展中地位逐渐提升。作为新型经营主体,农民合作社利用农户自愿、民主管理的原则,鼓励农村地区农户抱团发展,是农村弱势群体应对市场经济发展而理性选择的产物。因此,农民合作社作为产业扶贫的主体之一,在破解农村贫困问题上发挥了不可替代的作用。济源市委、市政府通过政策支持、项目扶持、示范带动等措施,穿针引线,将社会、社区(贫困村)、贫困群体等多个利益相关者联系起来,以"合作社+"模式突出地方农业特色,大力发展"一镇一品、一区一品、一村一品",带动社员连片种植、规模饲养,形成特色产业优势,增强带贫能力、提高贫困人口福利。各个乡镇依托自身资源禀赋,积极响应政府政策号召,发挥合作社组织载体的作用,对政府扶贫资源和贫困户可获得性资源进行高效整合,形成各具特色的"合作社+"模式。济源市委、市政府通过总结得出,在合作社带动产业发展方面,各乡镇主要突出了村集体经济组织、村干部、帮扶企业、种养大户的作用,并积极动员社会力量形成六种扶贫模式(见表4-6),六种模式的共同特点是强调村集体经济的重要性和社会力量的带动性,可划分为村集体控股和非村集体控股。济源市农民合作社以上述六种利益联结方式为核心,六种利益联结模式为组织载体，在实现贫困户、贫困村增收脱贫的同时，也利于合作社发展和政府目标的实现。

表 4-6 济源市农民专业合作社六种模式

类　　型	模　　式
模式一	集体经济组织＋贫困户
模式二	集体经济组织＋村干部＋贫困户
模式三	集体经济组织＋农民专业合作组织＋贫困户
模式四	龙头企业＋农民专业合作组织＋贫困户
模式五	农民专业合作组织＋贫困户
模式六	种养大户＋贫困户

(二) 三类主导主体

济源市境内各乡镇资源禀赋差异、特色农业分布差异以及贫困群体的异质性决定了济源合作社模式的多样性，这有助于促进地方合作社扶贫成效及扶贫效率的提高。同时，也有助于形成可复制、可推广的合作社扶贫模式，并通过辐射作用带动周边地区扶贫工作共同发展。

1. 济源市第一家村集体控股的农民专业合作社——八亩地农业专业合作社

该合作社位于王屋镇桃花村，其股份占比分别为桃花洞村集体占股40%，河南丰之源生物科技有限公司占股 20%，桃花洞村民共占股40%（40 个农民特别是贫困户、边缘户每人以 1000 元入股，各占股1%）。合作社在桃花洞村党支部和村委会的领导下，以壮大村级集体经济和发展脱贫致富产业为目标，吸纳贫困人口入社并提供务工岗位，致力于为王屋山区蔬菜制种、高山西红柿、茄子和小辣椒产业提供全自动机械化育苗和农资、农产品购销服务。自合作社成立以来，先后承接30多单茄子、小辣椒、西红柿播种等业务，重点打造王屋山桃花洞高山绿色蔬菜品牌，印制1万个食品级塑料包装袋，帮助成员销售高山西红柿、小辣椒、茄子等农产品，累计收入5000余元，盈余800余元。八亩地合作社将发展村集体经济和产业扶贫融合，拓宽了村集体经济增收渠道，也保障了农民稳定增收。八亩地合作社的模式创新先后被河南广播电视台、《济源日报》、济源新闻头条和济源零距离等媒体报道。

2. 国家级示范社——克井镇枣庙冬凌草专业合作社

该合作社于2008年7月成立，主要发展产业是济源特产冬凌草。截至2019年该合作社共有冬凌草种植试验田300亩，成员280户，带动600多户农户。合作社采取"合作社＋基地＋农户"的经营模式，依托河南省中医学院、济源市农科院，以大田栽培、冬凌草套种为冬凌草种植模式，建成冬凌草品种试验园。此外，合作社采用"民办、民管、民收益"原则，以"服务社员，谋求全体成员的共同利益"为宗旨，为社员提供统一种植、统一技术服务、统一品牌、统一包装和销售、统一产品基地认证的"五统一"服务，为冬凌草产业发展打下了坚实的基础。为响应政府扶贫号召，该合作社因户施策，对症下药，带动枣庙村贫困户8户；针对残疾人家庭发展，合作社在采茶、炒茶时优先使用残疾人或残疾人家属，优先收购残疾人及其家属的茶叶。合作社的发展辐射带动周边村户发展冬凌草产业，种植面积约为200亩。经过多年努力，枣庙冬凌草合作社得到社会各界的认可，先后获得诸多荣誉（见表4-7）。

表 4-7　枣庙冬凌草专业合作社所获荣誉

年　份	所获荣誉
2008 年	市级示范合作社
2012 年	省级示范合作社
2013 年	河南省优秀合作社
2014 年	国家级农民示范合作社
2008—2012 年	先进农村经济合作组织

资料来源：根据克井镇资料整理

＊＊＊专栏 4-3

打造产业扶贫基地，辐射带动贫困群体增收

近年来，枣庙冬凌草专业合作社多方争取资金，累计完成投资 1300 余万元，园区功能得到极大提升。冬凌草打包、分装、炒茶等设备齐全；园区道路硬化、加工场地、灌溉渠道、蓄水池、地下输水管网等基础设施建设完善，实施节水喷灌示范园 100 亩。因为合作社经营良好，带动能力强，基础设施完善，2013 年该合作社被确定为河南省残疾人扶贫基地，历年来共争取省残疾人扶贫基地专项资金 35 万元，该合作社利用该资金先后修建了残疾人培训室，配备了残疾人培训用桌椅、黑板，进行了无障碍设施改造，使合作社服务残疾人的条件得到了极大的改善。合作社从创建至今，省、市残联理事长等领导多次到合作社视察指导并给予充分肯定。同时，2017 年 6 月该合作社被济源市政府命名为济源市产业扶贫基地，市领导多次到合作社调研指导冬凌草产业发展状况。

枣庙冬凌草专业合作社生产的冬凌草和"圣冰"牌冬凌青炒茶等产品已连续三年代表河南省参加中国国际农产品交易会（2010年第八届郑州、2011年第九届成都、2012年第十届北京），备受社会各界青睐，在展会上引起了多家媒体关注。为促进冬凌草产业健康可持续发展，合作社增强与冬凌草深加工企业联合开发力度，大幅度提高冬凌草附加值，延伸新产品，开拓大市场，做大做强产业，拉长产业从药品到食品到保健品的产业链条。同时，为更好地服务冬凌草产业，拉长产业链条，2018年、2019年枣庙村又完成投资180余万元，建成了冬凌草储存大棚及加工配套设施晾晒场产业扶贫项目，并与济源市济世药业达成使用协议，解决农民销售难问题的同时，年可增加村集体经济收入15余万元，并可为贫困群众提供看护、清扫、切段等务工岗位；同时计划三年时间内完成3680余亩冬凌草的品种改良任务，目前已与市农科院结合，初步确定了种苗扩繁以及品种更新规划，确保该村冬凌草品种领先、园区建设领先、效益领先。

经过10余年的不懈努力，枣庙冬凌草专业合作社经营的林下套

图4-6 济源市冬凌草产业基地

种已经形成相对完备的运作体系，在河南电视台上进行专题报道。枣庙冬凌草已拥有品种选育、野生资源驯化、种子采集、规模种植、科学生产销售、规范储存等一套完整的产业链，也让众多农民因"草"致富。

3. 非村集体控股合作社——下冶镇农民合作社系列

下冶镇位于济源市西部山区，其主要产业为制种、高山蔬菜、烟草、林果，囿于位置、销售不畅等困扰，下冶镇群众一直摆脱不了贫困。为促进农户增收增产，下冶镇以"扶贫抓产业，产业抓合作社"为理念，以贫困户脱贫为目标，引导贫困户加入合作社，形成支部领办型、公司领办型、能人领办型、社司一体型四种合作社带贫模式（见表4-8）。

表 4-8　下冶镇农民合作社模式

类　　型	模　　式
支部领办型	支部＋合作社＋基地＋贫困户
公司领办型	公司＋基地＋合作社＋贫困户
能人领办型	公司＋合作社＋贫困户
社司一体型	村经济（股份）合作社＋村集体公司

"支部＋合作社＋基地＋贫困户"带贫模式。下冶镇充分发挥基层党建带动优势，由支部委员带头领办合作社，以本村产业为主，建立产业发展基地，积极鼓励贫困群体入社，开展生产服务经营活动，实现贫困户持续稳定增收。如大岭村艾草类专业合作社：大岭农机专业合作社、大岭农民专业合作社、大岭艾叶合作社和翠微庵艾草专业合作社，分别承担产业基础支撑、土地流转、规模种植、精细加工、网络营销等职能，形成"村集体社引领＋个体社补充＋贫困户收益"的带贫机制。

"公司＋基地＋合作社＋贫困户"带贫模式。将合作社作为中间连接的桥梁，发挥其纽带作用。村委会牵头，引进农业企业，充分利用农业企业公司优势，组织产业基地、农户共同参与。如南桐村途航农民专业合作社，由村委会主任领办，依托山里红辣椒合作社，在本村建立小辣椒种植基地，发展小辣椒 100 亩，带动农户 70 户，入社社员 39 户，其中建档立卡户 20 户。

"公司＋合作社＋贫困户"带贫模式。由种养能人大户牵头发起，以合作社为载体，充分利用其管理经验及资金、技术、销售等优势，紧密联系社员，带动群众致富。如北桐烟草专业合作社，由种烟大户王小龙发起，目前，合作社总资产达 100 余万元，拥有两个标准化烘烤厂，烤烟能力达 400 亩，有固定的办公场地和农机存放场所。入社社员 35 名，其中建档立卡户 9 名，占全村建档立卡户的 50%。

"社司一体"的村集体经济发展模式。该发展模式是村经济（股份）合作社与村集体公司为一体的发展形式，对内以村经济（股份）合作社形式发展，对外以村集体公司形式发展。发展模式是全体村民共有的村集体资产由村经济（股份）合作社管理，村经济（股份）合作社将全部或部分委托给村集体公司进行经营，经营收入由全体社员共享。如坡池村的村集体经济合作社与村集体的芸兴农业发展有限公司合二为一，盘活闲置的荒地、林地和农户撂荒的耕地，大力发展林果产业和乡村旅游业。同时，芸兴农业发展有限公司又领办了济源市富鑫果蔬种植专业合作社，入社社员 37 户，其中建档立卡户 28 户，占全村建档立卡户的 75.68%。

四、现代农业生产基地带贫模式

农村产业化是新时代解决好"三农"问题的主要保障，随着数字化时代的到来，我国农村产业发展迎来革命性的变化，产业结构升级、新型经营主体的带动，新模式、新业态均成为我国农村产业发展导向。自精准扶贫以来，各地方政府发挥"领头羊"作用，积极引进人才、技术，创新理念，探索模式，优化农业产业结构，进而提高地区农村产业化水平。济源市委、市政府跟随这一大潮流，紧随其后，以本地六大特色农业产业为基础（蔬菜制种、烟草、林果、旅游、养殖、富硒特色种植），坚持"一村一品""一户一策"，宜种则种、宜养则养、宜工则工，以特色产业发展带动贫困群众致富增收为目标，积极推行"公司＋基地＋农户""合作社＋基地＋农户"的基地带贫模式（统称为"基地＋"模式），带动贫困村、贫困户发展特色产业稳定增收。

(一) 培育特色产业基地

济源市以区域经济持续增长、农民收入持续增加、就业能力持续增强为目标，科学合理进行规划，积极搭建多角度、多层次、多方式的利益联结平台。同时，基于济源市六大特色农业产业，逐渐成立起以这六种特色产业为主的六大类产业基地，并规划建设七大片区，其中蔬菜制种产业基地发展成为济源市农业产业扶贫的一大亮点，并且取得显著成效。全市蔬菜制种面积达 3.2 万余亩，涉及 180 余个行政村，带动农户 8000 余户，总产值 2 亿元。其中涉及贫困村 39 个，面积 6786 亩，带动贫困户 346 户。截至 2019 年，济源市培育特色产业扶贫示范基地 26 个，贫困村、贫困户产业发展已做到全覆盖。

此外，为使"基地＋"模式快速推广，考虑到农户增收渠道单一，降低单一产业减产风险，济源市开创"一业多扶"的帮扶模式，在一个产业基地里实现多种帮扶模式带动贫困户因人而异脱贫致富，从而提高产业扶贫基地带贫能力。例如，济源市 59 个贫困村，村村成立合作社，通过合作社和产业基地的对接可实现七种帮扶措施覆盖：一是流转群众土地，让群众取得资产收益；二是用工合作，让群众就近实现劳务增收；三是订单合作，让群众解除后顾之忧；四是科技帮扶，解决生产技术问题；五是小额信贷，解决群众发展资金不足问题；六是到户增收，实施财政补贴；七是承包经营，实现零投入风险。多种帮扶模式大大提高了群众致富的积极性，收到了良好的效果。

（二）发展现代制种产业

济源年均气温 14.5℃、无霜期长达 281 天、日照超过 1800 小时、降雨 567.9 毫米，同时太行山南麓和黄河成为种子生产形成的天然屏障，适宜的自然气候条件成为济源市发展蔬菜制种产业的先决条件。依托这一条件，济源市大力发展蔬菜制种产业，由绿茵种苗有限责任公司（以下简称绿茵种苗公司）带领发展蔬菜制种产业。绿茵种苗公司采取"一模式，四到位"的方法规范制种产业，带动企业和地方经济发展。一模式指公司采用"公司＋基地＋农户"，四到位指宣传到位、帮扶到位、推广到位、招商到位（见表 4-9）。

表 4-9　绿茵种苗公司帮扶"四到位"

四到位	内　容
宣传到位	充分发挥村级基层党组织的战斗堡垒作用，以党建促经济、以党建带扶贫，为农村改革注入发展动力
帮扶到位	组织专家、技术员到田间地头与种植户交流，利用新媒体，组建"王屋山番茄致富群""红满天辣椒种植技术交流群"等，随时在线进行技术指导和培训
推广到位	组织国家级资深专家，把脉适宜王屋山区发展的优势产业，凡是种植越夏露地番茄的贫困户全部实现脱贫
招商到位	扩大杏鲍菇生产线、开工建设 800 万株瓜菜集约化育苗基地、启动"蔬菜制种＋高山蔬菜"轮作项目，先后投资近 2000 万元，解决了王屋山区脱贫致富之惑

资料来源：河南新闻网

该公司坚持"现代种业，富民产业"的发展道路，推动产业扶贫，实现社会经济发展。在贫困帮扶方面，实施订单生产、订单销售，订单化比例达到 100%。严格落实济源市农业扶贫政策，对贫困户发展蔬菜制种的，在全额垫付生产物资投入的基础上，给予 180 元/亩的生产资料补助。在 2017—2018 年生产年度，共落实 6 个镇、25 个村、84 户发展蔬菜制种 204.6 亩，补助资金 3.68 万元。在农户风险保障方面，与目标合作社及农户建立保底收益机制，若出现自然灾害致使合作社及农户减产或绝收，绿茵种苗公司给予基本补偿。同时，济源市委、市政府于 2018 年率先在全国实施蔬菜制种保险，为农民种植护航。在激励农户生产方面，建立绩效管理机制，制定种子质量奖、产量奖，对合作社、农户所繁育种子达到合同约定优良质量标准的，提取溢出产值给予农户 400—1600 元/亩的奖励，受益农户达到 60% 以上，基本实现了对种植农户的"二次分红"。在技术指导方面，构建"专家—技术指导员—科技示范户—辐射带动户"的塔式农业技术指导方式，自2017—2018年公司共派60多民技术员到各基地、村落开展专题技术培训160余次，田间实操培训示范300余次，累计参加人员5万人次，推广蔬菜制种新品种18个，育苗、定植、花期调节、人工授粉等蔬菜制种新技术24项。

经过多方努力，济源市蔬菜制种产业扶贫成效显著，蔬菜制种已经成为济源市农业特色产业、王屋山区优势产业、农民脱贫致富主导产业，每亩单季收入一般在4000元左右，年均收入高达1.8万元，是种植粮食作物的4—20倍。绿茵种苗种子基地辐射全市9个镇，92个基地，带动制种户4130户，年均增加农民收入7200余万元。2017年带动64户贫困户发展制种基地142亩，增加收入52万元。2018年带动84户贫困户发展蔬菜制种209.5亩。同时，在政策支持下，济源市制种产业连年发展，2010年至2019年制种产业面积及产值增长见图4-7。

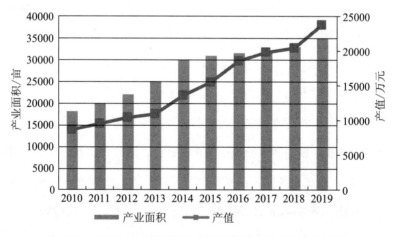

图4-7　2010—2019年济源市制种产业面积及产值增长变化

数据来源：济源市扶贫开发办公室

＊＊＊**专栏 4-4**

小种子种出大产业

"现在在俺村，一亩地要是不收个 1 万元左右的话，都没人愿意干。"谈及制种收入带来的变化，济源市王屋镇柏木洼村支部委员秦红波告诉笔者。但在以前，"两岭三面坡"，只是种植小麦和玉米，想从土地中得到高收益是难以想象的。

秦红波对种植收入的自信，来源于当地多年前便开始的蔬菜制种。如今柏木洼村的 1300 亩耕地中，有 1000 亩种上了蔬菜。村民王小雨算了这样一笔账，每亩白菜能够制种 400 斤，每斤 15 元；收获之后再种制甘蓝，每亩制种 420 斤，每斤 30 元；再加上秋季种植西红柿。"去年我种的产量比村里其他人低点，但一亩拿个'万元户'绰绰有余。"王小雨说，自己家的 4 亩耕地，能够带来稳定的收入，现在整个村子都靠制种获得高收益。

制种带来的高收益，让柏木洼村的村民"守着家门把钱挣"，冬季农闲外出打工则成了"配菜"。与王小雨一样，柏木洼村的村民不担心种的菜卖不出去，因为有订单种植和企业收购。

五、产销对接电商服务扶贫模式

济源始终把电商扶贫作为全局工作的重中之重，强化政策保障，出台《济源市电商扶贫工作方案》、电商扶持政策等。落实电商培训，邀请河南农信通公司、老 A 电商培训机构等在全市所有贫困村开展巡回培训。营造宣传氛围，通过新闻媒介让农副特色产品走出小山村，通过多方宣传这一系列举措为济源电商扶贫保驾护航。

一是设立三级电商服务体系。打造供销 e 家市级运营中心 1 个，打造坡头镇镇级电商运营中心 1 个，整合邮乐购、益农信息社等电商平台资源，在全市贫困村设立村级电商扶贫服务站点 59 个，实现建档立卡贫困村 100％全覆盖，提供网上代买、网上代卖、便民服务、电商培训等服务，构建"市、镇、村"三级电商服务体系网络，全力推进电商扶贫工作。

二是培育电商示范带头主体。着眼于电商扶贫带动的作用与效果，培育一批电商扶贫先进镇（村）、电商扶贫基地和优秀电商扶贫带头人，发挥其示范带动作用，带动群众了解电商扶贫、融入电商产业、受益电商带贫。培育坡头镇为全省商务系统电商扶贫先进镇，培育市邮政分公司、市供销电子商务有限公司等一批电商扶贫示范企业，培育坡头镇悯农电商冯艳青、下冶镇大岭村艾叶专业合作社陈晓玲、邵原镇张洼村第一书记张海锋等一批电商致富带头人。

三是借助公司及网络平台打通销售渠道。农户若有实质性的增产增收，农产品销售是必不可少的环节，帮扶农户生产发展，不仅需要提升农户生产技能或者补贴帮扶资金，更重要的是需要打通农产品销售渠道。济源市通过突出每个贫困村农副产品特色，借助公司和网络平台，将农副产品销售出去（见表 4-10）。

表 4-10 济源市电商销售渠道

销售渠道	销售方式
邮政分公司	与郝山村签订石磨面地采协议，帮助郝山好面拓展销路，扩大市场
悯农实业有限公司	收购销售蒲公英、蜂蜜、花椒等周边 12 个村的农副产品 600 多万元
极酷网络	开展电商扶贫、消费扶贫，通过济源消费扶贫商城销售粉条、土馍、咸鸭蛋等农副产品至云南、山西、江苏、郑州等地
济源市孚农网络科技有限公司	通过网络销售黄甘李、富硒红富士苹果、富硒高山地瓜等当地优质富硒农产品

四是开展扶贫成果展销会。联合市委组织部、市扶贫办组团参加全省第一书记扶贫成果展暨产销对接活动，经过充分对接洽谈，10 余家企业、商超采购商代表与贫困村专业合作社签订合作协议，进一步拓宽了贫困村农特产品的销售渠道。

＊＊＊**专栏 4-5**

电商扶贫示范镇——济源市坡头镇

通过多方考察、反复论证，济源市坡头镇坚持把电商扶贫作为产业扶贫的突破口，通过搭建电商平台、创新带贫模式，拓宽了致富增收渠道，增加了村集体经济收入。2018 年电商销售额突破 1000 万元，带动 80 户贫困户创业就业，增收 50 余万元。

同时谋求通过销售端的倒逼作用，逆向完善农业产业链条，加快农业的深层次变革，以电商带动销售、以销售带动加工、以加工带动产品的良性循环的"齿轮效应"，走出了一条农民致富增收、产业高效发展的电商扶贫新路。

图 4-8　坡头镇电商扶贫大卖场

表 4-11　坡头镇电商扶贫举措

搭建线上线下电商发展平台	线下	积极布局实体店：建成栗树沟电商扶贫大卖场，完成薄皮核桃、石磨面、花生、孔雀及葫芦制品 20 余种 90 余项农副产品入驻卖场
	线上	引进悯农商贸等电商企业，对接电商平台
打造以电商为支点的产业发展链	产业链发展理念：统一种植、统一管理、统一采摘、统一包装、统一品牌、统一销售	加快产业基地建设	推进薄皮核桃、花椒、富硒农产品等 7 大千亩特色产业基地建设
		完善产品质量管理	遵循"电商管销售、合作社管标准、贫困户管生产"的工作思路
		实施电商人才培育	依托电商平台，按照"1＋N"模式，组合 10 余家电商、微商企业，构建电商孵化团队
		做实村级产业链	上联电商平台、龙头企业，下联贫困群众扶持、管理基地等，鼓励扶持本地农产品就地加工转化
		加强产品提升开发	发挥电商销售端倒逼作用，对农产品进行电商化统一加工包装和二次提升开发，提升产品附加值，增强市场竞争力

资料来源：济源市坡头镇镇政府

探索创新电商带贫模式——"电商帮卖"模式。按照"电商管销售、合作社管标准、贫困户管生产"的思路，优先选择贫困户自产农产品，开展包装、销售等服务。目前，通过订单销售、以销定产等方式，引导109户建档立卡户发展特色小麦、富硒玉米、花椒、绿豆、山野菜等特色农产品800余亩。2019年7月份以来，又以高于市场价0.2元—0.5元的价格收购465户困难群众（19户贫困户）核桃青果6万余斤。

※本章小结

壮大村集体经济实现农村产业发展支撑。党的十九大报告指出，实施乡村振兴战略要"深化农村集体制度产权改革，保障农民财产权益，壮大集体经济"。集体经济在我国社会发展中扮演着重要角色，村集体经济的强与弱决定着农村基础社会服务体系建设水平、农村社会保障能力和农村经济带动能力。济源市在产业扶贫发展中高度重视农村集体经济的壮大，从而促使基层政权稳固，农民收入稳定。因此，在产业扶贫发展的同时，济源市委、市政府着重强调村集体经济收入，通过龙头带动、改革推动、政策撬动、项目扶持等措施为村集体经济发展注入活力，使得近年来贫困村村集体经济收入均值达到5万元以上。此外，在基地带动、龙头企业带动、合作社带动下，农村集体经济明显增收。随着村集体经济逐渐增加，村民返乡就业，既增加了家庭收入，也解决了留守儿童和老人无人照料的问题。

概言之，济源市对村集体经济发展的重视，是激发贫困户自我发展能动性和增强村集体自我发展能力的关键所在，只有做到对村集体经济发展的高度重视才能推动贫困村真正实现可持续发展。此外，村集体经济作为基层农村发展基础，只有不断壮大，才能实现社区公共服务供给能力的提高，进而为贫困群体持续发展提供源源不断的动力。如此往复，形成良性循环，村集体经济才能愈加繁荣，进而缩小城乡差距，实现社会经济整体进步。

产业扶贫模式的多元复合累叠，稳定了扶贫成果。众所周知，我国传统农业的主要特点是小规模、低强度、分散化，加之自然和市场风险的不确定性，使得传统农业极易陷入地位循环发展的"陷阱"。此外，农村产业发展要素短缺、农户参与度不够、社会化服务不配套等问题都使得我国农村经济发展面临多维困境。而济源市通过实施多元产业扶贫模式，从而打破了传统农业模式单一的窘境，阻断传统农业延续发展的"路径依赖"，实现了产业扶贫增值空间。龙头企业、新型经营主体、农户等多方参与，既保障了各方利益，也降低了农业生产过程中的多重风险。扶贫模式的多元复合累叠，保障了产业扶贫需要的"有效市场"和"有为政府"的双向发力。同时，从以上三种模式中可以看出，其共同特点是劳动分工明确、产业专业化程度高，各主体各司其职，不同主体专注于各自擅长的领域，发挥各自优势，从而实现"人尽其才、物尽其用"，达到模式运行的稳固性，使得扶贫成果更加显著。

进一步讲，产业模式多元复合累叠是迎合济源农业产业格局的科学举措。济源市农业格局主要分为生态农业（林果、烟草业）、高效农业（优质粮、蔬菜）、特色农业（高效养殖、冬凌草产业）、沿黄农业（水产、林果），农业格局构成的复杂性、多样性促使政府应针对性采用形式各异的扶贫方式来保证农业生产的高效性。此外，农户应对市场风险能力较弱，如若采用单一的产业扶贫模式，对降低农户风险的效果不明显，采用多元产业扶贫模式能够稳固农业产业增收，降低市场风险，激发农户生产发展自信心。

第五章 ｜ 愚公移山精神：新内涵支撑扶贫
开发事业

脱贫攻坚战的冲锋号已经吹响。我们要立下愚公
移山志，咬定目标、苦干实干，坚决打赢脱贫攻坚
战，确保到 2020 年所有贫困地区和贫困人口一道迈
入全面小康社会。①

中国特色社会主义进入新时代，迫切需要新的理
论指导来进行伟大斗争、建设伟大工程、推进伟大事
业、实现伟大梦想，打赢脱贫攻坚战就是实现伟大梦
想的第一步。以习近平同志为核心的党中央深刻把握
我国国情，从实践中汲取经验，逐渐形成习近平扶贫
思想理论。其中，"立下愚公移山志，打赢脱贫攻坚

---

① 《习近平谈治国理政》（第二卷），83 页，北京，外文出版社，2017。

战"的重要思想理论是坚持习近平新时代中国特色社会主义思想文化自信的重要实践，也是习近平扶贫思想理论的组成部分之一。济源作为愚公移山精神的原发城市，积极践行理论指导，牢记历史责任担当。在习近平新时代中国特色社会主义思想指导之下，济源市将愚公移山精神作为脱贫攻坚战的特色标识和符号，把"苦干实干，久久为功"的愚公移山精神贯穿社会经济发展的总脉络，由上至下承接中央、河南省、济源市的发展规划逻辑，把脱贫攻坚工作作为头等重要的政治任务和第一民生工程，切实按照中央、河南省委要求部署，济源儿女在新时代中以愚公移山精神为滋养，铆足干劲、攻坚克难，传承和构建中原地区济源地域精神新高地，打造愚公故里精神新名片，通过提升干部的精气神与改善群众的精神面貌，转变思想意识，激发广大干部群众的内生动力。

一、愚公移山精神与扶贫文化内涵

济源经济社会的发展，离不开背后人文精神的支撑与推动。济源儿女在新时代下肩负起新的使命并开启新的征程，物质与精神两手齐抓，实现农村经济与精神文明建设同质发展。在加强文化建设中，将愚公移山精神作为重要的精神名片来经营和打造，传承和弘扬愚公移山精神，建立愚公移山精神干部学院，挖掘愚公移山精神的时代内涵，为传承与弘扬愚公移山精神提供组织保障，并加强干部培训以增强干部的业务能力。在脱贫攻坚中，济源市重视和加强宣传思想工作，通过扎实有力、富有成效的工作，牢牢把握正确舆论导向，占据宣传思想工作的主动权，多元渠道解读推动扶贫工作，潜移默化中提升政府公信力。为激发贫困群众内生动力，济源市发布《济源市脱贫攻坚领导小组关于印发〈济源市扶贫扶志行动方案〉的通知》（济脱贫组〔2018〕15号），充分调动贫困群众的积极性、主动性，培养贫困群众脱贫致富的信念和信心，树立脱贫致富的志气和骨气，逐渐产生脱贫致富的内生力量，减少贫困户依赖"坐享其成"，实现贫困群众物质和精神双脱贫。

（一）扶贫精神的内生机制

人无精神不立，国无精神不强。在促进经济发展时，精神贫困比物质贫困更难消除，精神贫困会消磨人的意志，存有得过且过的心态，失去奋斗动力，在生产生活中不思进取、产生身体与精神的双重乏力感，只会坐等政府的救济。在扶贫开发工作中，贫困户既是扶贫的主体，又是扶贫的客体，其贫困脆弱性的高低对扶贫工作的成败起着关键作用。内源性的"精神贫困"成为打赢脱贫攻坚战的又一险隘，对外源性的贫困而言更难解决。"精神贫困"是农户陷入贫困的根源，在源头上制约着扶贫效果。国家对扶贫开发工作的重视，各项优惠政策的接连落地，使得部分农民群众滋生"等靠要"思想，脱贫致富的主动性降低，对国家救助政策的依赖性增强，进而出现"消极福利""福利依赖"等现象。同时，精准扶贫方式依然受到传统扶贫模式的束缚，一方面部分地方政府未兼顾长期效益，以一刀切的方式将扶贫资金直接分发到贫困户手中，或是为贫困户送几头牛羊等帮扶措施，直接为贫困人口输送利益，注重数字脱贫、形式脱贫，导致扶贫资金的滥用与扶贫资源的耗费，没有帮助农户提升可持续发展的能力。另一方面由于农户对国家精准扶贫战略存在认识偏差，部分贫困户认为扶贫就是给钱给物，只贪图眼前的实惠，缺乏脱贫的主动性和积极性，给扶贫开发工作拖后腿；或者是认为扶贫就是扶贫干部的事，与贫困户无关。

随着扶贫开发工作的深入推进，党和政府对治理贫困的认识与理解在逐步深化，从物质脱贫转向能力脱贫，再发展至精神脱贫，最终形成物质脱贫—能力脱贫—精神脱贫"三位一体"有机统一的治贫体系。党的十九大报告中指出，要坚持大扶贫格局，注重扶贫同扶志、扶智相结合。扶志就是转变群众的思想、观念，树立起摆脱困境的斗志和勇气、向美好生活奋斗的信心；扶智就是为农户提供发展思路、技术，解决知识匮乏而难发展的问题，帮助贫困群众提升脱贫致富的综合素质。精准扶贫战略的稳步推进，使资源、资金、人才等要素快速向贫困地区、贫困人口集聚，外部力量的涌进导致部分贫困群体内在动力机制的弱化、惰性化，而对美好生活的向往与追求是农户努力奋斗的目标，因而在物质与精神扶贫同步进行中，将外部帮扶与内生发展相结合，引导农民群众脱贫致富、积极追求现代化生产、生活方式，取得"$1+1>2$"的效果。精神扶贫的目标就在于树立贫困人口和脱贫对象的脱贫志向，激发脱贫致富的内在动机，丰富脱贫致富的目标。以智志双扶的方式打破农户因自身能力不足——懒惰意识滋生——坐等政府帮扶的恶性循环链条，短期提升贫困人口的自我脱贫与自我发展的内生动力，长远提高贫困人口的生存、生产、发展能力。

(二) 愚公移山精神的现代内涵

当前，在举国上下为实现中国梦而努力奋斗的伟大进程中，需要大力弘扬和培育中国精神，为中国梦的实现提供价值导航、精神动力和风貌展现。愚公移山精神不仅是中华民族精神的重要组成部分，更是济源人民薪火相传的宝贵精神财富。济源市在促进经济高质量发展与打赢脱贫攻坚战协同推进的征程中，持续弘扬愚公移山、敢为人先的城市精神，并且将愚公移山精神融入经济发展的全过程，不断挖掘并赋予愚公移山精神新的时代内涵。济源市为进一步传承愚公移山精神，建立愚公移山精神干部学院，提振干部的精气神，强化干部的业务能力，为服务"三农"提供组织保障，而广大群众也牢记愚公移山精神，涌现出苗田才等为代表的新时代愚公的传奇。

1. 扶贫时代内涵

随着经济全球化趋势的加快，文化的多样性和差异性引起社会较多的关注。不同的文化经过碰撞在不断地进行互补和创新，在曲折中发展。多元文化在经济全球化趋势的浸染下，取长补短、求同存异，以螺旋式上升的态势得以发展。包括神话故事在内的中华民族文化亦如此，在多元文化的交融中大发展大繁荣，促进我国文化软实力的提升，对实现中华民族伟大复兴的中国梦将产生深远的影响。

愚公移山的寓言故事包含深刻的人生哲理，表达着宏大的价值精神。毛泽东曾将帝国主义、封建主义与官僚资本主义比喻为中国人民所面临的三座大山，在1945年党的七大闭幕词中将愚公移山精神概括为"下定决心，不怕牺牲，排除万难，去争取胜利"。愚公移山精神由此实现了从寓言故事上升为民族精神，从中华优秀传统文化向红色文化、革命文化的升华。经过与中华民族的伟大奋斗史的结合，特别是与中国共产党领导的革命斗争、中华人民共和国建设和改革创新实践的结合，愚公移山精神在历史长河的流动中，其内涵也在不断被赋予新的内容，与时俱进，逐渐演变和升华成一种伟大的民族精神。党的十八大以来，习近平总书记发表了一系列重要讲话，并多次强调要弘扬愚公移山精神。2013年11月在济南军区调研时，要求全党大力弘扬愚公移山精神，推动党的群众路线教育实践活动"善始善终、善作善成"；2014年11月在亚洲太平洋经济合作组织峰会上，借愚公移山故事号召亚洲国家消除隔阂、合作共赢，构建"互联互通"的新型伙伴关系；2015年3月在参加全国两会代表团审议时，号召与会代表、委员"立下愚公移山志、打好攻坚战"，让全体人民共享全面建成小康社会的成果；2015年11月在中央扶贫开发工作会议上指出，我们要立下愚公移山志，咬定目标、苦干实干，坚决打赢脱贫攻坚战，确保到2020年所有贫困地区和贫困人口一道迈入全面小康社会；2016年12月30日在全国政协新年茶话会上指出，"大力弘扬愚公移山精神，大力弘扬将革命进行到底精神，在中国和世界进步的历史潮流中，坚定不移把我们的事业不断推向前进，直至光辉的彼岸"①；2018年，在十三届全国人大一次会议上指出，愚公移山等我国古代神话深刻反映了中国人民勇于追求和实现梦想的执着精神。只要13亿多中国人民始终发扬这种伟大梦想精神，我们就一定能够实现中华民族伟大复兴。习近平总书记在中华民族伟大复兴的征程中对愚公移山精神进行深刻阐释，并不断赋予愚公移山精神新的时代内涵，这既体现了党和国家领导人对传承中华民族精神的认同与重视，又体现了愚公移山精神在新时代中具有的时代价值。

---

① 习近平：《在全国政协新年茶话会上的讲话》，载《人民日报》，2016-12-31。

愚公移山精神是中华优秀传统文化重要的组成部分，是先辈留给我们子孙后代的公共文化和精神遗产，更是新时代伟大的创新精神、奋斗精神、团结精神等精神汇成的中华民族精神品格的形象表达。不论时空如何转换，不论时代如何发展变化，愚公移山精神都以其独特的魅力和巨大的力量，在愚公故里广为传承、长盛不衰！济源市作为愚公移山精神的发源地，济源人民曾在社会主义建设时期就发扬愚公移山精神，修建了"人工天河"引沁济蟒渠，发展闻名全国的"五小工业"，绘就了一幅幅战天斗地、艰苦奋斗的生动画卷。改革开放以来，济源历届市委、市政府在推动全市改革发展各项事业中，团结带领广大人民群众大力弘扬愚公移山精神，发挥资源优势，艰苦奋斗、顽强拼搏，推动各项事业取得了长足进步，济源成为河南省最年轻的省辖市、中原经济区核心发展区城市、河南省唯一在全域范围规划建设的城乡一体化示范区，2018年又成为全国唯一在全域建设的国家产城融合示范区。同时破解城乡二元结构，推动城乡建设日新月异；满足人民群众日益增长的美好需求，持续改善人居环境，城市文明程度和全民文明素质显著提升，先后荣获全国文明城市、全国绿化模范城市、国家卫生城市、国家园林城市、国家森林城市、中国人居环境奖等多项国家级荣誉称号。

经过几千年岁月的口口相传、几十年革命建设的风雨洗礼，愚公移山精神依然在绽放其思想光辉。作为愚公移山故事的发祥地，济源又是如何理解愚公移山精神在新时代所具有的时代意义？在脱贫攻坚战的收官之年，时任济源市副市长卫祥玉曾在人民网发表的文章中提到："愚公移山是一种久久为功、锲而不舍的奋斗精神，坚定愚公移山之志，就要坚定目标，苦干实干，不获全胜，决不收兵。"同时，卫祥玉提到坚定愚公移山之志，就要做到四个"劲"，即保持咬定目标不放松的"恒劲"、守住坚定信心不动摇的"韧劲"、用好精准施策不漫灌的"巧劲"、使出尽锐出战不退缩的"干劲"。济源市每一个人都有不同的理解，但殊途同归，都是对愚公移山精神的一种认可与传承。

作为愚公移山精神的原发地，济源市在历史车辙的滚滚前进中，不断挖掘愚公移山精神的时代内涵与时代价值，使之成为推动党和国家事业发展的强大精神动力，将新时代愚公移山精神概括为"咬定目标，苦干实干，锲而不舍，久久为功"。济源市在脱贫攻坚与乡村振兴战略实施的征途中，传承与践行愚公移山精神，持续提升愚公移山精神的影响力和感召力，为传承和弘扬愚公移山精神做出济源应有的贡献。

2. 弘扬愚公移山精神

"实现中国梦必须弘扬中国精神。"习近平总书记的这一论述，深刻阐述了精神力量对于实现中国梦所具有的重要意义，内涵丰富、催人奋进。一个国家需要拥有伟大的民族精神，一个城市同样需要有推动自身发展的城市精神。愚公移山精神是中华民族精神的重要组成部分，是中原经济区建设的三大精神支柱之一，更是济源的城市精神。在千百年的薪火传承中，愚公移山精神已深深烙印在济源人民的灵魂与血脉中，鼓舞和激励着一代又一代愚公儿女奋发图强，去建设自己的美丽家园，续写济源的辉煌故事。

进入 21 世纪以来，济源市委多次开展了大规模的弘扬、宣传、研讨愚公移山精神活动，愚公移山精神已经成为济源的重要"政治品牌"。济源市委、市政府多次与河南省委宣传部、省委党校、省社科院等有关部门联合召开座谈会，探讨如何在新时期传承与弘扬愚公移山精神，为实现中原崛起、河南振兴提供不竭的精神源泉。济源市为进一步传承和弘扬愚公移山精神，按照河南省委要求，于 2013 年 3 月依托中共济源市委党校建立愚公移山精神干部学院，主要负责深度挖掘愚公移山精神的思想内涵，彰显其时代价值，同时承担着锤炼干部作风、提高干部素质和能力的培训任务。该学院紧扣时代脉搏，以弘扬新时期愚公移山精神为宗旨，通过采取专题教学、现场教学、访谈式教学、体验式教学、激情教学、音像教学等多种教学模式，致力开展集党性、党史、党风、革命传统、民族精神教育为一体的特色干部教育培训，引导激励党员干部坚定理想信念，强化宗旨意识，求真务实，艰苦奋斗，在实现中华民族伟大复兴中国梦的征程中，创造新业绩，铸就新辉煌！截至 2018 年年底先后举办国家、省各级培训班 1300 余期，培训学员 11 万余人次。其中举办各级各类扶贫干部专题培训班 110 余期，培训人员 8000 余人次，极大提升了扶贫干部的能力业务素质，为脱贫攻坚与乡村振兴工作提供了组织保障。同时定期在该院召开愚公论坛，自此以后，愚公移山精神的经常性研究、宣传和弘扬工作，有了重要的组织保障和阵地，为济源擦亮了在全国极具影响力的"窗口"。为更好地满足培训需求，巩固提升培育水平，济源市又新扩建了愚公移山干部学院新校区，占地 500 余亩，2019 年 6 月新校区投入使用后，可同时满足近 3000 人学习培训，进一步优化课程设置、提升教学质量，力争将愚公移山干部学院打造成全国一流的党性教育基地。

作为愚公移山精神的原发地，济源市 2016 年 12 月把每年的 6 月 11 日设立为"愚公移山精神纪念日"，以进一步弘扬城市精神，让愚公故里处处充盈昂扬向上的励志能量。这是继济源市确立"愚公移山、敢为人先"的城市精神、成立愚公移山干部学院、开设"愚公论坛"等传承与弘扬愚公移山精神载体的又一新形式，对于济源人民传承并弘扬愚公移山精神、凝聚强大合力建设富美新济源具有重要意义。在济源市各乡镇可以看到他们对愚公移山精神的理解，并能够从他们身上感受到对愚公移山精神的践行。

＊＊＊**专栏 5-1**

十年修一路谱写当代愚公传奇

愚公移山精神赋予济源人民不服输、不畏难的独有品格，激励着济源人民奋力克服发展道路上的种种困难，在济源的发展史册上写下了自强不息的愚公传奇。

水洪池村位于济源市的西北部，是济源市地理位置最偏、海拔最高的行政村，现有 3 个居民小组，59 户人家，211 口人，分散在 20 平方公里的峰峦叠嶂之中。水洪池村处在海拔 1460 米的太行山上，山势陡峭，森林茂密，清泉遍野，景色壮观，地貌齐全，生态植被优良，保持着大自然的原始形态，是中国北方山水的典型代表。在 20 世纪 80 年代以前，村里没有一条通往山下的公路。由于受到大山的阻隔，这里的经济相当困难，山民过着推磨捣碓、砍柴刨地原始部落般的生活，"面朝黄土背朝天，一天三顿喝稀饭，交通两条腿，运输两只肩，点灯用黑油，吃水深沟担"是当时水洪池人的生活写照。到 1985 年，水洪池人平均年收入才 76 元钱，40 户人家的小山村 30 岁以上的光棍汉就有 18 个！

1971 年，村里一位名叫苗田才的 26 岁青年入了党，由于当时基层缺人才，入党 7 天后，就被抽到山下的公社当干部。他是水洪池村第一个走出大山的人，在看到大山外的生活后，他就下定决心要改变家乡的落后面貌，认为自己有责任和义务让乡亲们不再受苦。"我认为一人富不是富，只有让全村人都过上好日子才算富。"于是，苗田才给领导打报告，坚决要求回村。1973 年 10 月，他满怀雄心壮志，回到家乡。经过反复思考后，苗田才意识到"要想富，先修路"。

而修路需要巨额资金，怎么办呢？贫穷而自立的水洪池人决定村民集资。1985 年 10 月，村里有人把姑娘的嫁妆卖了，有人把耕牛卖了，有人把预备的棺材变卖了，共集资 7000 多元钱。仅凭这点资金，受够大山阻隔之苦的水洪池人向群山发出了挑战。

面临资金、人力、技术、环境等重重困难，为了保证修路的持续进展，全村人签订了修路契约：1. 凡年满 16 岁至 60 岁的男性村民全部上路。以后路不管修多少年，男孩长到 16 岁开始"服役"，60 岁"退休"，如此循环，直至路修通为止。2. 村里无钱为修路人付报酬，也无钱置办工具，凡上路者要自带干粮，自带工具。3. 修路所需要的炸药、雷管等物资由各家各户筹资购买。全村老少一起干，以蚂蚁啃骨头的精神，修一点是一点，能修多少修多少，一代接着一代修！

1985 年 11 月 18 日，苗田才带着 7 名党员，组织全村仅有的 48 名劳力，冒着严寒，踏着冰雪，推着小车，拉着粮食和铺盖卷儿，拿着铁锹、钢钎出发了，他们没有经过任何的专业技术培训，仅凭一双手和从家里拿来的铁锹、钢钎，展开了一场同大自然做斗争的会战！就这样，水洪池人克服了一个又一个困难，攻克了一个又一个难关。经过 10 年苦战，共投工 28 万个，打通隧道 3 条，开凿土石方 55 万立方米，48 人中2人献出了宝贵的生命，3人被石头砸断了腿，其余90％的人负过伤，流过血，每人瘦下十几斤，终于开通了长13.5公里，宽约4米的出山路。这条路，成为济源市第一条依靠农民自己的力量修建的道路，成为济源市"要想富，先修路"的典范。随后，苗田才带领河南、山西两省三村的村民，用3年时间又打通了一条跨省通道，在打通跨省通道的同时平整路基，修整路面，铺设水泥，用时6年把原来的"小平车道"拓宽成现在的路基宽9米、路面宽6米，沿途配备有防护柱和路标的14公里盘山公路。

图 5-1　济源市水洪池村公路

水洪池村因这条路的打通，村里发生了翻天覆地的变化。依托丰富的自然资源，建造了避暑胜地，开发旅游资源，村民过上了梦寐以求的富裕生活。苗田才的故事中，没有神仙的帮助，只有他们对追求美好生活的坚定信念，苗田才以身作则，以愚公挖山不止的精神修路，实现了水洪池村与外界的联通。而盘绕于山峦中的那条公路，不仅仅是一条走出大山的路，更是愚公儿女不畏艰辛、勇往直前的拼搏路，是水洪池村的精神丰碑！

二、扶贫文化与传统精神传承

加强农村文化建设是决胜全面建成小康社会的内在要求，是实现中华民族伟大复兴的中国梦、实现人民对美好生活的向往的重要内容，也是建设新农村、满足广大农民群众多层次多方面精神需要的有效途径。济源市在愚公移山精神的带领下，以多元文化下乡的形式丰富群众的文化生活，把文化精神食粮送到群众家门口及田间地头，把群众喜闻乐见的文艺节目送到脱贫攻坚工作一线，展现济源人朝气蓬勃、积极向上的精神风貌，促进邻里和谐，营造良好的社会氛围。同时也是密切联系群众的最佳方式，体现党和政府对群众的关怀。济源市在传承愚公移山精神时，搭建文化下乡、豫剧、文学、春联等为载体的平台，通过自身的参与及宣传，由内而外地展现愚公儿女的精神风貌。

（一）文艺演出下乡

习近平总书记强调，人民是创作的源头活水，只有扎根人民，创作才能获得取之不尽、用之不竭的源泉。济源市在文化文艺创造中始终坚持这一指导思想，以人民为中心，深入生活、扎根人民，创作了一系列新时代气息浓郁、百姓喜闻乐见的文艺精品。在举国扶贫战略的实施下，济源市将扶贫工作与文化文艺工作相融合，其市文化馆、戏剧艺术发展中心、文化艺术学校编排了一批主题鲜明、积极向上，有温度、接地气，群众喜闻乐见的舞台艺术作品，如《向脱贫之路进发》《精准扶贫结硕果》《请到济源走一走》《第一书记到俺村》《高歌齐颂十九大》《春天已来》《懒汉糖葫芦脱贫记》等节目。文艺必须为人民服务，脱离了人民群众，文艺就成了无源之水、无本之木。济源市广大文化文艺工作者坚持文化文艺为人民服务，为百姓送文化，到基层"种"文化。济源市紧贴基层群众口味，创新改进宣传方式，通过群众喜闻乐见的形式开展"咱们一起奔小康"等系列文化下乡宣传活动，开展"文艺轻骑兵"助力脱贫攻坚巡演活动（如图 5-2）。延续以往小型化、灵活机动、人员精干的"红色文艺轻骑兵"形式，组织多支小分队深入基层开展慰问演出、文化帮扶、辅导交流等内容丰富、形式多样的文化文艺活动，为奋战在脱贫攻坚第一线的广大群众加油鼓劲，一批有温度、接地气、群众喜闻乐见的节目在下乡演出过程中不断赢得群众的欢声和笑脸。送文化下乡活动以文载道、以文育人，用通俗易懂的文艺作品把党的各项扶贫政策送到老百姓的心坎上。同时，每场活动都增设现场互动环节，让贫困村老百姓和驻村第一书记走上舞台，通过有奖竞答、赠送礼品和心贴心、面对面交流等形式，传播勤劳、朴实、吃苦、感恩的社会正能量，营造了致富光荣、安贫可耻的浓厚氛围。繁荣发展的文化文艺事业，在润物无声中，汇聚了磅礴的精神力量，为激励济源市上下加快建

图 5-2　济源市文化扶贫乐乡村活动

设国家产城融合示范区、新时代又富又美济源提供了有力的思想保证和
精神动力。

（二）传统豫剧改编

艺术来源于生活，又高于生活。济源市扶贫开发人在扶贫征程中，
有很多干部扎根在村里，为百姓干实事，形成一幅幅感人的画面。济源
市根据真实扶贫故事改编成一场现代豫剧《山路弯弯》，生动形象地将
济源扶贫路上的感人故事再一次呈现，用身边事例进行剖析，让老百姓
以旁观者的身份感受扶贫，用身边人或事影响人民群众，丰富群众的精
神生活，也将文化扶贫形式以立体化呈现。现代豫剧《山路弯弯》主要
讲述了乱石滩村村主任常来顺的儿媳妇李秀琴，进驻乱石滩村担任第一
书记，摸清了村里的贫困户的情况，针对寡妇刘金翠的真贫，赵士贵的
懒贫和老根叔的装贫，做了耐心细致的思想工作，让乡亲们对扶贫政策
有了新的认识。为彻底改变乱石滩村的贫困面貌，李秀琴调动村民积极
性，发展种植业，不惜卖掉自家的车为乡亲们垫付树苗钱和种子钱；老
根叔为装贫住进危房，为救他李秀琴身受重伤；赵士贵由懒变勤受到刘
金翠的爱慕；常来顺与士贵娘（花婶）这对有情人终成眷属。一桩桩，
一件件，李秀琴的行动深深地感动每一位乡亲。三年后，乱石滩村发生
了翻天覆地的变化，父老乡亲载歌载舞庆贺这丰收的硕果。《山路弯弯》
从开始创作到舞台展现仅仅用了两个多月的时间，创造团队为挖掘出好
故事，深入农村与农户拉家常，对比选择感人的扶贫故事进行创作；在
排练中由于演员缺少对农村生活的真实感觉，为真实还原扶贫事迹，市
戏剧艺术发展中心专门邀请多位驻村第一书记，与演员们进行沟通，演

员们以精湛的表演将扶贫人物演活，向奋斗在扶贫一线的扶贫开发人和扶贫对象致敬，以文化的力量激发广大干部群众向美好生活奋斗的内生动力。2018年10月16日晚《山路弯弯》在济源文化城愚公剧场内首次演出（见图5-3），11月初开始在济源市巡回演出。《山路弯弯》首演推出后，受到热烈欢迎，起到了文化扶贫、智力扶贫的作用，并得到省、市有关领导和专家的充分肯定，同时该剧还作为河南省扶贫巡演剧目在各地市巡回演出。《山路弯弯》聚焦脱贫攻坚热点，是一场反映"主旋律"和"正能量"的扶贫剧目，用栩栩如生的人物形象和一波三折的故事情节刻画出感人至深的扶贫故事，不仅表现了贫困的真实场景及人物互动，还融入正能量价值和艺术性审美，给广大观众带来极大的视听收获和心灵震撼。

图5-3　济源市原创扶贫戏剧《山路弯弯》首演

（三）扶贫文学力量

文化作为一种不可或缺的生产要素，在"道路自信、理论自信、制度自信、文化自信"的伟大倡导之下，发挥着越来越重要的作用。文学是时代的产物，反映时代的风貌。济源市以文学视角记录扶贫文化风情，从内心认可家乡的文化底蕴，凝聚脱贫的精神动力。通过组织作家下乡采风，用手中的笔紧扣时代脉搏，描绘出济源人民以滴水穿石的态度与贫困斗争的奋斗史；通过"我的驻村故事""我的脱贫故事"记录奋斗在扶贫一线的可爱人们的艰辛但不退缩的事迹，拉近社会与脱贫攻坚的距离；通过义写春联，将党和政府的温暖送进贫困群众家中，激发贫困户的劳动积极性，以文学的力量助力脱贫攻坚，进一步坚定济源市人民"立下愚公移山志，打赢脱贫攻坚战"的信心和决心。

1. 以文学作品助力脱贫攻坚

脱贫攻坚是当前我们党和国家事业当中非常重大的一个主题，也是作家创作中的重大主题。为营造"人人关心扶贫、人人支持扶贫、人人参与扶贫""我脱贫·我光荣"的社会氛围，全面反映广大扶贫工作者坚守岗位、扎根基层、心系群众、致力脱贫的生动实践，展示广大贫困群众立足现实、自强不息、摆脱贫困的奋斗风采，激励广大扶贫干部担当作为，激发广大贫困群众的内生动力，进一步凝聚汇集打赢精准扶贫精准脱贫攻坚战的强大动力，济源市主动作为，组织市作家协会作家集中采风，引导作家深入生活、扎根人民，使广大作家深入火热的脱贫攻坚主战场，全面挖掘脱贫攻坚中最美的风景，搜集让人感动的典型人物和事迹等翔实的素材，通过小说、散文、诗歌、报告文学等多种体裁，对扶贫攻坚进行文艺创作，用文学不可替代的影响力助力脱贫攻坚。作家精心创作，从细节、典型等方式全方位写下济源的扶贫故事，创作出充满正能量、接地气的文学作品，再现战斗在扶贫一线的感人场景，与此同时出版《济源文学》（见图 5-4）扶贫专刊，讲述扶贫故事，塑造脱贫典型，记录脱贫实践，达到催人奋进的目的，为扶贫攻坚注入强劲的推动力，凸显了文学为社会服务的功能。创作者用笔记录生活，用笔记录扶贫中的每一个故事，真实描述济源脱贫攻坚所取得的显著成绩，用一个个跳跃的文字生动描绘出济源统筹城乡一体化发展与实施精准扶贫之后的巨大变化，浓墨重彩地抒

图 5-4　《济源文学》扶贫专刊封面照

写了各级领导干部的担当、奉献和群众的拼搏精神，为济源人民留下了不朽的精神财富，同时也为其他地区的长远发展提供极具参考价值的蓝本。文学作品及时回应了时代的呼唤，体现出拼搏精神和创造精神，为全国的精准扶贫提供了经验，让人们对脱贫大战充满信心，对社会主义道路充满信心。而作为愚公移山精神的原发地，济源的干部群众把历史的辉煌化为奋勇前进、创造新的奇迹的动力，令人感佩。

2. 讲述扶贫开发人与脱贫群众的故事

脱贫攻坚要实现一个也不能少，一个人都不能掉队的目标，这是以习近平同志为核心的党中央做出的庄严承诺，这是一场伟大的实践，这个过程当中在全国各地都产生了许多动人的故事，涌现出众多的时代楷模，非常值得去聆听这些奋斗在扶贫一线的干部和脱贫人的故事。一滴水能映射全部阳光，正是千千万万普通人的脱贫故事，才汇聚成波澜壮阔的脱贫攻坚历程。为拉近社会与扶贫工作的距离，让社会各界近距离

感受这场攻坚战役中扶贫干部和脱贫群众的酸甜苦辣，济源市脱贫攻坚领导小组办公室组织并开展济源境内扶贫故事征集活动，记录奋战在脱贫攻坚一线的第一书记、驻村队员驻村帮扶的坚实脚印和贫困群众自力更生、不等不靠，主动脱贫致富的生动实践。经市脱贫攻坚领导小组办公室认真筛选，将《今后，我们就是一家人了》《桃花无言一队春》《不辞寂寞天地间》三篇优秀稿件向相关杂志专栏推荐。最终，济源市审计局驻村第一书记陈建政的驻村故事《今后，我们就是一家人了》入选主题征文评选活动100篇候选作品公示名单。这些稿件是济源脱贫攻坚路上众多战友的代表，用实际行动诠释了扶贫开发人的责任与担当，充分体现了济源扶贫干部"不忘初心、牢记使命"的艰苦作风，将每一项工作以"绣花"功夫落实到位，得到老百姓的认可，体现了习近平总书记"真实可信，社会认可，老百姓认账"的要求。同时"我的脱贫故事"也展现出济源贫困群众在愚公移山精神的激励下靠双手勤劳致富，与帮扶干部为美好生活而努力奋斗的画面，感受贫困户身上精神状态与生活状态的巨大改变，在简单的故事中有着他们向美好生活奋斗的力量。

＊＊＊**专栏 5-2**

今后，我们就是一家人了

(陈建政 济源市审计局驻坡头镇石槽沟村第一书记)

盛夏时节的坡头镇石槽沟村是一幅美丽乡村的"高颜值"画卷。宽敞的柏油马路、漂亮的农家小院、整洁的卫生所……让人难以想象几年前石槽沟人栖身破窑、行路难看病难的窘况。到农家院子里看看，清清

图 5-5　《今后，我们就是一家人了》荣获"我的驻村故事"
主题征文活动"优秀奖"

的自来水、数字电视、互联网、手机、摩托车……让人不敢相信昔日石槽沟人年年靠政府救济，盐钱油钱靠喂猪养鸡换取的艰难。入夜，明亮的路灯、热闹的文化广场，熙攘的人群，让人忘了自己是身在深山区的偏僻山庄。

此次此刻，石槽沟村这场如火如荼的脱贫攻坚战中的情景一一浮现在我眼前。

今后，我们就是一家人了

肩负着党委和政府的重托，2014 年 10 月，我从审计局经贸科科长的任上被派到石槽沟村任第一书记，转眼，已经在石槽沟村工作生活 5 年了。

石槽沟村有 7 个居民组 120 余户 490 余人，是省级贫困村。村里但凡有劳动力的都出去打工了，留下来的多为老弱病残。

还记得那一天，我怀揣组织关系，携带被褥锅碗等生活用品，在村委会安营扎寨，与村两委班子衔接时，郑重承诺"我驻村任第一书记，不是摆样子，走过场，而是实实在在地为群众办实事、解难题。今后，我们就是一家人了"。

为尽快熟悉村情、民情，刚到村里的几个月，我几乎天天与村干部一起爬坡上坎、日晒雨淋，奔走于屋前房后、田间地头，逐户走访贫困户。这期间，我摔过无数次的跤，时不时会被村里的狗追咬，单独走访时还被当地的乡亲当作不速之客盘问。经过不懈努力，我慢慢得到了群众的信任。渐渐地，我的小屋每天就没有断过群众，群众家里每月也离不开我的身影。

石槽沟饮水专项工程实施

饮水问题是石槽沟村群众反映最多的问题，人畜饮水、田地灌溉比较困难。为了早日让群众吃上干净的自来水，2015 年，我们先后邀请 4 家勘探公司进行实地勘查。勘查水源地时，大家吃了不少苦。每天早上五六点，我带着几名村民和勘探公司的工作人员，钻玉米地、走荆棘路，四处勘探。

目前，一口深 369 米的水井及 3 个容量 200 立方米、3 个容量 500 立方米的蓄水池已经建成，完成投资 228 万元。投资 30 万元的除氟设备也已启用。石槽沟饮水专项工程的实施，实现了全村村民生活用水全覆盖，该项目也被列为市水利项目，是济源市目前投资最大、规模最大、成效最好的水利项目。

扶贫项目的实施是百姓致富的根基

扶贫项目的实施是百姓致富的根基。在我和村两委的共同努力下，如今投资 99 万元，集防洪、灌溉、养殖、游玩于一体的水坝工程即将完工，投资 38 万元的鱼塘开挖正在筹划。昔日的河滩荒地如今变成了风景优美的游玩区、集中连片的特色水上养殖区，群众不仅多了一个好去处，还多了一条致富门路。

随着扶贫工作的逐步深入，我将工作重点定位在发展村集体经济上，利用石槽沟村的优势，创办自己的产业，让龙头真正舞起来，带领群众发展特色经济，增加收入。目前，以村集体名义成立合作社已投入运营，春节前富硒特色农产品销售收入达到16万余元，利润近6万元，村集体收入首次突破10万元；和市农科院合力打造以"绿色＋富硒＋优质"为主题的"饺子专用面粉"生产基地已经启动；全村统一种植、管理、收购、加工的前期工作已经完成；投资80万元的粮食加工厂和开挖鱼塘的项目已经申报入库。

我始终坚持"100－1＝0"的理念，在扶贫路上不放弃一个村民。贫困户孔令德去外地打工多年，家里的房子漏雨，院里长满了草。整修房子时，资金紧张，我从自己口袋拿出1000元钱帮助他渡过难关，还帮他争取到市级公益性岗位。如今，他每个月有近2000元的收入，家里房子整修一新，女儿经常回家看望他，日子也越来越好。

家，是幸福港湾。驻村以后，能够回家一次，陪陪家人，是一件很奢侈的事。在精准识别和核实收支的过程中，我和村组干部披星戴月，连续奋战了两个多月，其间没有回过家。由于长期不回家，一次我终于能回家时，我的孙子已经不认识我了，躲着我不让抱。

驻村这几年，我最怕接家里的电话。爱人非常支持我的工作，曾说过一般不给我打电话，只有处理不了的事才会打电话给我。所以，只要看到是家里的电话，我就会很紧张，首先担心的是家里出了什么事。

真是怕啥来啥。2019年年初，我正在和大家谈论村里强筋小麦的管理时，家里来电话，说儿子身体不舒服，连续吃药，病情不见好转反而加重了。就这样在没有耽误工作的情况下，我开始给儿子寻医救治，5月份儿子确诊为肝癌。

作为一名退伍军人、共产党员，部队生活锻炼了我不折不挠的性格，审计工作养成了我担当认真的习惯，儿子的病痛，家庭的酸楚，驻村的疲惫，这个小家和个人一切的困苦，每每被驻村这个大家庭群众脸上的笑容淹没和冲淡。

你让出行变成了出彩，你让称谓赋予了责任。你是谁？一个普通的共产党员，为了谁？为了百姓的幸福安康，为了让每一个家过得更好、变得更美。

我作为驻石槽沟村第一书记、这个村的当家人，定不忘使命，不负韶华。

（此文在《中国扶贫》杂志社与《民生周刊》杂志社联合组织开展的"我的驻村故事"主题征文活动中获得优秀奖）

——本文摘自《新济源》，2019（10）

＊＊＊专栏5-3

自强不息的小愚公

在济源市王屋镇清虚村有这样一个少年，他没有抱怨命运的不公，也没有因家庭层层重压放弃对美好的追求，而是展现出与年龄不符的成熟，靠自己单薄的身躯扛起了一个小男子汉对家庭的责任，用自己稚嫩的双肩支撑着这个家一步步走出贫困，用实际行动诠释了自己对愚公移山精神的理解，他就是孙东海。

孙东海是济源高级中学的一名高二学生，在 10 年前他勇敢地承担起不属于自己这个年龄的家庭重担。他的父亲右手残疾，母亲患有精神疾病，还有两个妹妹也在上学。懂事的孙东海从上小学起，就学会擀面、炒菜、蒸馍等家务活，并且照顾好家里的每一个人。上初中时，学会开农用拖拉机，会干各种庄稼活，街坊邻居都夸他是干农活的"小把式"。

但年幼的孙东海清楚，种几亩农田只能维持日常开销，现在用钱的地方还不是很多，如果他们兄妹上高中，家里的开销就会很大，必须想办法从根本上改变家庭贫困的状况。在小学五年级时，他劝说父亲承包土地种植蔬菜来增加收入。就这样 12 岁的他不仅是一名学生，还是一个小菜农，每天趁天还未亮，就与父亲下地摘菜，再拉到市区集市贩卖。第一次到菜市场时，蔬菜已在颠簸中被挤压损坏，再加上自己稚嫩的叫卖声，导致摊位无人问津，最后"铩羽而归"。

在初战失利与总结经验中，孙东海认真学习整理蔬菜，重新选择摊位，并将不同蔬菜的烹饪技巧写在小卡片上送给买主……功夫不负有心人，一年下来，孙东海为家里增加收入 5000 多元。

但孙东海为了尽快脱贫，在初一时又劝说父亲搞养殖，就这样向别人借钱买了两头母猪。"当时养猪比较挣钱。多养一头猪，我和俩妹妹的生活费就不用愁了。"他利用课余时间研究猪饲料配方，独自一人拉着平板车去加工厂粉碎猪饲料，定时打扫猪圈，到冬天又给猪圈裹上塑料布、垫上厚厚的干树叶来保暖。经过几个月的精心照料，第一窝猪生产了。但由于不懂得防疫，小猪仔在 3 天内接连夭折。这个噩耗又给这个刚对生活充满希望的家庭雪上加霜，但孙东海没有放弃，在短暂难过后，再次振作起来，他向养猪专业户认真学习防疫技术，重整旗鼓又一次开始养殖。在孙东海和父亲的精心照料下，2015 年底，4 头母猪累计产崽 50 多只，为家里带来 15000 余元的收入。与其他收入相加，已经超过年人均收入 3208 元的贫困线，同时住房、教育等都达到脱贫要求，在 2016 年，孙东海一家终于摘掉了"贫困户"的帽子。

"父母已经够苦了，我是家里唯一的儿子，当然应该挑起这副担子。"孙东海背负了整个家庭的重担，但依旧没有忘记他是一个学生。他深知只有知识才能改变命运，他立志要做王屋山下有智慧的新愚公。在课堂上，他敢于提问、善于质疑并做好笔记；课堂外，及时找老师答疑解惑，按时且高质量地完成家庭作业。不论是干农活，还是在学校，他都热心地帮助周围的人。孙东海说："人穷不能志短。在我最困难的时候，老师、同学、社会给了我无私的帮助。现在我的家虽然还不富裕，但我也要帮助别人、回报社会。"

2018 年 12 月 25 日，中央文明办、教育部、共青团中央、全国妇联、中国关工委联合发布 2018 年第二批"新时代好少年"先进事迹，孙东海是河南省本次唯一获此殊荣的学生。

今天的孙东海是老师同学们眼里的"三好学生"，更是脱贫攻坚战场上的小战士。当面临困难时，敢于担当、积极作为，是孙东海对流淌在灵魂与血脉中的愚公移山精神的理解与践行。

——根据《中国扶贫》第 349 期中《沿袭精神　续写辉煌》整理

3. 征集优秀扶贫春联

脱贫攻坚已到了决战决胜、全面收官的关键阶段，济源市为积极响应中共中央宣传部"送文化进万家"活动的号召，同时进一步坚定广大干部群众"立下愚公移山志，打赢脱贫攻坚战"的信心决心，增强扶贫开发人的责任感与使命感，济源扶贫开发办公室与济源诗词楹联学会联合，开展"助力脱贫攻坚"春联征集活动，征求原创优秀扶贫春联。无联不成春，有联春更浓。在义写春联活动中涌现了很多优秀的原创春联，例如，"澍雨遍滋千家富　春风不教一户贫""扶贫先立愚公志　解困更需赤子心""惠政拓宽富裕路　春风吹暖幸福门"等，这些春联包含了感恩、励志等内容，各具特色，表达了扶贫干部和贫困户的心声。这项活动不仅传递着广大村民群众对新年的美好期盼，也包含着党和政府对人民群众的真切祝福。一笔笔功底深厚的墨迹，一副副饱含新春祝福的春联，将社会人士对济源已脱贫户、一般农户、基层扶贫干部、帮扶企业的浓浓祝福写进红红的春联里，饱含着社会各界人士对脱贫攻坚事业奉献者的深厚情谊，为广大人民群众送上了一场文化大餐。贫困户不仅要在物质层面脱贫，更要在精神层面实现脱贫，文字的力量不言而喻，通过"扶贫送福"义写春联活动拉近与贫困户的距离，引导贫困户感恩情、跟党走、共奋进！济源市通过向广大人民群众送春联的形式，大力弘扬以愚公移山精神为代表的中华民族传统美德，把志气、信心送到贫困户心坎上，帮助贫困户树立"自力更生、勤劳致富"的正确观念，激发了群众改变乡村面貌，打造宜居宜人秀美乡村的决心，传递正能量，拉近了干部与群众间的距离，坚定贫困农户脱贫信心，凝聚强大攻坚合力，营造脱贫攻坚的浓厚氛围。

※本章小结

愚公移山精神是济源人民攻坚克难、"挖山不止"，创造辉煌的强大精神动力，在愚公移山精神的激励下，济源人民奋勇拼搏、开拓进取，在产城融合、城乡一体化、脱贫攻坚与乡村振兴有机衔接方面取得了令人瞩目的成就。在经济发展中，愚公移山精神是促进济源经济社会发展的助推器，从修建引沁济蟒渠、发展"五小工业"，到"中原城市群" 9个中心城市之一，再到新型城镇化综合改革试点、城乡一体化示范区、全域内产城融合示范区，它赋予了济源人民不怕困难、勇往直前、不服输的品格，凝聚了济源全体人民干事创业的强大合力，奋力书写了中原大地上愚公故里的传奇故事。在历史的洪流中，一代又一代愚公儿女自觉地把愚公移山精神融入经济建设与脱贫攻坚战中，实现了多个"率先"、创造了令人瞩目的"济源现象"，愚公移山精神逐渐成为济源城市精神的核心，而其"愚公移山，敢为人先"的城市精神则反映了在新时代愚公故土上的人们所表现的一种生存状态、发展模式和价值取向，成为济源著名的文化品牌和城市名片。多年来，济源坚持以弘扬愚公移山精神为主线，通过对愚公移山精神的宣传，打造了济源独有的文化品牌，更是塑造了脱贫攻坚的"愚公移山牌"，获得了世界范围内越来越多人的认知，同时也提高了知名度。

精神贫困比物质贫困更可怕，物质贫困只是暂时的贫困，可以通过发展产业、就业等途径改善，而精神贫困却不能靠外部帮扶改变，只能通过精神扶贫解锢农民群众的心理贫困，用充满正能量的文化代替弥漫懒散的亚文化。精神扶贫既是巩固当前既有脱贫成果的重要保障，又是未来促进经济发展的精神支撑。济源市以愚公移山精神为精神引领，在愚公故土上掀起了一场场苦干实干的热潮。在实现经济高质量跨越式发展中，济源市物质与精神并轨行进，通过整治精神扶贫产生的内因，改变贫困群众的内在精神，激发扶贫对象脱贫致富的内生动力，逐渐改变农民群众的思想意识，发挥其与生俱来的积极性、主动性，使农户具有对未来生产、生活的美好向往，从而改变农村地区的精神面貌。同时将自立、自强、典型带动等文化元素融入脱贫攻坚战，积极搭建传统媒体与新媒体互补的宣传平台，扩大影响范围及受众群体，营造健康向上的文化氛围，打破心理贫困对扶贫对象主动性的禁锢，解开思想贫困枷锁，破除惰性思维，铲除滋生贫穷的土壤，从整体上提升愚公儿女的思想意识，跟上时代步伐。文化满足农民群众的精神需求，文化扶贫通过传递正能量、知识等内容，发挥智志双扶的作用，提高人民群众思想水平、文明素养，让更多的群众得到实惠，享受"文化盛宴"，丰富农民精神生活。

第六章 | 社会资本反推：构建产业持续
发力的减贫创新

只要立足有利条件和优势，用好国家扶贫开发资金，吸引社会资金参与扶贫开发，充分调动广大干部群众的积极性，树立脱贫致富、加快发展的坚定信心，发扬自力更生、艰苦奋斗精神，坚持苦干实干，就一定能改变面貌。[1]

全面建成小康社会，不仅是要"小康"，更重要的是要做到全面。济源市全面贯彻落实习近平"五位一体"发展理念，发挥精神引领作用，撬动社会资本反推农村产业发展。农村产业发展是脱贫攻坚的主要策略之一，贫困地区主要存在于边远山区，这些地区

---

[1] 《深入学习习近平同志系列讲话精神》，249页，北京，人民出版社，2013。

要素结构单一、基础相对落后，但是由于自然和历史因素，反而在发展特殊农产品、农业服务业或者旅游资源等方面具有天然的比较优势。如果能够与外界形成有效的要素资源联动，则往往潜藏着巨大的发展前景和增长动能。如何将外部资本融入产业发展的每一个节点上，济源市坚定愚公移山之志，通过产业基金与徽标等形式将社会力量与济源自有资源相结合，为产业发展提供长久动力。时任济源市副市长卫祥玉指出，愚公移山精神的一个重要方面是动员所有力量，实干苦干，排除万难。济源市利用社会资本反推产业发展，发挥产业的益贫作用就是发扬愚公移山精神的一个体现。

济源市贫困乡镇主要集中在生态资源丰富的西部及北部山区，加之济源较高的整体社会经济发展水平，将其当前的产业扶贫战略定位为"特色资源"与相关扶贫项目、龙头企业的有机结合，构建外生性扶贫与内生性致富融合的特殊扶贫机制。在此战略定位的引导下，逐步在特色资源孵化、培育和开发过程中完善对资金投入的金融需求。因此，济源市发动政府力量和社会力量，通过设立产业扶贫基金为促进产业扶贫发展提供资金来源保障，首创济源精准扶贫徽标，将愚公移山精神融入产业发展中，将习近平扶贫思想落到实处，将扶贫文化转变为产业和区域经济品牌，并增强产业带贫能力，真正实现"金融助力产业、产业带动增长、增长促进就业、就业解决贫困问题"的可持续性局面。

一、产业扶贫基金：社会资本蓄能与市场经济培育

济源坚定愚公移山之志，用好目标实施的"巧"劲。应时势之要求，做惠民之举措，创建产业扶贫基金，调动社会力量和群众个体力量，唤醒沉睡资本，整合分散资本。发挥苦干实干、久久为功的愚公移山精神，引导各界力量拧成一股绳，合力推进产业扶贫进程。

（一）成立背景

政府与市场的双重选择。精准扶贫是解决贫困问题的主要手段，政府通过政策引领、资金帮扶等方式使众多地区摆脱贫困，在这个过程中，政府扮演着主要角色。但是过度依赖政府智慧只会导致贫困地区越扶越懒，且政府负担过重也会导致扶贫效率下降。此外，政府主导的扶贫在项目申请、评估等环节社会力量参与度不够。而产业扶贫基金能够发挥中介作用和杠杆作用，能够引导社会资本投入贫困村，促使政府扶贫资金与社会扶贫资本同时投入推动精准扶贫。而济源具有社会经济发展平稳，大中小型企业聚集的特征，社会力量充足。因此，济源充分发挥自身优势，积极引入社会力量参与扶贫，将政府力量与社会力量相结合，能够稳定扶贫成果。

提高资金的使用效率。在精准扶贫的资金预算中，以往政府主要通过贴息、补助、奖励等形式激励企业或者其他组织参与扶贫，这种资金流向往往是单向的，无法形成有效的内生循环，同时难以形成资金的撬动作用。其次，在资金投放和使用过程中需要经历烦琐的材料报送和审批程序，使得资金在流转过程中存在较大时间成本，从而降低了资金使用效率。

（二）参与主体及其职责

济源市设立产业扶贫基金模式涉及主体及其功能分别为：济源市慈善总会负责资金筹集与管理监督，政府负责财政投入与扶贫项目、企业引进，企业负责运营与带贫，贫困村和贫困户是帮扶对象。不同主体参与其中的目的不同，其行为表征也会出现差别，导致投入的生产要素也不同，通过发挥不同作用，从而实现资源高效整合、资金利用精准化，发挥基金最大效益。各主体具体功能如下：

济源市慈善总会是济源产业扶贫基金的管理方，是市场化的运作主体，既要按照项目需求把资金投放出去，还要在一定期限内把资金收回并保障实现扶贫目标和经济目标。在产业扶贫基金运行中，济源市慈善总会负责监督管理资金使用状况、对资金来源整理、投资后的后续管理等事宜。首先对基金设立方所提供的一系列项目申请资金的材料证明进行审核，符合投放资格以后将资金投入该项目。其次，在资金运行的过程中，进行时时监督，定期向基金捐赠方、接受捐赠方和社会进行公示，形成社会各方监督以提高资金使用效率。

政府在产业扶贫基金运行中不再起主导作用，而是要发挥中间桥梁作用和杠杆作用。首先，政府发挥杠杆作用，通过积极宣传和动员工作，吸引本地企业、能人等进行捐赠，有效提供资本供给。其次，在项目选择上，依据地方切实需求和地方自然资源禀赋、产业发展状况等信息，筛选具有能力的、诚信度高的、便于济源慈善总会管理的投资对象。此外，依据不同贫困村状况，针对性实施帮扶措施，按照一定的资金比例，由政府出资一部分，地方乡镇出资一部分，济源市慈善总会出资一部分，由三者共同承担贫困村项目实施。政府通过营造良好的投资氛围、帮扶氛围，实现扶贫的持续化。

项目方在产业扶贫基金运行中处于核心地位，是连接产业扶贫基金和贫困村、贫困户的纽带，项目实施的成功与否直接影响产业扶贫基金的使用效率。项目的实施和企业的参与，主要是为了利用产业扶贫基金促进正常市场运行和获取收益，兼顾承担项目带动和企业带动脱贫的社会责任。同时，被投资方要保证产业扶贫基金的资金安全，并配合济源市慈善总会的监督，定期汇报基金运行状况，在项目结束以后要及时清算退出。此外，在项目实施过程中，被投资的一方要为帮扶对象及时提供生产资料、生产技术、就业岗位等。通过股份合作、资产收益等方式，联结起小农户与大市场，使更多的农户参与到市场中，实现利益共享。

贫困户、贫困村是被帮扶主要对象，农户带动的数量、参与人的收入状况、贫困村村集体收入等直接影响济源产业扶贫基金的效果。产业扶贫基金设立的初衷是为了带动当地产业项目和企业，进一步带动贫困群体参与其中，提高其收入、提升其发展能力，缓解贫困状况。在这个模式里贫困户通过提供劳动参与所提供的就业岗位，与产业扶贫基金投资的企业或项目对接。企业或项目通过运营盈利后按一定比例投入到贫困村作为村集经济收入的一部分。通过以上两种渠道使得贫困村、贫困户实现稳定增收脱贫。

（三）运作方式

济源市以产业扶贫、合作社带贫、贫困群体增收为重点，搭建帮扶平台，设立"携手奔小康产业扶贫基金"（以下简称"产业扶贫基金"）。

这一形式主要由"募投管退"形成基金闭环路径（即募捐筹资、投资形式、监管方式和退出路径），将"特色资源"与企业、产业扶贫项目等有效链接，实现对贫困乡镇的外生扶贫与内生造富。济源市产业扶贫资金运作方式见图 6-1。

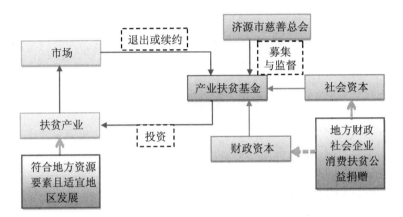

图 6-1　济源市产业扶贫资金运作方式

1. 基金来源之募捐筹资

济源市产业扶贫基金来源主要以产业资金为主，财政资金为辅。产业扶贫基金的本质目标在于提升贫困乡镇的内生造富能力，因此引导的产业资本兼具资金与资源的双重属性，即在满足产业扶贫项目和企业资金需求的同时，也为贫困乡镇带来先进的产业经验与管理技术，真正实现贫困乡镇的"融资融智"。济源市产业扶贫基金主要来源是财政投入、企业捐赠和消费扶贫公益捐赠。

其一，财政投入。产业扶贫是精准扶贫中的重中之重，发挥着基础作用。济源市非常注重产业扶贫的效率，对产业扶贫加大投入。自产业扶贫基金成立以来，财政累计向其注入资金 6268 万元。财政资金的投入具备两种作用，一是扩大产业扶贫基金总额，二是形成对其他社会资本投入的保护作用，降低投资风险。

其二，企业捐赠。济源市大中小型企业众多，拥有5家超百亿企业、4家上市企业。中国企业500强，河南9家，济源1家；中国制造业企业500强，河南16家，济源4家；中国民营企业500强，河南13家，济源3家。因此，济源市委、市政府充分利用这一优势，积极动员企业参与到扶贫中，为社会做出贡献。例如，济源钢铁公司曾向济源产业扶贫基金捐赠3000万元。

其三，消费扶贫公益捐赠。自2019年6月起，济源在全国首次推行精准扶贫徽标授权使用。济源市将这一活动定义为社会公益活动，为鼓励济源市内外各类企业、合作社、农副土特产品专柜等积极参与其中，规定在徽标使用中不收取任何授权使用费用，并且对自愿依据自身销售业绩或定额向产业扶贫基金进行捐赠的企业，采取享受税前抵扣的国家相关优惠政策。为保障济源精准扶贫徽标授权使用活动的有序进行，济源市出台《济源精准扶贫徽标授权使用公益消费扶贫管理办法（试行）》文件，要求授权使用活动应遵循"自愿、公开、专项、公益"的原则实施。经过多方协作，济源市"产业扶贫基金"不断收到基金注入，形成多源头活水流入，促进产业扶贫与消费扶贫共同发展。

表6-1 2018—2019年济源市部分企业消费扶贫公益捐赠金额

企业名称	捐赠金额/元
济源中裕燃气有限公司	150000
河南丰之源生物科技有限公司	100000
济源市联洋实业有限公司	按公司每年销售收入的1%捐助扶贫基金
济源市鸿润苗木科技有限公司	每销售一公斤核桃捐赠0.1元

资料来源：济源市扶贫开发办公室

其四，各乡镇街道捐赠。产业扶贫基金的捐赠对象同时也面向济源市各乡镇街道，动员乡镇街道积极捐赠，为社会做出贡献。济水、天坛、沁园、北海、玉泉 5 个街道分别出资 100 万元以上为王屋、坡头、下冶、大峪、邵原 5 个脱贫攻坚任务较重的山区镇设立镇级"携手奔小康"产业扶贫基金，重点扶持贫困人口参与度较高的特色产业和项目，切实带动山区镇产业发展。

2. 基金使用之投资形式

济源把产业扶贫、村集体经济、合作社带贫、贫困群体增收作为产业扶贫基金帮扶重点，自成立以来，便陆陆续续开展工作，实现减贫脱贫的稳固性。为满足贫困乡镇的个性化产业需求，济源市依据贫困乡镇的特性差异，实施多种产业扶贫基金投资方式；第一种用于龙头企业"联镇带村"项目，第二种是发展贫困村集体经济项目，第三种是"2233"模式带动。此外，也用于贫困大学生生活补助。济源市 2018—2019 年产业扶贫基金的使用金额具体见表 6-2。

表 6-2　2018—2019 年产业扶贫基金使用金额　　单位：万元

"联镇带村"项目	贫困村集体经济项目	贫困村集体经济发展"2233"模式	支持非贫困村集体经济发展"226"模式	贫困大学生生活补助
5452	1610	1590	320	212.5

资料来源：济源市扶贫开发办公室

一是用于龙头企业"联镇带村"产业扶贫项目。该项目是以龙头企业与镇、村合作为手段，将有贫困户的村镇联合作为一个主体，依据各主体的贫困人口数量，将资金按比例投入到龙头企业，以实现龙头企业生产运营，以及对 9 个建档立卡贫困村和 134 个有贫困户的非贫困村全覆盖，对所有建档立卡贫困户全覆盖。政府利用市场化的手段筛选出符合标准的企业——河南丰之源生物科技有限公司、济源市阳光兔业科技有限公司和河南瑞星农牧科技有限公司三家企业，并按照一定比例将资金投入，为贫困村发展、贫困户增收提供支撑。

二是用于发展贫困村集体经济项目。村集体经济是乡村活力的物质保障，习近平总书记曾说过："乡村集体经济实力薄弱是基层工作活力不足的症结所在。弱化了的集体经济实力如泥菩萨过河，自身难保。既无力兴办农村社会福利和社会保障事业，也无力满足群众的文化生活需求。"① 因此，壮大村集体经济无论是当下还是未来都是必行之项。济源市在扶贫过程中非常重视村集体经济活力，在产业扶贫基金设立之初即确定要大力发展农村集体经济以提高农村生产活力。将每个村庄个按照地形、自然资源状况、产业状况分门归类进行投资：向大峪镇偏看村、克井镇古泉村等5个贫困村每村以70万元的资金入注，共计投资490万元，通过投资合作、参股等方式与偏看水乡农旅发展有限公司、河南柿槟仓储物流有限公司等公司合作，发展村级集体经济项目，每年可获得10%的收益；向邵原镇崔家庄村、王屋镇桃花洞村、下冶镇北吴村等16个贫困村注资1120万元（每个村70万元），通过发展农副产品深加工、物业经济以及入股企业等多种形式发展村集体经济，每村每年村集体经营性收入不低于5万元，促使村集体经济显著增加。

三是用于创建贫困村"2233"模式和非贫困村"226"模式。针对贫困村，济源创建"2233"模式，通过产业扶贫基金出资20%、镇级出

---

① 习近平：《摆脱贫困》，143～144页，杭州，浙江人民出版社，1992。

资 20％、企业捐资 30％、贫困村出资 30％（以集体产权资产作抵押）的模式，每个试点村共筹集资金 100 万元，所筹到资金委托市投资集团运营，每个试点村每年获得 10％的固定收益。运营期限 3 年，到期后除以集体资产作抵押的银行贷款 30 万元以外，其余 70 万元归村集体所有。针对非贫困村出台"226"模式，每个试点村共筹集 100 万元，其中市镇两级各出资 20％，村集体资产抵押贷款 60％，与贫困村相同，其筹集的资金全部委托济源市投资集团负责运营，济源市投资集团按总投资额的 10％分季度向各试点村（居）集体经济组织支付收益。

3. 基金监管方式

在产业扶贫基金运行中，济源市慈善总会负责监督管理资金使用状况，同时济源市政府出台相关文件以规范扶贫资金使用程序。出台《济源市财政专项扶贫资金管理办法》（济财〔2018〕73 号）、《济源市财政专项扶贫资金项目全流程管理办法（试行）》（济扶贫办〔2018〕79 号）、《济源市产业扶贫项目资金收益分配使用管理办法（试行）》（济脱贫办〔2019〕4 号）等规范性文件，在产业扶贫基金扶持的项目库建设、项目实施、利益联结、收益分配使用等方面制定一整套的管理办法，在事前、事中、事后对扶贫项目资金使用进行全流程监管，严格实行风险防控，确保资金使用安全、固定收益稳定、分配使用合理。此外，强化社会监督。产业扶贫基金实行专款专用，对基金的安排使用情况和扶贫项目的发展、收益等情况，基金管委会每年度将通过媒体、网络等方式对外公布，接受社会各界共同监督，以确保基金阳光高效使用。

4. 退出路径

济源市对于各种路径使用产业扶贫基金后的退出路径处理方法不同,龙头企业成功实施并取得一定带贫成效以后,可选择归还本金并退出带贫项目。例如,"联镇带村"项目中,企业在合同到期以后,根据企业发展情况和双方意愿,可续约、可退出、可转让。若合同到期以后双方不再合作,龙头企业归还本金,实现扶贫资金的循环利用。在支持贫困村集体经济发展项目中,运营到期以后,除去集体资产抵押银行贷款的30万元部分,剩余70万元归村集体所有。

(四)扶贫成效

产业扶贫基金设立以来,济源市在产业扶贫工作上取得诸多成效。不仅对帮扶贫困户、贫困村带来巨大收益,也对提供帮扶的企业、合作社等经营主体的发展产生效益,参与主体多方受益使济源市脱贫攻坚成果的稳定性更高。

1. 助推带动主体发展,提升带动影响力

在产业扶贫基金的带动下,参与其中的企业、合作社,不仅达到带贫作用,还实现自我发展,自我能力的提升,实现互利共赢。对企业的影响:阳光兔业、瑞星农牧、丰之源三家省级农业龙头企业在产业扶贫基金的扶持下,企业形象进一步树立,生产经营规模进一步扩大,在激烈的市场竞争中站稳脚跟。其中,阳光兔业已发展成为集肉兔良种繁育、商品兔产销、饲料生产、食品加工、有机肥生产、实验兔供应、兔文化餐饮于一体的肉兔全产业链企业,2018年实现产值10.6亿元;瑞星农牧已发展成为种猪繁育、商品猪生产、食品加工、饲料生产、贸

易、农业综合开发等于一体的现代农牧企业，2018 年产值达到 1.314 亿元；丰之源已发展成为一家专业从事核桃露、功能饮料、苏打水产品研发、生产、销售的现代化民营企业，2018 年产值达到 3.5 亿元。对合作社的影响：截至 2018 年年底，济源在工商部门登记注册的各类农民专业合作社共有 1065 家，注册资金 15.77 亿元，其中，联合社 4 家，种植类 170 家，农机类 179 家，养殖类 124 家，林业类 190 家，服务及其他类 398 家。目前由国家级示范社——克井镇枣庙冬凌草专业合作社牵头已在北部山区形成 6000 余亩冬凌草种植片区，惠及农户 1000 余户；由全国最大的十字花科蔬菜种子繁育企业——济源绿茵种苗有限责任公司建立"公司＋基地＋农户"的产业发展模式，在西部山区形成 3.5 万亩蔬菜制种，惠及农户 1.1 万余户；由大峪镇寺郎腰大葱专业合作社牵头在大峪镇形成 3000 亩优质大葱种植区并获得地理标志认证。在产业扶贫基金使用过程中，在阳光兔业、瑞星农牧、丰之源通过金融扶贫直接带动贫困户 1859 户（阳光兔业 1426 户、瑞星农牧 257 户、丰之源 176 户）的基础上，注重建立"龙头企业＋合作社＋贫困户"利益联结机制，打通合作社带贫的"最后一米"，既带动合作社发展，又促进贫困户增收。瑞星农牧与济源丰裕、润博、银秋等三家农业合作社签订玉米购销协议，带动贫困户 53 户；丰之源与济源小浪底悯农商贸有限公司、小横岭农业专业合作社签订核桃收购合同，带动贫困户 27 户。在龙头企业带动下，农民合作社也积极参与扶贫带贫，2019 年 8 月底，全市 18 家带贫示范合作社，累计带动贫困户 358 户次。

2. 推动农业产业发展，实现农村内生动力持续发力

在"产业扶贫基金"的扶持下，济源通过采取"公司＋基地＋农户"

图 6-2 济源市王屋山蔬菜制种产业扶贫基地

"合作社＋基地＋农户""龙头企业联镇带村""旅游＋农业"等扶贫模式，"一村一品""一户一策"，极大促进了蔬菜制种、畜牧养殖、乡村旅游等特色产业发展。截至 2019 年，济源市共培育蔬菜制种、烟草、林果、旅游、养殖、特色种植等产业扶贫基地 50 个（如图 6-2），省级带贫龙头企业 3 个，旅游产业扶贫带 4 个，产业项目 12 个，并打造了由市级电商运营中心、农村电商交易中心、贫困村电子商务服务网点组成的"市、镇、村"三级电商服务体系网络。国家全域旅游示范区顺利通过国家文化和旅游部验收。

3. 创新集体经济积累，树立政府威信力

产业扶贫基金的设立为贫困村集体经济拓宽了渠道、增加了收入，解决村集体经济"零收入"的尴尬局面。同时产业扶贫模式带动，解决了村集体资金"怎么花"的问题。通过龙头带动、改革推动、政策撬动、项目扶持等，在促进现代农业发展、盘活农村土地资源和闲置资产的基础上，形成了村集体经济组织、扶贫企业、村干部、种养大户、电商企业等领办合作社带贫模式，多种社会力量的参与为村集体经济发展

提供明确方向，村集体经济发展有了指路灯，贫困村集体经济获得长足
发展。2017 年 59 个贫困村中有 41 个集体经营性收入空壳村，仅有 5 个
村集体经济经营性收入在 5 万元以上（见表 6-3）；2018 年 59 个贫困村
集体经营性收入全部达到 5 万元以上，其中 25 个村达到 10 万元以上，
最高达到 75.7 万元；2019 年 59 个贫困村中有 40 个集体经济经营性收
入达到 10 万元以上，最高达到 52.14 万元，剩余 19 个建档立卡贫困村集
体经济经营性收入也全部达到 5 万元以上。济源市产业扶贫发展中重视村集
体经济壮大这一措施，解决了长期以来村集体经济发展滞后，无钱办大事的
尴尬局面，同时也提升了党在农村的凝聚力、号召力和战斗力。

表 6-3　2017—2019 年济源市贫困村集体经济收入状况

年份	空壳村/个	收入大于 5 万元/个	收入大于 10 万元/个
2017	41	5	—
2018	0	34	25
2019	0	19	40

资料来源：济源市扶贫开发办公室

4. 巩固脱贫成果，有效防止返贫

济源产业扶贫基金的设立，为产业扶贫、合作社带贫建立了长效发
展机制，扶持了龙头企业，壮大了特色产业，推进了合作社带贫，增加
了贫困村收入，提高了群众满意度，巩固了基层政权，切实保障了 59
个贫困村和 134 个有贫困户的非贫困村获得持续稳定的经营性集体经济
收入，贫困户通过参与多种形式的利益联结方式获得持续稳定的收益，
从根本上化解了 2020 年脱贫攻坚特殊政策退出后可能出现的"断崖"
效应，从而有效防范了贫困户返贫风险，为高质量打好打赢脱贫攻坚战

提供了强有力的保障，为乡村振兴奠定了坚实的基础。截至 2018 年年底，济源 59 个建档立卡贫困村已全部脱贫退出，贫困人口还剩下 243 户 583 人，贫困发生率降为 0.13%，2019 年已经实现现有建档立卡贫困人口原则上全部脱贫。

二、精准扶贫徽标：区域品牌与文化价值

济源作为愚公移山精神的发源地，长期以来把愚公移山精神作为城市名片来打造新时代愚公故里。随着精准扶贫进入后期，消费扶贫成为攻坚后期的新生力量。济源市灵活运用愚公移山精神，借助扶贫徽标这一中间渠道，打通传统销售与现代营销的隔阂，创设精准扶贫徽标。

(一) 创设初衷

市场经济制度日益成熟，在全球市场经济的竞争中，软实力的崛起具有代表性的是文化经济。在经济产业与文化产业双轮驱动发展中，徽标设计成为其发展链条上必不可少的重要环节。企业为提高市场竞争力并实现长远发展，通过设计具有本公司特色的徽标图案，宣扬企业文化、提升企业品牌形象。在精准扶贫战略的推进中，济源市抓住扶贫开发的契机，抢占扶贫文化市场先机，推陈出新，将扶贫文化与徽标设计相结合，推出济源精准扶贫徽标，打造济源扶贫名片。

济源市作为愚公移山精神的原发地，一直把愚公移山精神作为一张精神名片来经营和打造。在全国扶贫工作宣传中首家引入"CI 企业形

象识别系统"，统一设计并在 2018 年 7 月推出独具特色的济源精准扶贫徽标，将其作为济源扶贫工作的专用标志。该标志整体设计为圆形，由图案和文字两部分组成。其标志上方的文字"立下愚公移山志，打赢脱贫攻坚战"，是习近平总书记对于脱贫攻坚工作做出的重要指示，这一重要指示对于愚公移山精神的原发地具有特殊的重要意义，促使发祥地的广大干部群众继续发扬"咬定目标、苦干实干，锲而不舍、久久为功"的愚公移山精神，表明济源市各级党组织和广大党员群众坚决落实总书记指示，奋力拼搏，坚定信念打赢脱贫攻坚战的决心。标志最顶端的党徽，象征着党的崇高威望和对脱贫攻坚工作的坚强领导。中间主体图案为愚公挥镐苦干实干的形象，愚公脚下是太行、王屋二山，二山之间为河流，由汉字的"水"字变形而来，象征着发源于王屋山的济水。主体图案具有鲜明的济源特点，突出济源"一山一水一精神"。左右两侧的麦穗象征着人民群众对美好生活的向往，寓意丰硕的成果要靠自己的辛勤劳动去努力获得。下方文字"济源精准扶贫"则标明了标志的用途（见图 6-3）。精准扶贫徽标推出以后，被广泛用于扶贫宣传工作中，提高了全社会对扶贫开发事业的关注度，调动了社会力量参与扶贫的积极性，增强了扶贫工作的影响力和凝聚力，形成全社会广泛参与脱贫攻坚的新格局。

（二）授权使用

为进一步调动社会主体参与扶贫工作的积极性，增强社会主体的责任感，并为脱贫攻坚工作贡献一份自己的绵薄之力，济源脱贫攻坚领导小组办公室将精准扶贫徽标授权给社会公益活动，不向使用对象收取任

图 6-3　济源精准扶贫徽标及应用

何授权使用费用，使用对象为济源市内外各种性质各类企业、合作社、农副土特产品专柜、商店等。为保障精准扶贫徽标授权活动在市场化机制下能够有序规范、可持续健康发展，济源市委组织部、市工商联、市发改委、市扶贫办等 10 家单位联合出台实施《济源精准扶贫徽标授权使用公益消费扶贫管理办法（试行）》。该办法明确了授权的流程（见图6-4），对授权使用企业使用精准扶贫徽标的内容做出了规定：企业在使用徽标过程中，必须严格遵守国家经营法律法规，若出现有损徽标标识

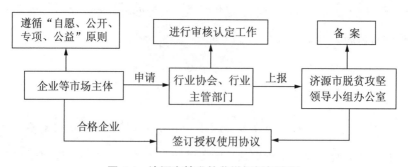

图 6-4　济源市精准扶贫徽标授权流程

形象，发生产品质量问题、拖欠工人工资、偷逃税、纳入社会诚信黑名单、重大安全责任事故等情形的，终止使用。同时，实行精准扶贫徽标授权使用公益消费扶贫活动年审制度，行业主管部门要对授权使用企业和经营主体的徽标使用情况进行年度审核，根据审核情况，确定使用资格。济源市扶贫办将徽标授权于信用良好的商家，不仅增强了企业的形象，提升了消费者对企业产品的认可度；也将扶贫文化转变为产业与区域经济品牌，增强了区域经济的竞争力。

＊＊＊专栏

河南济源：推行精准扶贫徽标授权使用
走出消费扶贫公益捐赠新路子

济源市为贯彻落实习近平总书记关于扶贫工作的重要论述，按照党中央、国务院和河南省委省政府的决策部署，进一步促进产业扶贫、合作社带贫，推出精准扶贫徽标，同时全国首创授权于企业使用，这是济源创新方法助力扶贫事业的一个缩影。自精准扶贫徽标授权活动开展以来，济源各类企业和经营主体积极参与，在经过一系列的申报、审核程序后，最终确定河南丰之源生物科技有限公司、济源市阳光兔业科技有限公司、济源市大岭艾叶专业合作社等12家首批授权企业。2019年6月7日，济源市首批12家企业被授权使用该市精准扶贫徽标，开创了消费扶贫公益捐赠的新模式。2019年10月15日，在济源脱贫攻坚第五次新闻发布会现场，第二批24家企业进行签约，为济源消费扶贫献力。授权企业可根据自身销售业绩自愿或定额向市产业扶贫发展基金进行爱心捐赠，企业扶贫捐助捐赠情况可享受税前抵扣等国家相关优惠政策，同时增强了企业社会责任感，进一步彰显企业良好形象，激发不同种类企业带头参与消费扶贫的积极性，营造全社会参与扶贫的良好氛围。同时，对在精准扶贫徽标授权使用公益消费扶贫活动中表现优秀的企业和经营主体，济源市加大典型选树力度，及时进行表彰奖励，并向有关部门优先推荐。通过典型示范引领，营造了"消费扶贫，人人可为"的浓厚氛围，带动了更多的社会力量参与消费扶贫、参与济源脱贫攻坚，为打好打赢脱贫攻坚战提供更加坚实的保障。随着精准扶贫标志"知名度"的提升，"立下愚公移山志，打赢脱贫攻坚战"的决心在更多济源人心里生根发芽。

图6-5　时任济源市副市长卫祥玉给授权企业发放证书

※本章小结

产业扶贫是实施"五个一批"精准扶贫模式的重要手段，其覆盖面广、带动能力强，是我国精准扶贫的重要措施，在推动贫困户增收提效、带动贫困村整体推进上具有显著效果。但是在扶贫中主要是由政府推动，更多的是一种政府行为。政府主导的产业扶贫其弊端在于过度依赖行政手段、资金使用效率低等问题，且资金审批环节过于冗杂。此外，过度依赖行政手段选择产业项目，容易忽略地方实际状况而偏向于同质化局面。同样地，仅仅依靠市场机制也无法完全解决贫困问题。虽然在市场机制下能够实现资源的高效配置，但是也容易出现"市场失灵"状况。因此，只有在政府的正确引导下，引入市场机制和社会力量参与扶贫，各取所用，发挥各方优势，才是提高精准扶贫的有效途径。

济源市创设的"携手奔小康产业扶贫基金"模式按照市场经济原则充分发挥市场机制撬动作用，增加市场配置资源的功能。突破以往政府包办的困局，将政府全面干预的"决定性作用"变为"基础性作用"。撬动庞大的社会力量，积极引导大中小型企业参与到扶贫工作当中，让社会参与成为济源扶贫带贫的主要动力之一。此外，政府作用的转变，社会力量的参与，促使资金配比更趋向合理化，能够提高资金使用效率、产业扶贫精准度更高、社会参与度更高、扶贫成果的持续性更高，因此具有一定的推广价值。

第七章 | 组织治理与扶贫宣传保障

　　打铁必须自身硬。基层组织必须自我净化、自我完善、自我革新、自我提高，以钉钉子精神落实落细责任，实现组织治理能力整体性提升的良性循环。济源市充分发挥精神指南针作用，引导组织干部把智慧和力量凝聚到脱贫攻坚战上，提高组织治理能力，为济源高质量脱贫保驾护航。愚公为了子孙后代与家乡的长远发展，提出"毕力平险、指通豫南"，他塑造了领导干部不畏艰辛、为民惠民的精神。这种精神不仅深深感染着愚公乡邻，更是深刻地影响着愚公故里的每一位领导干部。济源历届市委、市政委始终把人民群众的利益作为一切工作的出发点和落脚点，坚持极高的政治站位，全面落实中央扶贫政策，为各项工作有序顺利开展提供强有力的组织保障，为经济社会发展建设公信力高的服务型政府，为脱贫攻坚工作营造充满正能量的宣传氛围，经过多年的努力，济源经济社会发展的各项事业均结满了丰硕成果，人民群众获得了切实利益。

精准扶贫一改曾经政府大水漫灌的扶贫工作方式，对各级扶贫开发人的工作提出更精细的要求，体现了中国共产党的理想信念宗旨和路线方针政策。责任担当是领导干部必备的基本素质，如何将扶贫工作落到实处，济源市构建"六大机制"保障脱贫攻坚工作有序高效开展，将扶贫责任分配到每一个扶贫开发人身上，向群众兑现"小康路上一个都不能落下"的承诺。同时，将改革进行到底，不断转变政府职能，建设服务型政府，为经济发展提供优良环境。济源市通过组织机制保障和通俗易懂的宣传方式，源源不断地将扶贫政策送进农户家中，让百姓心中有一个清清楚楚的"账本"。多元化的宣传手段把党的理论、政策、主张送到基层，切实打通扶贫政策宣传教育"最后一公里"，使扶贫宣传横向到边、纵向到底、无死角全覆盖，让扶贫雨露精准滴灌至困难群众，让脱贫之花开遍乡村田野。

一、组织机制与市场发展服务

为确保实现 2020 年全面打赢脱贫攻坚战，扶贫不能留死角，插花型贫困地区贫困治理不容忽视。脱贫攻坚是一项复杂且艰巨的任务，需要统筹谋划、精准作为，这就要求必须加强党中央集中统一领导。党的十八大以来，以习近平同志为核心的党中央全面加强对脱贫攻坚工作的领导，实施了中央统筹、省负总责、市县抓落实的管理机制；落实了省市县乡村五级书记抓扶贫的工作机制等一系列有力措施，确保党对脱贫攻坚工作的有效领导。插花型贫困地区贫困人口点状分布且镶嵌于非贫困地区，被区域经济"发达"所掩饰，相对贫困状况凸显，扶贫任务艰巨，构建协同合作且完善的组织保障体系为扶贫工作的快速推进奠定坚实的基础，不断完善脱贫攻坚体制机制，为推进"插花"式贫困精准扶贫提供保障。济源市作为插花式贫困地区的一分子在落实扶贫开发工作中，构建"六大机制"高效推进脱贫攻坚工作。同时在促进经济高质量发展时，扭转错装在政府身上的手，建设人民信赖的政府，并重视和加强营商环境的建设与优化，提高招商投资率，为提振济源经济服务。

（一）政府组织与扶贫保障机制

济源市为有效推进脱贫攻坚工作，在治理贫困时注重从健全机制入手，为脱贫攻坚工作有序高效、规范化开展提供组织保障，市级领导以上率下、以身作则，不断发扬用于探索、开拓创新的愚公移山精神，健全六大工作机制，层层压实脱贫攻坚工作责任，部门之间通力合作，凝聚工作合力，形成责任清晰、分工明确、上下联动、齐抓共管的良好局面。

构建"六位一体"责任机制。济源市委、市政府为强化扶贫开发人的责任，出台《济源市脱贫攻坚领导小组关于改进作风狠抓落实进一步完善脱贫攻坚责任体系的意见》和《济源市脱贫攻坚领导小组关于进一步加强脱贫攻坚工作组织领导的意见》等文件，明确市、镇、村、行业、驻村帮扶、督查巡查六个层级的责任，使各级干部充分认识到脱贫攻坚工作的重要性,树立"扶贫责任重如山"的思想,形成分工明确、团结协作的全社会合力脱贫攻坚的工作格局,真正将扶贫工作落到实处。农村基层党组织是党在农村全部工作的基础和战斗的前沿,党的十八大以来,我们党把扶贫开发与基层组织建设有机结合,配套完善以村党组织为核心的村级组织,为基层党组织培养了一批思想先进、作风优良、业务能力强的乡村干部,充分发挥了基层战斗堡垒作用。济源市在促进农村发展与脱贫攻坚工作中,选优配强村级领导班子,抓好村党组织带头人队伍建设,使基层党组织成为济源脱贫攻坚与乡村振兴工作的排头兵、先行者。

完善定期协调会商机制。济源市领导特别重视脱贫攻坚工作,对脱贫攻坚的工作安排充分体现在点—天—周—月的循环中,扎实稳步推进各项工作。济源市主要领导每日以早餐会的形式了解脱贫攻坚工作,及时解决工作中的问题,并一周一通报工作情况;每周召开脱贫攻坚领导小组办公室周调度会,及时调整部署下一周相关工作;每月召开一次脱贫攻坚领导小组联席会议,对工作中出现的问题研究解决,统筹推进各项工作。

推行"5+14"工作机制。组建了督导巡查组、组织保障组、社会扶贫组、扶贫扶志(政策宣传)组、考核与政策指导组5个脱贫攻坚工作组和产业扶贫、就业创业、生态扶贫、金融扶贫、健康扶贫、教育扶贫、扶贫助残、易地搬迁、危房改造清零、交通扶贫、饮水安全、电力扶贫、人居环境改善、结对帮扶淮阳县14个脱贫攻坚专项推进组,由市级领导担任组长,牵头负责各组工作,统筹推进工作落实,并每周向脱贫攻坚领导小组办公室报送工作开展情况,有效推动了各项工作的落实。

实行市级领导驻镇督导机制。出台《关于建立市级领导包镇联村、相关单位和企业帮扶贫困村、干部帮扶贫困户制度的意见》（济办文〔2016〕20号）、《济源市脱贫攻坚领导小组关于调整部分市级领导联系镇、贫困村名单的通知》（济脱贫组〔2018〕5号）等文件，明确每个市级领导分包1到2个贫困村，每个有脱贫攻坚任务的镇由2名市级领导联系帮扶，并每月深入分包村调研一次，在镇村住宿一晚，察民情解民忧，解决实际问题，形成了上下联动，真抓实干之风。

图7-1　济源市主要领导调研大峪镇脱贫攻坚工作

图7-2　济源市委领导调研扶贫产业发展

完善驻村帮扶机制。驻村工作队是连接政府与贫困群众的沟通桥梁，为发挥"传帮带"作用，出台《关于进一步加强省建档立卡贫困村定点帮扶济驻村工作的通知》（济扶贫办〔2018〕13号）等配套文件，59个贫困村由市直单位派工作队驻村帮扶，坚持"五天四夜"工作制，并规定在脱贫攻坚期内驻村工作队不撤离；有建档立卡贫困人口的非贫困村和没有建档立卡贫困人口的空白村由各镇包村干部进行帮扶，帮助各村解决实际问题。通过落实驻村工作队的帮扶责任，夯实党的执政基础，巩固党的执政地位。

实行三级督查、四方联动机制。积极开展督查、巡查、监察三个层面的督导检查工作，合理运用督查结果，依据督查结果对发现的问题做到属地单位、责任单位、专项推进组、市扶贫办四方联动，推进工作整改落实。同时，每周对"5+14"工作组脱贫工作督查通报，每月对各镇、各行业部门、各驻村帮扶单位的脱贫工作进行通报，督促脱贫工作稳步向前。

（二）政府服务与营商环境优化

改革开放以来，为满足社会经济发展及社会经济结构优化的需要，我国准确把握改革新形势，切实抓好重点领域改革任务落地落实，深化社会治理体制、优化营商、医药卫生体制等重点领域改革，"放管服"改革与优化营商环境的改革不断深化。党的十九大报告中指出："全面实施市场准入负面清单制度，清理废除妨碍统一市场和公平竞争的各种规定和做法，支持民营企业发展，激发各类市场主体活力。"因此，打造良好的营商环境，将成为我国增强经济发展活力的一个重要着力点。营商环境既是竞争力又是生产力，济源市认真落实中央、河南省关于营商环境工作的决策部署，把打造最佳营商环境作为全面深化改革的一号工程，以转变政府职能为改革核心，从审批运行机制、投资服务环境、市场服务机制、监管服务机制、政务服务体系五个方面，相继推出一系列利民便企的改革措施，在优化营商环境领域内多项重大改革相继"破冰"，破解群众办事八个方面中的堵点问题解决模式得到国家发改委的认可，人民群众和企业的认同感和获得感显著提升，为国家产城融合示范区建设注入源源不断的动力与活力。营造重商安商的社会氛围，是实施营商环境重点领域改革的重要内容，以真诚友好的态度对待客商，让投资者留得住。济源市为让企业切实感受到家的温暖，大力弘扬企业家精神，持续落实支持企业家发展政策措施，对有突出贡献的优秀企业家，积极宣传典型事迹，培育企业家精神，营造尊重企业家的氛围，激发了企业家创新活力和创造潜能。

1. 政策规制体系

良好的营商环境，是吸引力、竞争力，更是创造力、驱动力。济源市坚持以新发展理念和高质量发展为引领，将其作为经济社会发展的检测仪和风向标，把打造最佳营商环境内嵌于国家产城融合示范区建设的"一盘棋"中，在内省与借鉴中完成优化营商环境改革的顶层设计。围绕《关于打造最佳营商环境的实施意见》主体文件配套出台《济源市优化营商环境工作行动方案》《济源市深化企业投资便利化改革实施方案》《济源市降低实体经济运行成本专项行动方案》《济源市相对集中行政许可权改革筹备工作方案》《济源市进一步推进工商登记便利化改革的实施方案》《济源市行政审批中介服务超市管理办法（试行）的通知》《2018 年济源市"互联网＋政务运行"工作方案》《关于进一步优化金融信贷营商环境的行动方案》《关于进一步营造公平法治化政务环境实施方案的通知》《济源市打造最佳营商环境专项督察方案》《济源市损害营商环境行为责任追究暂行办法》《关于围绕打造最佳营商环境进一步做好组织工作的通知》等系列文件细化各项政策举措，有的放矢，对症下药，兴利除弊，形成与实际相符、严格规范的制度规则体系。

2. 行政制度改革

优良的营商环境需打造公平有序、统一开放的市场环境，阳光透明、廉洁高效的政务环境，严格规范、公正文明的法制环境，和谐稳定、健康宽松的创业环境，优质便捷、简明顺畅的服务环境，才能不断激发市场的活力，增强发展的动力。济源市聚焦于改革重点领域，坚持问题导向，以企业和群众最关心最关注的热点堵点问题为突破口，找出制约营商环境建设的症结，精准大力、合力破解，推进体制机制创新。

以构建便民利民的政务服务体系为基点，扭转错装在政府身上的手，减少权力寻租现象，济源市创新服务模式，提升政府公信力。一是线上线下一次办。推进"互联网＋政务服务"项目建设，搭建政务数据共享交换平台，促进实体办事大厅与网上办事大厅深度融合，推进审批服务扁平化、便捷化、智能化，实现线上线下一次受理、一次办妥。二是建立健全市、镇（街道）、村（居）三级便民服务体系。通过事权下放、服务下沉，实行"基层受理＋网上审批＋送件上门"便民服务，实现跨层级审批服务事项就近办、全域通办。三是推进"三级十同"改革。将市域内 40 个部门的审批服务事项调整为 604 项，让信息多跑路、群众少跑腿。

（1）行政审批机制

为深化"放管服"改革，进一步推进简政放权、放管结合、优化服务，切实方便企业和群众办事创业，济源市以更好更快方便企业和群众办事创业为导向，整合原本分散的审批服务机构和职责，加快建立行政审批局，运用系统思维和标准化原理再造审批流程，建立审批与监管联动、容缺办理、联合踏勘等运行机制，实现"一枚印章管审批"。将全市行政审批事项由 2300 余项整合、精简至 226 项，实行一个窗口对外、"一条龙"服务，建立完善行政效能电子监察系统，对各项审批活动动态化监管，优化办理流程。深化推进"减证便民"行动，对证明事项开展 3 次集中清理，消除审批服务中的模糊条款，实行容缺办理、限时办结、超时默认、实时问责，实现审批服务规范有序、极简极速。依托济源政务服务网和"市民之家"大厅，率先在河南省搭建"网上中介超市"，建立公平开放、竞争有序、服务规范、诚信高效的中介管理平台，并出台管理办法和星级评定考核细则，为申请人提供"一站式"服务。

图 7-3　济源市民之家

实行项目审批"零跑腿"和"不见面审批",实施"11550"工程①,规定办事时限,倒逼流程优化。全新的审批运行机制解决审批不集中、流程不合理、审批时效低问题,为激发有效投资拓展空间,为经济社会持续发展提供支撑。

(2)企业运营环境

市场经济被形象化为"候鸟经济",哪里的环境、服务到位,投资商就在哪落地发展,正所谓"良禽择木而栖"。济源市为谋求大突破、实现新跨越,以硬措施改善软环境,从企业投资便利化、企业简易注销、压缩不动产登记时间、降低企业运营成本、减轻企业税费负担等方面加强软环境建设。一是市场准入便利化。全面实行企业投资市场准入负面清单制度,进一步降低市场准入门槛,使新生市场主体快捷便利地进入市场。二是登记注册便利化。开放企业名称库与住所限制,实行"告知承诺"制度,简化登记流程,推进"32证合一"与电子化登记,推动企业登记"零上门"。三是企业投资便利化。设立"企业开办一站式服务专区",为建立企业开办绿色通道,使得开办企业由过去分别到工商、公安、税务三部分业务窗口办理业务变为统一到专区内"一站式"办理,办理时限由以前的5天缩短至4小时办结,实现了办件的"立等可取"。四是压缩企业办理不动产登记。整合不动产登记专区,优化办理流程,企业办理不动产登记事项中,一般登记、抵押登记均已压缩至3个工作日以内,查封登记、异议登记即时办结。五是融资服务便

---

① "11550"工程,即建立"并联审批、预约代办、多评合一、多图联审"机制,通过一个窗口受理,一体评审论证,五个工作日完成图审,将非重大企业投资建设项目从立项到发放施工许可证的办理时限压缩至50个工作日。

利化。强化创业就业政策扶持，加大对小微企业的支持力度，破解企业尤其是小微企业融资难、融资贵问题，推出"税易贷""云税贷""税贷通"等纯信用贷款产品。六是推行企业运行低成本。进一步完善涉企收费清单制度，清理取缔没有法律法规依据的收费项目，清理取消经营服务性收费和行业协会商会收费，切断利益关联，杜绝中介机构利用政府影响违规收费；从园区规划、房屋租赁、税费优惠等全方位降低物流行业运输成本；健全完善企业人才引进、培养机制，加大人才引进奖补力度，降低企业人工成本；落实税收优惠政策并实行窗口办理，继续执行阶段性降低企业社保缴费率的有关政策，切实减轻企业负担。七是构建合法权益保障网。建立投诉举报机制，拓宽意见诉求反映渠道，及时受理、查处损害营商环境的投诉举报，保护企业合法权益；建立产权保护，实行侵权惩罚性赔偿制度；严厉打击妨碍企业正常经营、侵害企业正当权益等违法犯罪行为。八是优化公共资源交易服务。完善公共资源交易目录，建立健全统一服务标准和办事指南，建成公共资源交易在线监管平台，市政和房屋类建设工程项目全面实现网上全程电子化交易。

3. 市场监管机制

规范和维护公平竞争的市场秩序，有利于市场合理配置资源、弥补市场调节自发性、盲目性、滞后性等缺陷。济源市从以下几方面完善监管服务机制：一是构建依法行政新机制。以权责清单细化审批、监管责任为依据，建立权责清晰的规则体系，率先在河南省建立依据权责清单追责机制，并推行镇级政府权责清单制度。二是构建信用联合奖惩机制。依托国家企业信用信息公示系统（河南）和"信用济源"网站，整合归集企业注册、行政许可、行政处罚、信用评价等信息，全面推进信用信息共享，实现"一个平台管信用"。推行企业信用承诺制度，将项目审批、资金争取等纳入信用监管，守信联合激励、失信联合惩戒，形成事前诚信承诺、事中评估分类、事后联动奖惩的全链条信用监管体系，使守信者处处受益、失信者处处受限，让企业放心投资、安心创业。三是构建"双随机一公开"抽查机制。健全"一单两库一细则一计划"（即随机抽查事项清单、检查对象名录库和检查人员名录库、随机抽查细则及年度随机抽查计划），推进综合监管。四是构建综合执法新体系。整合城市管理执法职能，组建城市综合执法局，实行"一支队伍管执法"。整合市场管理职能，组建市场监督管理局，实行"专业队伍管市场"。搭建"1＋1＋X"综合监管体系（1 个数字化管理指挥平台、1 支城管执法队伍和 X 个行政管理部门），全面实行"综合检查＋专业执法"。推动执法重心下沉，构建"大基层"综合监管格局。五是启动"企业服务'110'平台"建立受理、交办、督查、反馈的"互联网＋服务"工作模式，搭建了政府与企业间高效便捷沟通的桥梁，完善政企沟通机制，制定政商交往规范，构建新型政商关系。

二、扶贫信息与宣传网络构建

善于做好新形势下宣传思想工作，是加强党的执政能力建设的重要内容，也是对我们党领导水平和执政水平的一个重要考验。济源市在脱贫攻坚宣传中，主动作为，创新形式，精准发力，将精准二字贯穿于识别、帮扶、退出、宣传等在内的整个扶贫工作中。在脱贫攻坚宣传工作中以强烈的责任感和使命感,依托自身强大的创新基因,在精准扶贫宣传工作中打出了一套不同凡响的组合拳,多元形式建立扶贫文化宣传网络,满足不同群体对文化的需求,营造充满正能量的文化氛围,消除贫困文化。济源市专门成立脱贫攻坚政策宣传组,严格明确相应责任,采用不同形式精准宣传扶贫政策;在河南省首次创新性地举行脱贫攻坚新闻发布会,开通脱贫攻坚微信公众号,传统媒体与新媒体共同发力,实现了脱贫攻坚宣传的全面覆盖;以群众喜闻乐见的形式开展"文化下乡",促进农民群众整体思想意识的转变,并逐渐成为构建新农村文化建设长效机制的重要环节。将党的方针政策送到农村,把党和政府的温暖送到农民群众心上,为精准扶贫工作营造良好舆论氛围。同时,利用自身的平台优势大力推介贫困地区资源,产生了良好的社会效益。

(一) 明确责任主体

济源市为促进脱贫攻坚工作宣传落实到位,让更多的人能准确了解并明白扶贫政策,在济源市脱贫攻坚领导小组统一指导下成立济源市脱贫攻坚政策宣传组,统筹协调脱贫攻坚政策宣传的各项工作的安排部署,出台《济源市 2018 年脱贫攻坚宣传工作方案》,由市、乡镇、行业部门分管宣传的成员组成宣传组,健全脱贫攻坚宣传的网络机构,为宣传工作提供组织保障。为调动工作的积极性,保障政策宣传工作真正走入农户家中,在责任落实上,明确各镇党委书记是脱贫攻坚政策宣传的第一责任人,分管宣传工作的副职是直接责任人,科教文卫中心主任是具体责任人,各行业部门、各镇和各行政村明确专人负责脱贫攻坚宣传工作任务的落实,形成了扁平化的宣传工作机构,健全了宣传工作责任体系，有序推进宣传工作。济源市扶贫办印发《济源市 2018 年脱贫攻坚政策摘编》6000 本，做到镇村干部、驻村工作队、帮扶责任人人手一册，不断丰富自身的知识结构，填充自身的知识储备，将扶贫政策吃透，做到扶贫政策"一口清"。为检验各级干部对扶贫政策是否吃透、理解透彻，市、镇两级采取考试、抽查、访谈等多种形式摸底排查，提高干部的扶贫政策知晓度。各帮扶单位与行业扶贫部门合作，组织宣传队员走村入户进行宣传，将官方文件接地气地进行解读，以面对面的形式讲解各项扶贫政策，减少空穴来风的消息，方便展开后续工作，确保贫困户扶贫政策知晓度达到 100%。在行业政策宣传中，济源市发展改革和统计局、人力资源和社会保障局、住房和城乡建设局、教育体育局、卫生健康委员会、民政局等承担脱贫攻坚行业任务的 28 个部门，各自为伍，独立组建扶贫政策宣讲团，以走村入户的形式将行业政策宣传进农户家门，避免"剃头担子一头热"现象的出现，既"接地气"，又"有生气"，还"冒热气"，更"增底气"，把精准扶贫和致富增收政策的"最后一公里"真正送到人民群众的心里，才能让政策红利充分释放，提高群众对扶贫政策的知晓度。通过客观、理性的宣传引导，让农户对扶贫工作有全面的了解，同时和村民共同探讨未来可持续发展的帮扶措施，实现致富，做到稳得住，从根本上提高人民的生活水平。组建 161 支文明单位志愿服务队深入 59 个贫困村，为农户送去文明知识并答疑解惑，同时开展送道德讲堂进农村、与老乡一起过端午、评选好媳妇好婆婆好儿女、"传家训、立家规、扬家风"、协助修订"村规民约"、帮助完善"四会"自治组织等活动，扭转移风易俗行动中政府角色错位与偏离的现象，强化政府与民众主体的沟通，倡导文明新风，激发内生动力，同时增强政府公信力，树立文化治理理念，更好地促成政府角色本位回归与乡村振兴。

（二）搭建微信平台

习近平总书记指出，"要广泛宣传学习先进典型，激励全党全社会进一步行动起来"，"激励贫困地区广大干部群众进一步行动起来，形成扶贫开发工作强大合力，万众一心，埋头苦干，切实把精准扶贫、精准脱贫落到实处"，不断夺取脱贫攻坚战新胜利。打赢脱贫攻坚战，要有敢于探索的创新精神。在脱贫攻坚工作中，济源根据实际情况，因地制宜，创新扶贫模式，打造出了具有济源特色的亮点经验。济源市以绣花的精细功夫在脱贫攻坚中做到精准识别、精准帮扶、精准退出，同时在脱贫攻坚宣传工作中也做到传播"精准"。济源市在打好打赢脱贫攻坚战的过程中，始终把宣传摆在重要位置，出台脱贫攻坚新闻外宣评价办法，并建立扶贫外宣成果通报制度；首次在全国实行每季度召开一次脱贫攻坚新闻发布会制度，定期对脱贫攻坚中的好做法、好经验进行发布；在《济源日报》、济源广播电视台、济源之窗、济源网等市内媒体开设了"立下愚公移山志，打赢脱贫攻坚战"等专题专栏进行宣传报道（见图7-4）；各镇、各单位纷纷利用微信公众号、美篇等多种形式宣传脱贫攻坚，各村通过大喇叭收听扶贫广播、宣传扶贫政策，大大提升了广大群众对扶贫政策的知晓度和对脱贫工作的参与度；成立了"习习春风"扶贫政策宣传队，促进新媒体与传统媒体齐发力，多渠道营造了全社会参与、全行业动员、全民支持的浓厚氛围，凝聚了蓬勃动力。济源市为了让广大扶贫干部和贫困群众随时随地了解扶贫的政策，倾听更多关于扶贫的声音，帮助他们从内心深处更新观念、转变思想，同时将脱贫攻坚宣传工作做到更精准、落到实处，将新媒体和脱贫攻坚宣传工作完美融合互动，创新扶贫宣传形式，将微信作为打好打赢脱贫攻坚战的一个重要宣传阵地，脱贫攻坚领导小组办公室与济源广播电视台于2018年7月联合开办了"济源脱贫攻坚"微信公众号，公众号的开通为济源市脱贫攻坚宣传开辟了一条新途径，为文化扶贫搭建了更广阔的平台，成为济源扶贫宣传工作的又一个新亮点。

图7-4 2019年10月，济源脱贫攻坚第五次新闻发布会在丰之源生物科技有限公司召开

1. 宣传形式全音视频

济源市紧跟时代潮流，抓住新媒体先机，树立起服务大局理念，对精准扶贫进行及时有效的宣传。当下微信传播的主要形式是以图文结合为主，济源市创新开设"济源脱贫攻坚"微信公众号（如图7-5），便于扶贫干部、贫困户等群体能够随时随地学习了解扶贫政策与相关扶贫活

动，在脱贫攻坚微信宣传传播
形式上做起了新"文章"，以
"图文＋声音＋视频＋动画"
的多彩形式呈现济源脱贫路上
的扶贫故事。"济源脱贫攻坚"
微信公众号在全国同类型公众
号中率先将所发布内容全部实
现了音视频化，便于不同群体
在任何地点与时间以自己喜欢
的方式收听文章内容，当地许
多扶贫干部和贫困户反映，这
样以多元形式呈现比单纯的文
字图片效果好，能及时收听了
解各项政策，便于在工作或生
活中掌握和运用。将宣传方式

图 7-5 济源脱贫攻坚公众号

创新以后，使"济源脱贫攻坚"微信公众号成为一个立体的宣传平台。
扶贫相关政策与活动深入到城市和乡村，全音视频的脱贫攻坚微信公众
号成为扶贫干部和贫困户随时听、随时学的必不可少的"口袋书"。

2. 宣传内容全视角

与济源市新媒体专栏不同，有独立的微信公众号开展扶贫宣传工
作，为了使脱贫攻坚宣传视角更加全面，宣传内容更加权威，"济源脱
贫攻坚"微信公众号开设了学习园地、重要动态、扶贫播报、扶贫政
策、亮点纷呈、他山之石等十余个版块，所有版块内容均以音视频、图

文方式呈现。首先，加大对习近平总书记扶贫论述摘编的宣传力度。在学习园地栏目，开设"习总书记论扶贫"专题，深学笃用习近平总书记关于扶贫工作重要论述，为开展精准扶贫工作提供了行动指南。公众号已成为济源市广大扶贫干部学习习总书记关于扶贫开发重要论述的重要渠道，成为指导大家工作的重要帮手。其次，重点宣传国家、省、市关于脱贫攻坚的最新政策、重要动态和主要领导对脱贫攻坚工作的重要指示。这些内容主要来自中国扶贫、国务院扶贫办、河南扶贫、河南驻村等微信公众号，利用新媒体传播时效性强的特点，第一时间进行推送，使相关指示精神、政策法规等权威性内容能够迅速地被广大干部和群众知晓。最后，加大对济源市脱贫攻坚先进经验做法的宣传力度。公众号收集整理省级及省级以上媒体对济源脱贫攻坚的宣传报道并集中推送给"粉丝"，让更多的群体了解济源扶贫征途上的人和事。在济源市脱贫攻坚宣传素材微信群里，几乎每天都有关于济源脱贫攻坚工作被省级及省级以上媒体报道的链接，各单位、各部门之间相互交流、相互学习、相互点赞，形成了脱贫攻坚宣传比学赶超的良好氛围，有的单位和部门甚至还为谁的稿件能先被"济源脱贫攻坚"微信公众号推送而"较劲"。多元化的宣传内容提升了相关工作的社会知晓度，调动了各部门、各单位的积极性。

3. 宣传对象全覆盖

以往的脱贫攻坚宣传工作，与扶贫开发工作类似，采取的都是"大水漫灌"的形式，往往造成部分信息发布时间滞后、部分内容被遗忘等局面，而"济源脱贫攻坚"微信公众号开通后，济源的脱贫攻坚宣传工作和扶贫脱贫工作同步走上了"精准"之路。利用微信受众群体范围大、传播速度快的特点，打破以往传统媒体宣传受时间、地点等因素的限制，搭载"济源脱贫攻坚"微信公众号这个新媒体，将脱贫攻坚的信息宣传到千家万户。截至 2019 年 3 月，济源脱贫攻坚微信公众号已经推送超过 100 期，粉丝数已从最初的 8000 余人上涨到 20000 余人，关注脱贫攻坚微信公众号的人群，既有济源市扶贫干部和各级领导干部，也有贫困户和关心支持扶贫事业的社会人士，这些"粉丝"的每一次点击、每一次转发都在增强济源脱贫攻坚宣传工作的影响力，每一个粉丝都是济源脱贫攻坚宣传工作的"外援"。这些"外援"在微信公众号的凝聚下，已然成为济源脱贫攻坚宣传的一支"新生力量"，学习、宣传、转发微信公众号的内容已经成为大家的习惯，为济源在中原出重彩贡献自己的力量。

（三）设计宣传形式

打赢脱贫攻坚战是一项重大的政治任务，现如今，脱贫攻坚已经到了关键阶段，脱贫攻坚政策宣传是其中一项重要任务。济源市委宣传部、市脱贫攻坚政策宣传组为解开贫困枷锁，向"精神贫困"开战，统一设计扶贫漫画、标语、宣传牌的规格、内容，让老百姓一目了然。截至 2019 年，济源市共设置脱贫攻坚宣传标语 4085 条、大型脱贫攻坚宣传牌 104 块、扶贫漫画 300 余幅、宣传栏 1005 块。打好打赢脱贫攻坚战，不仅需要加快创业致富步伐，还需要完善硬件设施，改善村容村貌，提高农村人居环境。为更加生动形象且直观地宣传脱贫攻坚政策和美丽乡村、文明家园等方面的内容，济源市文明办于 2018 年 6 月依托乡村文化墙建设，将脱贫攻坚政策宣传内容与手绘文化墙活动结合，动员文化志愿者在 22 个贫困村和 12 个有贫困户的非贫困村陆续开展手绘文化墙活动，用贴近生活的图画，描绘广大干部群众脱贫奔小康的中国梦，为决战脱贫攻坚提供精神动力和文化支持，潜移默化中增强贫困群众脱贫致富奔小康的内生动力。"挖掉穷根子，摘掉贫帽子，过上好日子，决不掉链子""脱贫要脱穷根子，帮扶不帮懒汉子""救济只救一阵子，勤劳致富一辈子"等鼓舞人心的宣传标语在济源市的贫困村与部分非贫困村屡见不鲜，图文并茂、美观大方的精美文化墙，犹如一件件漂亮衣裳，让沉睡的农村焕然一新。不仅宣传了扶贫政策，同时也提振了广大干部群众继续弘扬愚公移山精神，坚定脱贫致富的信心，营造出全民参与精准扶贫的浓厚氛围；还美化了村容村貌，弘扬了良好的社会风气，为乡风文明治理奠定基础。

（四）扶贫宣传成效

"济源脱贫攻坚"微信公众号作为济源市宣传指导脱贫攻坚工作的重要平台之一，与济源市脱贫攻坚工作同频共振，以精准宣传助力精准扶贫，缩短了政策下达时间，降低村民对政策理解偏差的概率。在脱贫攻坚宣传工作中，济源市通过传统媒体与新媒体共同发力，形成包括微信公众号、广播、电视、报纸、网络、农村大喇叭等在内的多元宣传方式，构建全方位、立体化的脱贫攻坚宣传格局，凝聚脱贫攻坚宣传的强大合力，营造良好的舆论宣传导向和浓厚的脱贫攻坚氛围，为打赢脱贫攻坚战呐喊助威，努力使扶贫宣传做到随时随地、精准到位，进一步坚定了济源市人民"立下愚公移山志，打好脱贫攻坚战"的信心和决心，奏响了脱贫攻坚的铿锵旋律。

※本章小结

一项工作的高质量完成，离不开前期部署、过程落实与末端的验收，最为关键的就是实施过程中的抓落实、提进度、督成效，如果在实施中忽略了这些，就犹如"镜中月、水中花"，永远不可能达到预期效果。济源市多种形式的扶贫模式以及措施，离不开高效的组织治理护航。科学的组织治理保障是济源具体扶贫措施的重要保障，多重机制护航将责任落实到每个人肩头是愚公移山精神的时代映射。不论是哪一项工作，都应具备坚强的责任担当，在工作中及时解决遇到的每一个难题，不断增添举措，强化督促跟踪。济源市在向贫困宣战的过程中，各级领导干部具备敢于攻坚克难的决心，紧紧围绕部署开展工作，以时不我待的工作态度，全力以赴抓好落实，确保脱贫攻坚各项工作都能够取得实实在在、让群众满意的工作成效。

在经济发展中，应清醒地认识到，打造最优营商环境对招商引资、政府职能转变、公共管理及公共服务优化等方面具有重要意义。在新公共管理理论的指导下，建设和优化营商环境，其本质就是"法治化"，是政府管理能力的一种体现。而新公共管理理论所倡导的对政府的重新塑造，就是指重新对政府的社会角色定位，做一个合格的管理者，通过做好公共管理，进而打造高质量服务经济的营商环境。济源市在提高服务水平、营造良好法治环境等上下功夫，以充分发挥政策的支撑、保障等作用，同时为未来经济发展做铺垫。多种形式的扶贫宣传方式让百姓知道和了解扶贫工作的具体指向，打通扶贫的边界线。

第八章 | 炼化内生驱动力：农村内生禀赋
与要素市场化配置

农业农村工作，说一千、道一万，增加农民收入
是关键。要加快构建促进农民持续较快增收的长效政
策机制，让广大农民都尽快富裕起来。①

在中国改革开放 40 多年的渐进式进程中，从政
治、经济、文化、社会和生态等方面进行由点到面、
先易后难的改革，现阶段中国经济进入新常态，改革
进入深水区，为促进经济稳定发展，不断深化供给侧
结构性改革。济源 40 多项改革的丰硕成果，见证了
城乡协调发展的宽度，也折射出城乡一体化的深度。

---

① 《习近平：说一千、道一万，增加农民收入是关键》，http://news.youth.cn/
sz/201806/t20180621_11648834.htm，2021-01-26。

农村集体经济是农村经济发展中的重要环节，而农村集体产权改革是促进农村经济、发展现代农业、完善经营制度、增加农民收入的一剂良药。在农村的发展中，集体产权制度的改革势在必行，能够更好地将集体经济的优势发挥出来，同时为乡村振兴提供必要的制度性供给。愚公要移走太行、王屋两座大山，面对的困难多如牛毛，但愚公却没有因此而放弃，而是选择迎难而上，以不怕苦不怕累的态度顽强拼搏，愚公的这种精神影响着一代又一代的济源人民。在新时代的征程上，济源儿女敢于做逢山开路遇水架桥、啃硬骨头的新时代"愚公"，在改变农村贫穷落后的征程上挖山不止，奋斗不休。面对涉及面广、影响因素多，"剪不断、理还乱"的农村改革，济源市通过对农村集体产权的系列改革，打通资源要素流通渠道，为促进经济发展提供良好的服务环境，促进城乡之间技术、资金、人力资本等要素双向流动，激发乡村振兴内生动力，释放经济新活力。

一、农地经营权融资贷款的历史实践

济源市作为中原经济区农村综合金融改革试验区试点，为解决农民生产经营方面资金不足、融资难的问题，探索开展农村承包土地的经营权、林权、股权等农村产权的抵押贷款。随着工业化、城镇化的快速推进，农村的社会经济结构也随之改变。农村集体经济是农村经济发展中必不可少的一部分，农村集体资产的管理制度相对模糊，存有农村集体资产产权归属不清晰、权责不明确、集体组织缺位、资产管理混乱等问题，使得大量农村集体资产处于"沉睡"状态，农村集体经济发展僵化，影响农村社会的稳定。农村集体产权制度改革正是解决这一顽疾的"良药"，同时为充分发挥市场在资源配置中的决定性作用，促进城乡要素平等交换并双向流动，国家选取多个"试验田"先行先试，为深化改革进行有益探索，为推动"三农"发展提供不竭动力。济源市抢抓改革试点机遇，先后承担了农村集体资产股份权能改革、农村承包土地的经营权抵押贷款等多项国家级、省级改革试点任务，以此为契机，推动农村产权改革，构建归属清晰、权能完整、流转顺畅、保护严格的农村集体产权制度，唤醒各类沉睡资本，激发乡村振兴内生动力，壮大农村集体经济，促进农民增收致富。

2012 年，济源市农地承包经营权确权工作刚开始时，济源就出台了农村土地承包经营权抵押融资管理试行办法，试图破解农民贷款难的问题。但是由于土地承包经营权确权工作尚未完善，仅能够批贷给有需求的种养大户、农业企业等农业经营者，普通农户还不能享受到这一政策红利。

2013 年，济源市推出"四台一会"的新型农业融资服务体系，五龙口镇尚庄村的种粮大户王保卫就通过授信、担保，获得了土地经营权抵押贷款，成功贷到了 100 万元。通过"四台一会"这种新模式，已累计向 112 家涉农企业发放开发性金融贷款 3.14 亿元，在 3.14 亿元资金的撬动下，这些企业已累计实现销售收入 30 亿元。济源市率先在河南省出台《关于开展农村产权制度改革的指导意见》，为初步探索农村产权制度改革打开大门。

2015 年，河南省政府官网公布了《河南省推进中原经济区农村金融改革试验区建设实施方案（2015—2020 年）》，全省 22 个县市被选入农村土地承包经营权和宅基地使用权"两权"抵押贷款试点，而济源市就是其中之一，这标志着济源市可以将农地经营权纳入抵押担保范围，农地经营权抵押贷款政策全面开放，进入可操作范围。

二、农村产权入市与集体经济潜力释放

2013年，济源率先在河南省出台《关于开展农村产权制度改革的指导意见》，为初步探索农村产权制度改革打开大门。随后济源市在2015年入选国家农村集体资产股份权能改革试点，以此为契机，坚持将深化农村改革作为实施乡村振兴战略的重要抓手，大力弘扬愚公移山精神，按照"确权—赋权—活权"的思路，出台了一系列举措，建立符合市场经济要求的农村集体经济运行新机制，形成了"三定三清四探索五激活"的"3345"农村集体产权制度改革模式，盘清了集体资产，厘清了权属关系，在消除农村集体经济收入上发力，发展壮大集体经济，有效激发农村集体经济内生动力和发展活力，提高村民收入，连续三年在全国农村集体产权制度改革会议上作典型发言，改革经验通过《农民日报》《中国改革报》等主流媒体向全国宣传推介，被评为"第一批全国农村集体产权制度改革典型单位""中国改革年度十佳案例单位"。

（一）改革思路与组织机制

自党的十八大以来，济源坚持问题导向，外出考察学习，科学研究论证，在河南省率先出台了关于开展农村产权制度改革的指导意见。一

是制定一张蓝图干到底。明确提出"六权确权、两股两改两建"的改革总思路，着力建立"归属清晰、权责明确、流转顺畅、保护严格"的现代农村产权制度。历届市委、市政府坚持一张蓝图绘到底，高度重视农村集体产权制度改革，建立市、镇、村三级农村改革工作领导小组，由"一把手"挂帅担任组长领衔推动，形成齐心协力抓改革的格局。二是制定一系列政策把方向。按照"试点—扩面—全面推开"的思路，实施"确权—赋权—活权"三步走路径，坚持一揽子文件助改革，在推进集体产权制度改革、股权抵押担保办法、壮大农村集体经济、培育新型农业经营主体等方面先后出台 30 余个文件，形成了一套完整的政策体系，为基层推动改革工作提供了遵循。三是制定一套机制抓落实。成立由市委书记任组长的农村产权制度改革专项领导小组，建立了市委农办牵头，农牧、国土等部门密切配合的领导机制和工作体制，建立专职队伍抓改革的推进机制，创新设立联络员，有效解决了改革"最后一公里"问题。通过部门联合、层层培训、一线指导、目标管理、示范引导，建立真督实查抓落实的督导机制，一周一简报、一月一督查、红青黑文件一季度一通报的超强举措，有效推动了改革任务落实。

（二）集体产权的入市流程

1. 基本流程

济源市农地经营权抵押贷款遵循自愿、互利、公平和诚实信用原则，由济源市农村产权交易中心为农地经营权抵押贷款登记、鉴证。操作流程一般为：首先明确集体经济组织市场主体地位，充分发挥集体经济组织管理集体资产、开发集体资源、发展集体经济、服务集体成员的功能作用，农业农村部门对全市 525 个村级集体经济组织全部进行登记赋码，集体经济组织凭镇级批复成立的文件及组织登记证书，在公安部门刻制印章、银行部门办理开户和机构信用代码证、税务部门领取税票。其次，贷款业务要求贷款人针对其承包的农地或者流转取得的农地，有明确的农地经营权权属证明或者合法有效的流转承包合同，并且针对贷款用途、贷款条件进行核查。然后，贷款人向金融机构申请贷款，金融机构对抵押物进行调查，并且由第三方评估机构评估抵押物价值。最后，签订抵押贷款合同，到农村产权交易中心办理抵押登记，贷款人可获得不高于抵押资产评估价值 70％的贷款。

2. 效益核算

坚持和完善农村基本经营制度，以明晰农村集体产权归属、维护农村集体经济组织成员权利为目的，增加农民的财产性收入。一是清产核资“家底清”。村集体有哪些经营性收入、资源性资产、多少用于公共服务的非经营性收入，村民甚至村的“一把手”都模棱两可、含糊其词。清产核资是农村产权改革的首场硬仗，便于国家对农业经济的调控和管理，使每一位农民能够分享更多农村的发展成果，利于三农长远发展。为确保村民产权的归属清晰，济源市以“查全、登清、核准、管住”为目标，综合采用聘请专业会计、实地丈量、现场拍照、手绘资产资源分布图四种方法，按照成立组织、制定方案、清查核实、公示确认、镇级审核、账务处理、建立台账、纳入平台（农村集体资产综合管理平台见图 8-1）八个步骤，对 525 个村、有资产的 113 个组开展清产核资工作，切实维护了农民财产权益。济源市清查资产总额 43.65 亿元，较改革之前增加 5.79 亿元，其中经营性资产 19.21 亿元，较之前增加 5.43 亿元。通过清产核资，对家底有了清楚的认识，明晰了集体产权，为集体经济组织成员身份确认、经营性资产折股量化打下坚固基础，避免了因分配不均产生的矛盾纠纷，维护了农村社会的和谐稳定。

图 8-1　济源市农村集体资产综合管理平台

二是身份确认"成员清"。摸清"家底"后，村村都有明白账，但集体成员却对自己的身份不清楚。济源市出台《农村集体经济组织承认身份确认指导意见》，合理界定成员边界，按照"尊重历史看祖籍，兼顾现实看户籍，宜宽不宜严，标准看民意"的原则，实行"确定截止日—入户调查—制定方案—确定成员—编制名册—成员备案"六步工作法，统筹考虑土地承包关系、劳动贡献、社会保障等因素，重点对财政供养、上学参军、政策移民、妇女儿童四类特殊人群的身份进行确认，共确定农村集体经济组织成员 52 万人。股东对自己的股权享有占有、收益、抵押、担保、有偿退出、继承等权能，改变以往"人人有份""人人无份"的局面，调动了成员发展壮大集体经济的主动性和积极性。

三是股份合作"权益清"。股权的设置和量化是改革的关键，涉及集体组织成员所拥有的股份和资产数量及以后的分红。济源在清产核资、成员身份确认的基础上，重点将集体经营性资产折股量化到成员手中，成立村级股份经济合作社 182 个、经济合作社 343 个，登记各成员股份，向成员发放股权证书，使资源变为"资产"、资金变为"股金"、村民变为"股东"，以"三变"建立长效的集体收益分配机制，为集体经济发展提供源源不断的活力，增加农民财产性收入，同时盘活农村资产、提高农村各类资源要素配置和利用效率。同时出台扶持村集体经济发展意见，累计将财政资金 3800 万元量化到人、落实到位，进一步明确集体经济组织成员拥有资产的占有使用权和收益分配权，为农村集体经济发展、农民财产性收入增加提供养分。

3. 发展模式

济源市把实现好、维护好、发展好广大农民的根本利益作为改革的出发点和落脚点，打通障碍，探索路径，促进集体经济发展、农民持续增收。探索集体资产及股权抵押担保模式。先后出台股权抵押担保贷款、股权抵押登记办法，明确抵押贷款对象、流程、风险防范等具体内容，探索建立"农户提出申请—集体经济组织批准—农业部门抵押登记—银行发放贷款—政府风险补偿（贷款额度的 10％)"的股权抵押贷款新模式。同时，根据产业发展基础不同，引导集体经济基础好和集体经济薄弱两类村开展集体资产抵押贷款试点，探索了贫困村集体资产抵押"2233"模式和非贫困村集体资产抵押"226"模式。① 探索农村集体

---

① "2233 模式"即每个试点村筹资 100 万元，其中市镇两级财政各出资 20％，贫困村资产抵押贷款 30％，企业捐资 30％；"226 模式"即每个试点村筹资 100 万元，其中市镇两级财政各出资 20％，村集体资产抵押贷款 60％，试点村筹集资金全部委托市投资集团负责运营，市投资集团按总投资额的 10％分季度向各试点村（居）集体经济组织支付收益。

经济发展路径。实施村集体经济增收三年专项行动，呈现出资源开发型、农房合作型、乡村旅游型、村企联合共建型等十种集体经济发展模式，探索集体领办、农民入股，集体领办、集体控股，集体入股、社会资本投入等合作模式，因地制宜发展壮大村集体经济。2019 年济源市 525 个村（居）集体经济收入达 7.57 亿元，较 2018 年增长 51.3％，村（居）集体经营性收入 3.35 亿元，较 2018 年增长 27.4％。截至 2019 年年底，济源有集体经营性收入的村（居）达 509 个，占行政村数量的 96.9％；10 万元以上村（居）有 267 个，占 50.9％；100 万元以上村（居）有 37 个，占 7.05％；59 个贫困村村集体经营性收入总计 891 万元，较 2018 年的 660 万元增收 35％，其中经营性收入在 10 万元及以上的贫困村达 40 个，为实施乡村振兴战略提供了有力支撑。

＊＊＊专栏

济源首批农村产权改革试点村——承留镇花石村

位于"森林氧吧"——南山国家级森林公园入口处的承留镇花石村是济源最早的农村产权制度改革试点村，也是河南省政府命名的省级生态文明示范村。2015 年花石村有 713 口人，858 亩耕地，1218 亩山坡荒地，通过对各类资产系列清产核资，确认经营性资产 62.35 万元，同时按照规章制度对村民进行身份确认，最终 693 人被确认为村集体经济组织成员。股权量化后，股权设置为一人一股，每股量化资产 899 元。村里成立了股份经济合作社，以户为单位向股民发放了股权证。

花石村在股份权能改革中，坚持以发展壮大村集体经济、增加农民收入为落脚点，探索"三种模式"，筹资上项目促进经济发展。一是土地入股，村集体将30亩土地按照10％的股份入股至济源市花石乡村休闲旅游专业合作社，村集体成员共同享有所得收益；现今正在把1200多亩荒坡打造成为北方最大梅花园，村集体的股份更是提高到50％。二是资金入股，有意愿的股民将自己手中闲置的资金入股至新的集体经济组织，村集体入股10万元，建成了村里第一个项目——南山森林公园滑雪场，盘活了农民手中的"沉睡资本"。2016年元旦开始运营，两个月挣了110万元，当年每位村民收益6000元。三是抵押融资入股，根据《济源市农村集体资产股权抵押贷款管理办法》，对于资金困难却有强烈入股意愿的股民，可凭借其拥有的股权证与济源市农村商业银行进行股权抵押贷款，然后入股村里乘胜追击开发的第二个项目——水上乐园项目，通过集体资产股份抵押融资和股民入股相结合的方式募集资金320余万元用于项目建设，其中村集体入股占资30％，每年10％的固定收益让群众吃上了"定心丸"。花石村坚持通过股份权能改革助力脱贫攻坚、推动共同致富，将市财政、镇财政补助的资金，量化到每个成员，作为项目入股，把盈利用于帮助贫困党员、残疾人、困境儿童，真正做到用能人带弱者、用富人带穷人，努力实现共同富裕。

"乡村要振兴，摆脱贫困是前提，既要把打好脱贫攻坚战作为实施乡村振兴战略的优先任务，保持目标不变、靶心不散、频道不换，以脱贫攻坚的扎实成果为乡村振兴开局奠基。"河南省扶贫办主任史秉锐介绍。"农村集体产权制度改革让俺村的资产活起来，现在是资源变资产、资金变股金、村民变股东，村集体家底更厚，老百姓口袋更鼓。"花石村党支部书记周全喜说。"集体领办、群众入股"的经营方式打造了花

图 8-2　花石村游乐场

石村新的经济增长点，更坚定了百姓集体致富的信心，为乡村振兴提供了有力支撑。

三、交易风险弱化与农村资源要素解构

聚焦乡村振兴最终目标，充分发挥农村改革整体效应，在推动资源变资产、资金变股金、农民变股东的同时，极大地激发了农业农村发展活力，为乡村振兴奠定了坚实基础。济源市累计组织土地承包经营权和林权交易 133 宗共 6.6 万亩，促进了土地经营权规范流转和农业适度规模经营，出台农村承包土地的经营权抵押贷款管理办法，探索土地承包经营权抵押价款，累计发放土地承包经营权抵押贷款 2309 万元。

（一）交易风险弱化

1. 完善风险补偿机制

由于存在农民抗风险能力弱、产权不明确、抵押物难以处置等问题，金融机构并不愿意开展农地抵押业务。为此，在进一步完善确权登记工作时，济源市财政出资设立贷款风险补偿基金，并且逐年增加抵押贷款风险补偿基金规模，不断扩大风险补偿基金的覆盖面，每年在原有基金的基础上以 10％的比例增加，对抵押贷款形成的风险给予经办银行一定的风险补偿。同时研究出台地方性农业保险财政支持、补贴政策，扩大农业保险覆盖面，引导保险公司在人、财、物各方面加大对农业保险支持力度。

2. 构建农户信用体系

济源市不断发展农村信用体系建设，通过培育"信用镇（街道）""信用村""信用户"，完善农村、农户、农业企业信用记录和档案，构建农村信用信息数据库，探索与人民银行的征信系统进行联网和信息共享，把信用体系建设和经营权抵押贷款工作相结合，提高融资服务力度和成效。

（二）要素价值激活

一是激活农业发展活力，推进产业振兴。形成了"一城、一廊、两带、四区、五大主导产业"的发展布局，初步建立了"一区一品"现代农业发展模式。全市农业现代化实现程度达 77.57％，居全省国家级现代农业示范区第一位。农产品加工转化率近 70％，龙头企业、农民合作社等新型经营主体比改革前增长近 40％，社会化服务组织快速发展，有力推动了小农户与现代农业有机衔接。二是激活人才资源要素，推进人才振兴。依托改革推进城乡公共服务均等化、城乡社会保障一体化，有效提升乡村吸纳人才能力。率先在全省取消城乡二元户籍，建立人才返乡激励机制，打通了人才下乡的制度通道。三是激活乡村治理效能，推进组织振兴。加快"一村（居）一法律顾问"建设，在全国首创"道德积分＋商户"模式，涌现出退伍军人"老班长调解室""百姓管家"等自治方式，有效解决了基层治理矛盾，初步形成了共建共治共享的乡村善治新格局。四是激活绿色发展动力，推进生态振兴。盘活荒地、闲置宅基地等资源资产，推动了农村基础设施全面提升，农民生活习惯明显转变，农村环境持续改善。全市国家级生态镇占 60％以上、省级生态镇达 100％、省级生态村达 40％以上，首批国家全域旅游示范区创建工作正在验收。五是激活文明乡风细胞，推动文化振兴。农家书屋实现镇村全覆盖，农村文化生活日益丰富，成功创建国家公共文化服务体系示范区。

※本章小结

　　农村得到充分发展和改善是国家繁荣强大的一个体现，我国现代发展正在逐步破解特有的城乡二元结构，构建城乡一体发展机制，有效提高乡村经济发展，实现城市和农村的共同发展。农村集体产权制度改革是全面深化农村改革的重大政治任务，是进一步调整和完善农村生产关系，对农村集体经济结构优化、合理划分产权资源、促进农业发展、农民增收以及农村稳定具有重要意义，同时也是发展新型农村集体经济、实施乡村振兴战略的重要制度支撑。现今，由于社会的快速发展，农村人口的流动性较大，加之家庭成员的不断变动，导致农村产权归属划分不明确，让部分农民的合法权益受到损害，制约了农村经济的健康发展。在愚公移山精神的感召下，济源人民敢为人先、团结协作，在促进农村经济发展的道路上，遇到问题不退缩、不推诿，而是勇于担当，合力攻坚。在改革发展的关键阶段，愚公儿女继续弘扬愚公移山精神，调动各方面的积极因素，带领广大人民群众从入市流程、效益核算、发展模式等方面对农村产权制度进行改革，重塑集体经济组织，实现了资产规范化运营，唤醒各类沉睡资本，各村进一步明晰了集体资产家底，规范了资产承包合同，通过不同的发展路径，使"一穷二白"的村集体已成为历史，为济源高质量脱贫与乡村振兴提供了"济源方案"。

第九章 ｜ 全面小康语境下城乡公共产品均等化

　　党中央对 2020 年脱贫攻坚的目标已有明确规定，即到 2020 年，稳定实现农村贫困人口不愁吃、不愁穿，义务教育、基本医疗和住房安全有保障；实现贫困地区农民人均可支配收入增长幅度高于全国平均水平，基本公共服务主要领域指标接近全国平均水平。[①]

　　2020 年是全面打赢脱贫攻坚战的收官之年，也是全面建成小康社会目标实现之年。这一年，既要攻克脱贫攻坚的最后堡垒，也要补齐全面小康的突出短

---

　　① 习近平：《在深度贫困地区脱贫攻坚座谈会上的讲话》，12～13 页，北京，人民出版社，2017。

板，实现乡村振兴。城乡二元结构、城乡发展不平衡不协调是制约城乡发展一体化、走进全面小康社会的重要阻碍，其中最突出的表现是基础设施建设、基本公共服务、基本社会保障等方面的差距。因此，在即将进入全面小康社会时期，既要补齐发展短板以全面巩固脱贫攻坚成果，也要注重提升百姓幸福感、认同感和获得感，为乡村振兴时代的到来添砖添瓦。济源市为保障经济持续稳定全面发展，坚持将工作重点侧重于农业农村发展，补齐乡村社会基本公共服务、基础设施建设、基本社会保障等短板，以缩小城乡差距，在脱贫攻坚的征程中，把弘扬愚公移山精神贯穿于脱贫攻坚全过程，转化为广大党员干部和人民群众的强烈共识和自觉行动，以更大的决心、更明确的思路、更精准的举措、超常规的力度，把特惠性帮扶工作与普惠性民生工程有机结合起来，既立足于全面巩固脱贫攻坚成果，又面向解决全新的贫困问题，将提高贫困人口生活水平纳入补齐县域民生短板的进程中，推进教育、医疗、养老、公共服务等民生领域的城乡一体化改革，创新"双千双扶"教育扶贫模式、健康扶贫"六位一体"工作体系，在河南省率先实现低保城乡一体化，确保高质量的脱贫，建立巩固脱贫攻坚成果与推进乡村振兴相衔接的新格局，促使发展成果社会共享。

一、住房安全有保障

安居扶贫是党中央、国务院为改善民生、加快城乡一体化进程做出的一项重大决策，是改善农村人居环境的德政工程，是扩大内需促进经济增长的惠民工程。因此，扶贫攻坚中一定要认清形势、坚定信心，把思想认识统一到党中央、国务院的重大决策和省、地重要部署上来，深刻认识农村危房改造工作的重大意义，扎实推进农村危房改造工作。为乡村振兴播撒希望，勾勒未来的美好图景，济源市委、市政府贯彻落实党中央危房改造政策，并结合乡村振兴战略，全面筛查落实危房改造和易地搬迁。济源市委、市政府高度重视安居扶贫，不断落实落细识别、管理、施策等流程，将贫困户和危房按照详细情况等级分类，进行修缮、改造以及重建工程，同时对于保留我国传统特色的土房土窑，在改造中探索出了一条充分尊重群众意愿、留住乡愁特色的土房土窑改造经验之路；针对贫困程度较深、严重阻碍居民发展的地区，实行易地搬迁工程，实现迁入地交通、医疗、文化教育等生产生活条件充分改善，解决"一方水土不能养一方人"的现状，加快实现城乡一体化。

（一）危房改造与乡村风貌

农村危房改造工作是党和国家保障民生的一项重要工作，是改善农村困难群众住房条件，推进农村社会经济发展的重要举措。济源市插花贫困村存在交通不便、信息不畅、生活贫困的问题，为使这些地区的群众能够早日脱贫，促进城乡一体化建设，济源市委、市政府着力探索，开展危房改造清零行动。危房改造行动中，坚持精准识别、精准管理、精准施策、精准改造的原则，加强建档立卡贫困户、农村分散供养特困人员、低保户、贫困残疾人家庭四类重点对象危房存量和对象信息的动态比对审核，精准认定危房改造对象，确保扶贫路上不落一户；为稳步开展危房改造工作，建立完善的危房台账并实施精准管理，改造一户、销档一户，全面完成贫困户危房改造任务；以贫困户的意愿为依据，对审核认定的危房改造对象根据危险等级分类施策，大大提高贫困户的满意度；严格执行危房改造面积和资金补助标准，加强补助资金使用管理和监督检查，支付给农户的资金要及时足额直接拨付到户，同时建立完善的危房改造信息公示制度，以保障政策资金落实到位。济源市全体党员干部发扬愚公移山精神，一心为公，与全体人民团结一致，攻坚克难，于 2018 年全面完成四类重点对象危房改造任务。

图 9-1 愚公新村

济源市委、市政府坚持把农村危房改造作为脱贫攻坚的重大政治任务和第一民生工程来抓，面对农村危房改造任务，以土房土窑改造为突破口，主动作为，自我加压，统筹规划，精准施策，加大资金补助力度，部署实施"愚公新居"工程，在改造中探索出了一条充分尊重群众意愿、不增加群众负担，又适合济源实际、留住乡愁特色的土房土窑改造经验之路。一是"一个重视"：济源市委、市政府高度重视土房土窑改造工作，将此项工作作为一项农村危房改造中的重点工程，专门成立分管副市长为组长的危房改造暨基础设施建设专项攻坚推进组。市委、市政府相关领导多次现场调研办公、研定政策标准，要求保留乡村传统建筑，留住济源美丽乡愁。二是"两个确保"：一方面是在改造工作中不能违背改造户意愿、不能增加改造户负担，确保贫困群众在改造过程中有真真正正的获得感；另一方面是确保保质保量完成建档立卡贫困户和有改造意愿的低保户、分散供养特困人员和贫困残疾人家庭的危房改造目标任务。三是"三个结合"：第一是将改造与人居环境改善结合起来，实施"六改一增"，对未享受过危房改造政策的建档立卡贫困户，唯一住房达不到 C 级、D 级危房改造标准的老旧房屋，实施改院、改厨、改厕、改门窗、改墙（地）面、改照明灯、增添或更新简单家具等"六改一增"政策，户均补助 3000 元，整体改善了农民居住生活环境，第二是将改造与传统村落保护结合起来，对申报省级传统村落及位于景区和景区周边的村庄，按照修旧如旧的原则，予以重点修缮保护，保留了传统建筑风貌。第三是将改造与建筑节能结合起来，对重建中采用装配式建筑的，每平方米另补助 50 元。四是"四个到户到人"：第一是问需问计到户到人，充分尊重困难农户改造意愿，尽量满足住户的实际需求，真正做到实事求是、因地制宜、精准施策，在保障群众住房安全的同时，保护传承好济源的民居文化。第二是政策落实到户到人，出台了《农村土房土窑改造工作办法（试行）》（济建〔2017〕286 号）等系列文件，对建设方式、建设标准、验收程序等进一步明确，同时在国家、省级政策的基础上提高补助标准，实施修缮加固的，在上级户均补助10000 元的基础上，市财政每户再补助 5000 元。确需要拆除重建的，在上级户均补助 15400 元的基础上，市财政按户籍人口每人增加 8000 元补助。第三是技术服务到户到人，由市住建局牵头，组织当地镇政府、驻村第一书记、村两委主要干部、农村建筑工匠，通过"四必看、三必照、三必签"方式确定改造方式（四必看即屋盖、墙体、基础、环境必看；三必照是指房屋全景、周边环境、危险点必须拍照；三必签则为户主、村组干部、驻村第一书记必须签字），现场对房屋情况评估认定。第四是安全保障到户到人。在统筹规划、分类改造、尊重群众、公开公平、规范透明原则下，对存在严重安全隐患的，原则上将拆除重建。对实施改造的，严把施工组织关和质量验收关，确保群众住好房、住安全房。五是"五个到镇"：建立农村危房改造进度台账，明确改造任务、时间节点和责任领导、责任人，坚持落实"日报告、周督查、月通报"督查通报制度，做到了"五个到镇"。第一是计划下达到镇。按照"六个精准"要求，组织市住建局、扶贫办、民政局、残联等部门对4类重点对象进行信息比对后，及时明确年度改造任务，所有任务在村、镇、市二级审核、三榜公示。第二是责任明确到镇。住建局和集聚区、镇逐级建立了4类重点对象农户档案名册和农村危房改造工作台账，明确了责任人、分包人，每周上报工作进度、检查落实情况，确保了工作顺利推进。第三是资金拨付到镇。改变原来的年底集中验收的传统做法，按照竣工一户、验收一户、资金拨付一户的原则，在验收合格、公示结束后，直接将补助资金拨付到农户"一卡通"账户，确保农村危房改造进度。第四是政策宣传到镇。多次对乡镇分管领导、驻村书记、包村干部、村支书进行危房改造政策宣传，印发农村危房改造信息明白卡和脱贫政策宣传单，发放至群众手中，同时充分利用电视、报刊等媒体开展农村危房改造工作的宣传，营造良好的舆论氛围。第五是技术服务到镇。组织各镇、集聚区，开展农村建筑工匠培训。在房管、质监、建管等部门抽调专业技术人员，组成服务小分队，通过实地调研走访、现场提供技术指导、全面抽查验收等方式，为危改户提供技术支持，确保危房改造的进度和质量。济源市对土房土窑的改造，把乡土民居保护与开发、群众住房安全与增收结合起来，既改善了困难群众住房问题，又传承了乡土文化，保留了特色鲜明的乡村风貌，有的还成了乡村游景点。如济源市邵原镇双房村土房土窑改造为旅游景点。双房村保留着传统的土窑，但大部分已经破旧损坏，进行土窑改造是一项首要工程，该村积极探索，与济源新乡商会旅游开发公司进行合作，对原有的土房土窑统一改造，并以改造后的土房土窑为依托，以民俗文化为基点，积极打造旅游景点，既传承了传统民居文化，又留住了乡愁；既改善了人居环境，又促进了旅游发展。改造后，双房村积极引导贫困户通过转包、出租、转让、股份合作等形式，自主流转宅基地、土地等，实现农户稳定增收。双房村土房土窑改造旅游景点工程，带动居民从事第三产业发展，探索创新出扶贫的新路子。

图 9-2 危房改造前后对比图

＊＊＊专栏 9-1

当代"愚公"，一心为公

济源市是愚公移山精神的发源地，各级党员干部坚持以人民为中心的发展思想，坚持把保障和改善民生作为脱贫攻坚的出发点和落脚点，聚焦群众关注的热点、难点问题，切实提升贫困群众的获得感、幸福感。张晖同志自参加工作以来，模范执行党的路线、方针、政策，遵守国家法律、法规，立足岗位、奋发进取，开拓创新，勇于奉献，无论在何种岗位，从事何种工作，都是干一行爱一行，一心扑在工作上，兢兢业业、踏踏实实、勤勤恳恳，各项工作想在前、干在前，充分起到了模范带头作用。

张晖同志充分发挥愚公移山精神，一心为公，以挖山不止的拼劲挖"穷根"，以苦干实干的韧劲带动群众，推动了脱贫攻坚工作持续深入开展。一是开拓进取、刻苦钻研。张晖同志在工作中勤于钻研，不断提高个人业务素质。2017年2月底，根据工作需要，由住房保障科调整到村镇科，为了尽快熟悉业务，张晖同志一边向同事学、一边向乡镇干部请教，同时深入基层调研，了解掌握农村危房改造具体情况，总结出了《济源市农村危房改造实施方案》《农村土房土窑改造工作办法（试行）》《济源市建档立卡贫困户"六改一增"实施方案》等一系列农村危房改造、助力脱贫攻坚的创新政策，明确规定了申报农户申请办理、质量监管、房屋竣工验收、资金拨付和监督等程序。二是甘于奉献，忘我工作。在脱贫攻坚工作中，能够做到爱岗敬业，不畏艰难，勤勤恳恳，任劳任怨，出色地完成组织交给的各项任务。张晖同志甘于奉献，不计名利得失，时刻不忘全心全意为人民服务，为了掌握农村土房土窑情况，她和技术人员，顶烈日冒风雨，用近二十天的时间，顺利完成了土房土窑危险评定工作，评定情况对指导济源市危房改造有着极重要的意义。三是创新思路、业绩突出。在危房改造工作中，首先制定详细的信息及工作台账，精准识别危房改造对象，明确目标任务和时间要求；其次是加大政策优惠力度，积极争取市级补助资金，提高农户改造补助标准，确保资金投入有保障；最后对没有享受过危房改造的建档立卡贫困户，且唯一住房墙体有明显裂缝、砌体风化脱落、门窗破损老化变形、屋顶漏水、室内地面低洼潮湿等，但达不到 C 级、D 级危房改造标准的老旧房屋等影响整体观感的贫困家庭实施改院、改厨、改厕、改门窗、改墙（地）面、改照明灯、增添或更新简单家具等"六改一增"改造项目。四是作风严谨，清正廉洁。张晖同志作风优良，为人正直，遵纪守法，有高尚的品德和良好的精神风貌。团结同志，无论是在工作、生活还是学习中，都能以身作则，为同事做出了表率。能做到办事不推诿，遇难不回避，做到不贪不占，不损害集体利益，清正廉洁。

张晖同志在工作中，主动拓宽思路，创新方法，深入调查研究，认真归纳总结，将党的关怀不打折扣送到老百姓身边，使老百姓享受到更多的幸福感、获得感。

（二）易地搬迁与服务配套

易地扶贫搬迁是通过国家政策扶持，把居住在"一方水土养不起一方人"地方的贫困群众搬迁到条件较好的地方居住，实现迁入地交通、医疗、文化教育等生产生活条件有明显改善，迁出区生态环境有效恢复，有利于贫困群众创业、就业，逐步提高收入水平和生活质量。济源市将易地搬迁与当地产业特色、公益岗位支持就业等联系起来，确保贫困群众搬得出、稳得住、能致富，做到安置房建设百分之百完成、搬迁户百分之百入住、旧房百分之百拆除、资金百分之百拨付、产业百分之百覆盖、系统百分之百标识、生态修复植树造林百分之百完成。易地搬迁工作的实施，有效解决了农村贫困群众脱贫难、发展难、致富难的问题，从根本上改善了贫困地区群众的生存与发展环境，更好地提供基本公共服务，加快脱贫致富步伐，提升幸福指数和获得感。为保证搬迁后有效开展乡村振兴，搬迁后加强安置社区管理和服务，切实做好搬迁群众户口迁移、上学就医、社会保障、心理疏导等接续服务工作，引导搬迁群众培养良好生活习惯，尽快融入新环境新社区。济源市推动易地扶贫搬迁后续产业帮扶工作，激活各类生产要素，加强产业配套、公共服务配套和就业安置。济源市易地搬迁工作对生态脆弱地区贫困居民的生活方式进行了重构，迁移出来的人口形成了大量的就业人口，为济源市经济发展带来大量的劳动力，极大地缓解劳动力短缺给经济增长带来的瓶颈约束，长期以来因公共服务缺失和社会保障水平低下而造成的城乡之间不平等被弥合。

二、义务教育有保障

教育扶贫是阻断贫困代际传递的重要保障，是增强贫困人口内生发展动力的重要途径，更是实现稳定脱贫的前提条件。习近平总书记指出，"扶贫必扶智，让贫困地区的孩子们接受良好教育，是扶贫开发的重要任务，也是阻断贫困代际传递的重要途径"。济源市致力于激发贫困户发展内生动力，把教育扶贫作为促进城乡一体化发展的优先任务，围绕提升义务教育质量，改善贫困村学校办学条件，在资金上倾斜，加大贫困村薄弱学校建设，全面开展改扩建学校，确保硬件设备完备，促进城乡教育均衡发展；实施城乡学校之间联盟办学，市区 13 所优质学校分别与农村 38 所薄弱学校建立教育发展联盟，实行一体化管理；实施贫困地区乡村教师支持计划，招聘特岗教师到农村义务教育学校任教，免费为贫困地区培养小教全科师范生，培训乡村一线中小学幼儿园教师，通过开展支教和教师交流、教师培训等形式，提高乡村教师整体素质和能力水平，确保贫困家庭学生享有良好的教育资源；提高教师待遇，吸引优秀青年从事教育事业，壮大师资队伍，同时鼓励通过公益捐赠等方式，设立贫困地区优秀教师奖励基金，表彰长期扎根基层的优秀乡村教师，激励优秀青年教师到贫困一线去从教；创新扶贫扶志新模式，积极探索青少年志愿者参与"精准扶贫"的工作模式，教师和学生组成志愿服务队，为乡村绘制彩绘文化墙，助力文化扶贫；紧紧围绕控辍保学，实施好农村义务教育学生营养改善计划，精准认定资助学生资格，完善资助政策管理体系，实现贫困家庭学生教育保障和资助政策全覆盖，对符合助学贷款条件的贫困学生做到"应贷尽贷"，确保不让一个贫困家庭学生因贫失学。济源市在推进教育扶贫过程中，创新"双千双扶"活动，在全市学前教育、义务教育和高中教育阶段学校全面推广，千名教师结对帮扶千名学生，努力让贫困户子女接受良好教育，确保每个贫困孩子在各个教育阶段"有学上""上得起"的同时，不让贫困孩子输在起跑线上。

（一）完善基础设施

贫困地区因地理条件，存在交通不便、基础设备差等方面的问题，导致城乡教育资源严重不对称，受教育机会不平等，为使贫困地区能够与济源市经济高速发展同步，济源市委、市政府加大力度提升贫困村学校教育硬件水平，消除学生学习生活和住宿的安全隐患，保证学生能够全身心投入到学习中，提升主动脱贫致富的能力。济源市委、市政府充分发挥教育在脱贫攻坚中的基础性、先导性作用，重点推进教育资源向贫困村延伸，补齐教育短板，打破贫困恶性循环的链条。济源市委、市政府集中财力向农村薄弱学校建设倾斜，结合乡村振兴战略开展农村学校改善提升攻坚行动，着力补齐均衡发展最大"短板"，推进教育优质均衡发展。一是集中力量深入贫困村调研，建立详细的老旧学校问题台账，整合资源对贫困村老旧学校实施修、改、扩、增，大大提高了老旧学校资源的利用率，极大地改善了农村学校的教学设备和农村学生的学习生活条件，提升了农村学校的整体办学水平。二是对老旧学校已无法改扩、人口较多缺学校以及易地搬迁地区新建学校，合理布局教育网点，避免学龄儿童因上学远造成的辍学问题，降低安全等风险，同时化解了大班额问题，使偏远山区的孩子平等地接受教育。三是完善教育配套设施，购买学生课桌椅、图书教学仪器设备、数字教育资源、计算机等，使得农村学校教育资源更加完善，优质教育资源共建共享机制逐步形成，让农村学校实现网络接入，确保农村孩子也和城里孩子一样，通过网络了解外面精彩的世界。济源市委、市政府夯实教育基础设施，不断完善"硬设备"，补齐教育发展短板，全面改善贫困地区义务教育的办学条件，促进教育均衡发展。

图 9-3 学校改造前后对比图

（二）保障师资队伍

习近平总书记反复强调，培养什么人，是教育的首要问题。回答好中国教育现代化面临的时代课题，需要全党全国和全社会各方共同努力，但关键在教师，教师是教育发展的第一资源。教师队伍建设的质量和水平事关教育事业改革的成败，也是决胜全面建成小康社会的关键一环。教师育人功能的发挥，学生健康成长的兑现，教育精准扶贫的落实，均离不开教师对学生课堂、家庭和社会生活等方面的情感体认与人文关切。济源市在教育扶贫中，充分发挥加强高素质教师队伍建设所具有的基础性、全局性作用，大力实施贫困地区乡村教师支持计划。一是加大人才招聘力度。招聘特岗教师到农村义务教育学校任教，免费为贫困地区培养小教全科师范生，培训乡村一线中小学幼儿园教师，提高乡村教师工资待遇，鼓励通过公益捐赠等方式，设立贫困地区优秀教师奖励基金，表彰长期扎根基层的优秀乡村教师，同时加大职称评聘向乡村学校倾斜力度，吸引优秀青年到贫困一线从事教育事业，同时激励优秀青年教师到贫困地区任教，不断壮大贫困地区师资队伍。二是加强师资培训。习近平总书记指出，"教师重要，就在于教师的工作是塑造灵魂、塑造生命、塑造人的工作"，这深刻揭示了教师在培养人中的本质作用。济源市通过开展支教和教师交流、教师培训等形式，提高乡村教师整体素质和能力水平，确保贫困家庭学生享有良好的教育资源；结合河南省启动的小学全科教师培养试点工作，争取为济源培养更多的基础知识宽厚、专业技能扎实、德智体美全面发展、综合素质高、胜任多门学科教学的农村村小全科教师到农村学校、教学点任教。

强国要以强教为支撑，强教要以强师为保障，只有加强教师队伍建设才能实现教育强国，才能深化教育改革，加快教育现代化，办好人民满意的教育。济源市贯彻落实习近平总书记和党中央关于教育扶贫的思想精神，以乡村振兴作为引领，不断加强师资队伍建设，造就一支懂农村教育、爱农村教育、爱农村学生的"三农"教师队伍，增强农村教师的自豪感、自信心，形成农村教师的专业自信、身份自信，建立农村教育发展的文化自信和道路自信，促进教育事业全面发展，使农村教师真正成为农村教育发展的压舱石，为推进乡村振兴提供力量保障。

（三）健全资助体系

建立健全家庭经济困难学生资助政策的体系充分体现了发展为了人民，发展依靠人民，发展成果由人民共享的重要原则，充分体现了党和政府对生活困难群众的关心，也充分体现了社会主义制度的优越性。学生资助政策体系的建立和完善，是济源市委、市政府根据新形势新任务要求做出的造福当代、惠及子孙、影响深远的重大决策，具有重大的现实意义和深远的社会影响。济源市委、市政府紧扣控辍保学任务，以"加大财政投入、经费合理分担、政策导向明确、多元混合资助、各方责任清晰"的基本原则建立健全家庭经济困难学生资助政策体系。济源市教育资助体系涵盖学前教育、义务教育、普通高中教育、中等职业教育、高等教育，在济源市委、市政府的统筹部署下，以不同形式分类帮扶贫困学生。一是建立贫困学生信息台账。济源市委、市政府充分发挥党员干部、乡镇领导、村级干部及学校力量，深入贫困村入户调查，了解贫困地区学生的现实问题，建立完善的贫困学生信息台账。二是精准认定资助对象。对入户调查的贫困生信息台账进行分类整理，根据调查发现的问题准确识别资助的学生，并按照贫困程度分类整理，分类精准施策。三是精准落实资助政策资金。充分利用国家资助政策和地方配套政策，结合社会资助及财政资助，构建覆盖学前教育、义务教育、高中教育和大学教育的学生资助体系，实施好农村义务教育学生营养改善计划，对符合资助的学生确保资金落实到户到人，对符合助学贷款条件的贫困学生做到"应贷尽贷"，实现贫困家庭学生教育保障和资助政策全覆盖，确保不让一个贫困家庭学生因贫失学。四是惠及大学生新举措。济源市委、市政府决定从 2018 年秋季起，对济源籍建档立卡贫困家庭大学生给予生活补贴，济源市教育局同扶贫办、财政局等部门，共同审核确定当年受助的大学生，按照每生每月补助 500 元，全年按 10 个月在校时间计算，每年共计发放 5000 元，在每年 11 月份通过指定银行一次性集中发放，彻底解决贫困大学生的后顾之忧（见表 9-1）。

表 9-1 济源市教育资助标准一览表

类别		资助标准	
		一般贫困	建档立卡户
学前教育		600 元/（生·年）	1200 元/（生·年）
义务教育	小学寄宿生	1000 元/（生·年）	
	小学非寄宿生	500 元/（生·年）	
	初中寄宿生	1250 元/（生·年）	
	初中非寄宿生	625 元/（生·年）	
	营养改善补助	800 元/（生·年）	
普通高中	免学费	家庭经济困难学生可申请国家助学金资助，分为每生每年 1000 元、2000 元、3000 元三个档次，建档立卡贫困家庭学生享受最高档	
	建档立卡户免住宿费		
中职教育	免学费		
	助学金	2000 元/（生·年）	
高等教育	高考入学资助	一次性 500 元	一次性 1000 元
	生活补助	5000 元/（生·年）	
慈善助学	普通高中及同等学历职业类学校	一次性 1000 元/生	
	全日制普通专科和高等职业技术学校	一次性 1500 元/生	
	大学本科	一次性 2000 元/生	

数据来源：济源市教育局资助政策

　　济源市委、市政府着眼于乡村振兴，建立健全学生资助体系，很大程度上改善了制约贫困地区教育发展的经济条件，很大程度上缓解了贫困地区学龄儿童教育需求与支付能力之间的矛盾，使贫困地区的学生公平地接受教育，激发贫困学生发展的内生动力并提升脱贫致富的能力，获得更高的人力资本和社会资本积累，稳步推进教育城乡一体化，为乡村振兴提供强大的人才支持。

（四）创新教育扶贫

　　扶贫必扶智，让贫困地区的孩子们接受良好教育，是扶贫开发的重要任务，也是阻断贫困代际传递的重要途径。济源市作为一个存在插花贫困村的非贫困市，随着其经济稳步高速发展，短板问题体现得尤为突出，两极化的情况可能显现，为阻断这种"马太效应"的恶性循环，济源市探索创新"双千双扶"活动，不断深化教育扶贫，服务于乡村振兴。

　　济源市教育系统深入贫困地区调研，了解贫困地区学生面临的实际问题，创新开展"双千双扶"教育扶贫行动，千名教师结对千名学生，推进扶志与扶智工作，通过润心励志、助学增智，提高家庭经济贫困学生自立自强、奋发进取的意识和能力，确保每一名学生都能接受到公平有质量的教育，助推贫困家庭脱贫致富，阻断贫困代际传递。主要做法是：一是提高站位，创新发展。济源市委、市政府把教育扶贫作为"扶志、扶智"的最佳结合点，在整体上布局，在工作中倾斜，专门成立了以分管教育副市长为组长，教育局局长为副组长的教育扶贫专项攻坚推进组，从战略层面把教育扶贫摆在脱贫攻坚的突出位置来抓。在落实国家及省级有关政策的基础上，建立了规定动作和自选动作相结合的济源教育帮扶体系，创造性开展了"双千双扶"教育扶贫活动，即千名教师结对千名学生，推进扶志与扶智工作，用足用好教育资源，提高教育扶贫成效，着力阻断贫困代际传递。二是责任下沉，结对帮扶。首先，济源市教育系统结合"大调研"活动，与扶贫、民政等部门结合，以建档立卡家庭经济困难学生为重点，开展"访千户、结对行"，填写《济源市教育系统"双千双扶"学生情况登记表》，详细记录每位受帮扶学生的思想品行、学习状况、性格心理、爱好特长、家庭情况等基本信息，形成一人一档，确定帮扶对象。其次，鼓励学校党员干部、党员教师带头参与，每人结对帮扶 1 名困难学生，填写《济源市教育系统"双千双扶"结队帮扶情况统计表》，建立"一师一生"帮扶对子，同时，为了确保帮扶对子相对固定，每遇人事变动等情况，都及时调整帮扶责任人，确保帮扶工作不断线、不掉链。再次，围绕解决学生思想认识、学业成绩等问题，提出切合实际的帮扶目标，制定行之有效的帮扶措施，明确详细有序的节点计划，填写《济源市教育系统"双千双扶"活动情况登记表》，制定"一生一案"的帮扶计划，保证活动取得实效。最后，安排所有贫困村学生利用暑假当好"政策宣讲员"，对家长和村邻群众每月进行不少于 10 次的资助政策宣讲，填写《济源市教育扶贫政策"小手拉大手"宣讲记录表》，发挥好教育"造血"功能，有针对性地开展"小手拉大手"互学互讲活动。三是创新方法，扶贫扶志。第一是在市委市政府的决策部署下，各学校坚持把教学作为中心工作，落实"学生主体、教师主导"的课改理念，推行"自主、合作、探究"的课堂教学模式，培养学生自主管理、自主学习、自主发展的良好习惯。第二是切实把课后辅导作为扶智工作的重要抓手，学校课后服务工作向结对帮扶对象学生倾斜，开展免费、高效的课后辅导，积极做好暑期"送教上门"，充分利用学校少年宫，组建书法、阅读、篮球、器乐等近千个兴趣小组，开展各类丰富多彩的活动，帮助贫困家庭学生和学困生提高学业成绩，同时帮助贫困学生发展课外兴趣，促进贫困学生综合素质发展。三是架好家校间的桥梁，着力办好"家长学校"，举办家庭教育讲座，组织开展"学校开放周"等活动，适时邀请困难学生家长走进校园，举办有学生、家长及学校教师参与的联谊会、报告会，定期开展建档立卡贫困学生家庭走访活动和平时的家访活动，交流思想、增进理解，引导学生树立克服困难的信心和勇气。

＊＊＊专栏 9-2

师生携手助扶贫，彩笔绘出为民情

济源市委、市政府围绕"立志"这一目标，把"扶贫先扶志、有志才有为"思想教育作为开展乡村振兴，中国梦，少年传承中华传统美德、愚公移山精神的重要内容，根据"加强脱贫攻坚政策宣传，持续深化思想教育引领"的工作部署，发挥教育系统人才资源优势，开展"手绘文化墙"活动，传递脱贫攻坚正能量。

为积极探索青少年志愿者参与"精准扶贫"的工作模式，济源市第四中学美术教师和学生自发组成志愿服务队，赶赴济源市大峪镇曾庄村为乡村绘制彩绘文化墙，助力文化扶贫。2018 年 6 月 25 日，济源市第四中学的教师和学生一行 20 余人，白天顶烈日，晚上抗蚊虫，一直忙到晚上十点多才离开，大家虽然做好了全副武装，依然挡不住太阳的暴晒和蚊虫的叮咬。但这些都没有影响教师和同学们的火热干劲儿，分小组、划片区，你打底稿，我涂颜料，有条不紊地完成一幅幅题材新颖、图文并茂的扶贫宣传画。他们画的不是"小家碧玉"的纸上描摹，而是气势磅礴的300余平方米手墙绘。

师生携手绘制的文明乡村彩绘文化墙，使曾庄村原来破旧的外墙焕然一新，村容村貌有了"神笔马良"的助攻，美丽乡村建设再上一层楼，为实现乡村振兴绘出一幅美丽蓝图。同时，也让晦涩难懂的扶贫政策跃然墙上，老百姓出门就可以看到党和国家的扶贫政策，激励了大家通过努力脱贫的信心。

师生们都表示这次志愿者活动非常有意义，此次志愿者活动还是文明校园和文明乡风共同助力脱贫攻坚的完美结合，不仅温暖了贫困户，传播了村风文明正能量，更为精准扶贫的胜利和乡村振兴的实现添姿增彩。

图9-4 济源市师生携手绘制彩绘文化墙

＊＊＊**专栏 9-3**

教育扶贫激发内生动力

济源市主要致贫原因是因病、因学，因此，济源市委、市政府坚持在教育医疗上不断发力，解决致贫突出问题，补齐济源经济发展短板。大峪镇王庄村因学致贫的王小敏，2014 年被识别为建档立卡贫困户，家里有两个上学的学生，没有任何产业。几年来，在各级党委政府帮扶下，不断激发他脱贫致富的内生动力，实现稳定脱贫。

王小敏的两个孩子都非常听话懂事，放假回来在家里不仅洗衣做饭，更是主动去田地里帮忙干农活，平时在学校都是省吃俭用，非常朴素，利用课余时间做兼职来减轻家里的负担。但是，王小敏深知自己家的现状无法供两个学生上学，如今政府出台了各种扶贫的政策，鼓励和引导农户发展产业，王小敏的信心也因此被激发了起来，他开始种植蔬菜、建设牛棚养牛等增加收入。同时，在政府雨露计划、慈善助学、大学生助学金等一系列的教育资助下，2016 年王小敏的大女儿王银环顺利大学本科毕业，大女儿知道自己家里的条件不允许自己继续深造，她想找工作上班减轻家庭负担，但是王小敏知道女儿还想继续读研深造，便鼓励女儿继续读研。在王小敏自身努力和政府帮扶鼓励下，女儿于 2016 年考上了中国政法大学的研究生，2018 年 6 月份还被派往法国交流学习；他的儿子 2017 年高中毕业后准备辍学外出打工，王小敏深知，只有上学才能改变他们家的情况和孩子的命运，他鼓励儿子继续上学，儿子也考上了漯河职业技术学院。

孩子有了前途，日子过得越来越有奔头。以前每到放假想让孩子们回来又怕孩子们回来，因为学费生活费让自己操碎了心，现如今，一家人搭乘脱贫快车，迅速实现富裕。因为腰包鼓了，都希望孩子回来，陪伴在身边，其乐融融。济源市教育扶贫激发王小敏全家的脱贫致富内生动力，他积极改变思想观念，坚定脱贫致富信心，克服"等、靠、要"的思想，以实际行动靠勤劳双手奋斗改变生活。

三、基本医疗有保障

我国健康扶贫工程明确提出，到 2020 年实现"贫困地区人人享有基本医疗卫生服务，农村贫困人口大病得到及时有效救治保障，贫困地区基本公共卫生指标接近全国平均水平"等目标，进而为农村贫困人口与全国人民同步实现小康提供健康保障。针对贫困地区医疗卫生事业发展的重点难点问题，济源市委、市政府以提高农村贫困人口受益水平为着力点，整合现有各类医疗保障、资金项目、人才技术等资源，采取更加贴合实际、更加有效的政策措施，切实保障农村贫困人口享有基本医疗卫生服务。济源市紧紧围绕让群众"看得上病、看得起病、看得好病、少生病"，形成了基本医保、大病保险、困难群众大病补充保险、医疗救助、贫困人口医疗补充保险、医保扶贫再保障的健康扶贫六道防线，建立健全医疗服务体系，使贫困群众的获得感、幸福感不断增强。济源市委、市政府推进"互联网＋智慧健康"扶贫，建设"互联网＋健康"扶贫智慧管理平台，为因病致贫建档立卡贫困群众发放健康扶贫服务卡，实现"一卡在手、看病无忧"；以实施"大病集中救治一批、慢病签约服务管理一批、重病兜底保障一批"行动为抓手，探索创新"精准识别、大病救治、签约服务、动态管理、疾病预防、医疗惠民"六位一体的健康扶贫工作体系；开展家庭医生"一对一"签约，建立贫困人口慢性病家庭"一对一"家庭签约服务体系，家庭医生签约服务团队每月至少上门一次提供医药配送、用药指导、体检诊疗等免费服务，推广应用家庭医生签约服务"3521工作法"。济源市委、市政府大力弘扬愚公移山精神，咬定目标，锲而不舍，不断推进健康扶贫到户到人，让贫困户吃上"定心丸"。

（一）健康兜底制度设计

实施健康扶贫工程，对于保障农村贫困人口享有基本医疗卫生服务，推进健康中国建设，防止因病致贫、因病返贫，实现到2020年让农村贫困人口摆脱贫困目标具有重要意义。济源市委、市政府聚焦贫困群众就医的根本问题，精准发力，建立健全医疗服务体系，形成"基本医保、大病保险、困难群众大病补充保险、医疗救助、贫困人口医疗补充保险、医保扶贫再保障"的健康扶贫六道防线，最大限度地防止因病致贫返贫，实现贫困群体和残疾人群全覆盖。

1. 健全医疗服务体系

一是实行先诊疗后付费、一站式结算。济源市在全市所有市级公立医院设立健康扶贫导诊台，贫困患者就医时持卡到导诊台登记，享受导诊服务，参保贫困患者在市内医院、市外即时结算医院住院的，可在医院结算窗口实行基本医疗保险、大病保险、困难群众大病补充保险"一站式"即时结算,同时在全市医疗机构实行"先看病、后付费"制度,建档立卡贫困患者住院时凭身份证、医保卡免押金、不分段,享受出院一次性结算。二是实施大病专项救治。对所有建档立卡农村贫困人员和经民政部门核实核准的农村特困人员及低保对象中患白血病等 30 种大病患者,在济源市人民医院、第二人民医院等定点医院实行集中救治和转诊治疗。三是实行签约健康管理。对符合条件的农村贫困人员发放健康扶贫服务卡,由镇级卫生院每年提供一次免费体检和公共卫生、慢病管理、健康咨询等服务,为贫困患者建立"一人一档一册",每月至少安排一次面对面健康随访,检查并评估心率、血糖和血压等基础性健康指标,在饮食、运动、心理等方面提供健康指导。四是提供优质健康服务。建立完善了市、镇、村三级医疗卫生体系,为贫困人员提供优质、高效、便捷的医疗服务,让贫困人员"看得上病、看得起病、看得好病"。五是开展健康扶贫普惠服务。建立了市级医院免费巡诊机制,每两周安排市级医院,由院领导带队,到对口帮扶镇进行一次巡回诊疗活动,开展农村适龄妇女"两癌"筛查和新生儿疾病筛查等 20 余项免费检查、服务项目,开展家庭医生签约服务等。

济源市建立健全医疗服务体系,大大缓解了贫困群众最根本的就医程序复杂、医疗费用负担重问题,实现签约家庭医生全覆盖,不断推进医疗"资源下沉",稳步推进精准健康扶贫。

2. 提高低保救助精准度

困难群众医疗保障工作是济源市推进脱贫攻坚、实现精准扶贫的一项重要举措。济源市委、市政府统筹推进,加大财政支持,出台了"医保扶贫再保障"政策,全面推行"基本医保、大病保险、困难群众大病补充保险、医疗救助、贫困人口医疗补充保险、医保扶贫再保障"的健康扶贫六道防线。其中贫困人口医疗补充保险和医保扶贫再保障都是由财政专门列支的补助性报销。

第一道防线：基本医疗保险。门诊43种慢性病仅纳入基本医疗保险中，经审核认定的困难群众在全市任何一家镇级及以上的定点医疗机构就医均可凭社保卡和慢性病卡进行门诊慢性病报销，报销比例为85％（见表9-2）。

表9-2 济源市基本医疗保险住院起付标准和报销比例标准一览表

类别	医院范围	起付标准/元	报销比例
乡级	乡镇卫生院（社区医疗机构）	150	95％
市（县）级	二级或相当规模以下医院（含二级）	500	500元－3000元55％ 3000元以上75％
	三级医院	1200	1200元－4000元53％ 4000元以上72％
省级	二级或相当规模以下医院（含二级）	600	600元－4000元53％ 4000元以上72％
	三级医院	2000	2000元－7000元50％ 7000元以上68％
省外	—	2000	2000元－7000元50％ 7000元以上68％

数据来源：济源市医保局资助政策

第二道防线：大病保险。一个医保年度内累计发生的符合医疗保险有关规定的医疗费用，在享受基本医疗保险待遇后，合规自付医疗费用超过0.55万元，可按规定享受大病保险待遇，取消农村贫困人口大病保险年度内报销封顶线，报销比例分别为：0.55万元—10万元（含10

万元）报销 85％，10 万元以上部分按 95％的比例报销。

第三道防线：大病补充保险。起付线为 3000 元，起付线以上分段按比例报销，不设封顶线（见表 9-3）。

表 9-3 济源市大病补充保险分段报销标准

分类标准	报销比例/％
3000～5000 元（含）	30
5000～10000 元（含）	40
10000～15000 元（含）	50
15000～50000 元（含）	80
50000 元以上	90

第四道防线：医疗救助政策。一方面，资助低保对象、困境儿童、散居孤儿、未脱贫和已脱贫享受政策的建档立卡贫困户基本医疗保险费用，标准为每人每年 90 元，特困供养人员全额资助。另一方面，实行住院救助。①针对特困供养人员住院产生的符合规定的费用，经医疗保险报销后，剩余费用全额救助，报销范围外的药物及诊疗费用，按照谁主张谁负责原则处理。②针对低保对象、困境儿童患重特大疾病产生的符合规定费用，单次住院费用经医疗保险大病保险报销后，合规自付医疗费用剩余部分在 2 万元以上的，救助比例为 80％。③低保对象、困境儿童患普通病住院，符合规定的费用经医疗保险报销后，剩余合规自付部分在市外医院住院就诊救助比例为 60％、在市内医院住院就诊救助比例为 70％。④重大疾病患者、因病致贫家庭和建档立卡贫困家庭，单次住院费用经医疗保险大病保险报销后，合规自付医疗费用剩余部分在 2 万元以上的，救助比例为 60％。

图 9-5　济源市健康扶贫义诊活动

第五道防线：贫困人口医疗补充保险。主要针对基本医保统筹部分合规费用进行补充报销，起付线为 200 元，200 元以上 100％报销，保费为每人每年 136 元，每人年度累计最高保额 20 万元。

第六道防线：医保扶贫再保障政策。在基本医保、大病保险、困难群众大病补充保险、医疗救助、贫困人口医疗补充保险一系列贫困群众医保政策的基础上，推行困难群众医保再保障。一是对建档立卡贫困人口住院发生的医疗剩余合规自付医疗费用实行困难群众医保再保障再报销。在镇级卫生院住院的剩余医疗费用实行全额报销；在市内其他定点医疗机构住院的，剩余超过 500 元以上的部分按 85％比例报销；转往市外医疗机构住院的，剩余超过 1000 元以上的部分按 85％比例报销。二是特困人员救助供养对象、城乡最低生活保障对象、困境儿童住院发生的医疗费用经基本医疗救助后，剩余合规自付医疗费用实行再次报销。在镇级卫生院住院的，剩余部分实行全额报销；在市内其他定点医疗机构住院的，剩余超过 1000 元以上的部分按照 50％的比例报销；转往市外医疗机构住院的，剩余超过 1500 元以上的部分按照 50％的比例报销。

济源市困难群众医保扶贫再保障政策的出台进一步完善了全民医保体系，有效解决了困难群众因贫看不起病、因病加剧贫困的问题。经过医疗保险六道防线报销补助后，切实解决了贫困群众的医疗保障问题，贫困群众的生活和基本医疗保障水平得到了很大的提高。

（二）医疗服务创新体系

济源市立足于对贫困群众健康进行"精准管理和做实服务"，着力边远山区贫困群众如何破解看病难；贫困群众如何从源头上遏制疾病发生，进一步降低因病致贫发生率；着力家庭医生签约服务如何做实做细；着力如何确保健康扶贫实效，保障贫困群众的获得感和服务感受度等问题，精准施策、靶向治疗、综合发力，将"精准识别、大病专治、签约服务、动态管理、疾病预防、医疗惠民"六项工作内容融合成一个体系、环环相扣，提出了健康扶贫闭环管理工作法，即健康扶贫"六位一体"工作体系，确保了农村贫困人口公平享有基本医疗卫生服务，为打赢脱贫攻坚战提供强有力的健康保障，获得了第二届中国扶贫优秀案例奖，也是河南省健康扶贫领域唯一获奖案例。

其一，搭建平台。济源市委、市政府利用"互联网＋智慧健康扶贫管理平台"，实现对建档立卡贫困群众的基础信息、疾病分类、随访服务、数据分析等一键查询。其二，强化服务。对列入健康扶贫管理的建档立卡贫困群众，全面建立了"1＋3＋1"的家庭医生签约服务体系，即一个贫困户有 4 名家庭签约医生服务（含 1 名乡村医生），在实现贫困村所有群众 100％家庭签约的基础上，每月至少为贫困群众免费上门到家开展 1 次"一对一"家庭签约和"零距离"随访服务，确保"签约一个、履约一个、做实一个、满意一个"。确保了所有因病致贫建档立卡贫困群众家里有"六个看得见"：看得见健康扶贫明白人、看得见家庭签约医生公示牌、看得见爱心保健箱、看得见健康扶贫档案、看得见健康体检报告、看得见随访服务记录。其三，注重预防。以健康教育巡回讲座、健康咨询为主要形式，开展健康巡讲活动，向贫困群众传播健康知识、提供面对面的健康教育服务，健康扶贫宣传队成员进村入户，手把手、面对面、一对一为贫困群众进行个性化健康教育，快速提升居民健康素养水平。其四，牢抓保障。围绕"两不愁、三保障"，以贫困人口"看得起病、看得好病、方便看病、少生病"为目标，按照"先普惠再特惠、先医保再救助、先基本再大病后补充"的原则，编织了针对贫困患者的多层次、立体式医疗服务与保障网络，贫困群众在镇卫生院住院合规费用全部兜底，实现住院合规费用"零支付"。

济源市委、市政府在探索建立健康扶贫"六位一体"工作体系的基础上，坚持问题导向，围绕让家庭签约医生在健康扶贫中干什么、怎么干，推出了健康扶贫"3521"工作法，即"三看五问二讲一分析"。三看就是看村卫生室是否达到"村有室、室有人、人有证、门要开、屋要净、药品全、摆整齐"的标准；看村室和贫困群众家里的健康档案是否符合规范要求；看爱心保健箱是否真正用起来。五问就是问贫困群众的健康状况，是否办理有慢病卡和政策享受情况，是否进行家庭医生签约，是否参加居民医保，是否接受住院治疗。两讲就是讲健康扶贫政策、健康教育知识。一分析就是重点分析贫困群众的医疗费用负担情况，是否在可承受范围之内。通过推广健康扶贫"3521"工作法，从一定程度上解决了健康扶贫管理以及家庭签约服务人员的工作固化思维，能够做到及时主动发现问题，及早采取措施进行整改，确保所有隐形问题发现得早、整改得好，也确保了所有健康扶贫政策落到实处。

健康扶贫"六位一体"工作模式探索实施以来，6 项工作内容融入每一位贫困户的服务中，确保把健康扶贫工作做实做好做精准，推进了济源健康扶贫工作的扎实开展，确保健康扶贫工作真正落到实处，提升了健康扶贫工作的服务感受度和贫困群众的获得感，打造了具有济源特色的精准健康扶贫模式。

图 9-6　济源"六位一体"健康扶贫案例入选第二届中国优秀扶贫
案例报告会优秀案例

(三)"智慧医疗"便民服务

因病致贫是脱贫攻坚工作中难啃的一块"硬骨头"，贫困群众因就医流程不清楚导致的就医难问题也尤为突出，济源市委、市政府为了确保健康扶贫更精准、因病施策更到位、履约服务质量再提升，全面推行"智慧医疗"。济源市投资 30 余万元建立了"济源市互联网＋智慧健康扶贫管理平台"，制作"济源市健康扶贫服务卡"，实现对建档立卡因病致贫群众的基础信息、疾病分类、随访服务、数据分析等一键查询，打破地区、部门之间的"信息孤岛"，更加方便地为贫困群众提供健康服务。

"济源市健康扶贫服务卡"及时发放到贫困群众手中，有了这张小卡片，很大程度上缓解了就医程序烦琐问题，贫困群众看病方便了很多。"济源市健康扶贫服务卡"相当于贫困群众就医的"绿色通行证"，贫困群众就医时，只需到医院门诊大厅向咨询台工作人员出示相关贫困证明，工作人员会第一时间打电话通知医保科，医保科工作人员迅速来到咨询台接待患者，带着患者到门诊部看病；接诊医生打开"济源市互联网＋智慧健康扶贫管理平台"，根据服务卡上的姓名查询患者的情况，再结合患者当前的症状，很快对患者进行诊治。

为保障"智慧医疗"工作稳步推进，济源市各医疗机构均在门诊大厅设立了健康扶贫服务台，开展"一站式"就医服务，有专人负责接待贫困患者。工作人员或带着贫困患者到门诊部看病、做检查，或帮助贫困患者办理住院手续，让贫困患者享受到精准扶贫带来的就医便利。实践证明，"济源市互联网＋智慧健康扶贫管理平台"确实方便了贫困患者，贫困患者可以得到精准的诊断和治疗，少跑冤枉路，少花冤枉钱，同时该平台的投入使用不但降低了患者的就诊成本，而且助推了健康扶贫工作，实现了"一卡在手，看病无忧"。

图 9-7 济源市医疗机构设立的健康扶贫服务处

四、社会保障制度兜底

民政工作关系民生、连着民心，是社会建设的兜底性、基础性工作，做好民政工作，最能体现党全心全意为人民服务的宗旨，最能体现社会主义制度的优越性，最能体现党和政府对人民群众特别是困难群众的关心爱护。随着济源市经济的快速增长，为切实解决"漏保""脱保"等突出问题，在帮助绝对贫困群体的同时，把相对贫困人群纳入保障和改善民生的对象范围，充分发挥民生兜底保障作用，全面实施最低生活保障政策、特困供养政策和临时救助政策，助力打好打赢脱贫攻坚战，全力确保困难群众"应保尽保、应救尽救"。例如，重度智力、精神、肢体残疾人，农村孤寡老人，他们没有劳动能力，不可能靠自己的劳动来维持温饱，属于相对贫困群体，不得不靠政府的支持才能脱贫，需要社会救助才能保障基本生活。济源市委、市政府加大"输血"功能，构建社会兜底保障体系，深入调查，将全市符合条件的贫困人员，全部纳入五保和社会低保保障体系。在住房兜底方面，针对 60 周岁以上的建档立卡贫困户老人、纳入低保范围的老人、贫困残疾人家庭老人、分散供养特困老人和留守老人，加大财力鼓励建设贫困村养老院、农村幸福院等项目，使农村贫困老人住房条件得到大幅改善。在教育兜底方面，坚持城乡统筹，构建覆盖全社会的留守儿童关爱体系和残疾儿童教育扶贫结对帮扶体系，实施贫困重度残疾人家庭无障碍改造工程等多种形式的救助，加大对贫困家庭大学生的救助力度，建立保障贫困家庭学生入学的长效机制；在医疗兜底方面，扎实开展健康扶贫，在提高医疗保险待遇的同时，全面落实医疗兜底救助制度，构建医疗综合保障体系，实现贫困人口基本医保、大病保险、医疗救助和兜底保障相互衔接；探索创新"增孝关爱补贴"的养老兜底新模式，进一步强化老年人社会保障体系，加强养老兜底服务建设。济源市委、市政府秉承"叩石垦壤、坚持不懈"的愚公移山精神内涵，持续不断进行脱贫攻坚的有益探索，率先实现城乡低保一体化，切实发挥民政在脱贫攻坚战中的兜底保障作用，全面落实最低生活保障政策，保障好困难群众基本生活，努力让困难群众拥有更多的获得感、幸福感、安全感。

（一）强化特殊贫困兜底

针对弱势人群的扶持和"兜底"工作还存在明显不足，这是我国民生领域突出的短板。针对我国民生领域的突出短板，习近平总书记在党的十九大报告中强调，要"统筹城乡社会救助体系"，完善社会救助制度、健全农村留守儿童和妇女、老年人关爱服务体系，加强残疾人康复服务；"积极应对人口老龄化，构建养老、孝老、敬老政策体系和社会环境，推进医养结合，加快老龄事业和产业发展"，进一步完善社会救助体系，加强兜底保障覆盖面。济源市委、市政府充分认识兜底保障在脱贫攻坚中的重要地位和作用，抓紧补齐政策短板，切实加大财政投入，尤其是在针对残疾人方面，结合工作实际情况，创新建立了残疾人脱贫攻坚"六大工作机制"，即"一办证、两同步"政策宣传落实机制、"月走访"工作作风优化机制、"以考促学"学习机制、"月汇总、归档、回查"工作机制、"会商研讨"工作机制、督查落实工作机制，堵严了工作漏洞，确保了各项惠残政策的精准落实落地，不断提高兜底能力和兜底水平。

济源市委、市政府在精准扶贫、精准脱贫工作中不断努力，率先在全省将残疾儿童救助范围由0～6岁扩大到14岁，并将0～6岁脑瘫儿童、智力残疾儿童和自闭症儿童康复纳入慢性病管理范围，同时建立了村级卫生所村残协、镇级卫生院镇残联、市级医院康复机构三级筛查随报网络，在全市范围实施了随发现、随筛查、随认定、随救助的常态化工作机制，确保发现一个、评估一个、救助一个，残疾儿童康复救助全覆盖，解决了绝大多数贫困人口的稳定脱贫，针对留守儿童、残疾贫困人群、失能半失能老人等特殊贫困居民，重点整合民政、卫计、教育和残联部门资源、资金，强化特殊贫困群体兜底保障。一是农村幸福院推进住房兜底。针对60周岁以上的建档立卡贫困户老人、纳入低保范围的老人、贫困残疾人家庭老人、分散供养特困老人和留守老人，济源市委、市政府加大财力支持，鼓励各地建设贫困村养老院、农村幸福院，解决了贫困地区失能半失能老人的基本住房问题，使农村贫困老人住房有了保障。二是实施"送教上门"促进教育兜底。济源市教育局加大对教育法律法规的宣传，加强学籍监测，进行入户走访，认真落实贫困（残疾）学生帮扶资助政策，将所有残疾学生和困境儿童全部纳入资助范围，解决这部分孩子及家庭的后顾之忧。对于能随班就读的适龄残疾儿童，尽可能安排进班随班就读；对于随班就读有困难的学生，协调安排到特殊教育学校就读；对于留守儿童和中重度残疾不能到校就读的，充分发挥相关工委、团工委、妇委会等群团组织力量，采取"一人一案"、依据户籍所在地学校进行送教上门的方式，推进"留守儿童之家"建设，开展"爱心妈妈、爸爸"帮扶结对活动，切实保障所有困境儿童少年都能够得到关爱、接受平等教育、幸福成长；对 0～6 岁贫困残疾儿童，实施贫困残疾人辅助器具适配计划和贫困重度残疾人家庭无障碍改造工程，为需要辅助器具的贫困残疾人及时提供抢救性康复服务和康复救助，加快非义务教育阶段特殊教育发展；对 16 周岁以上有长期照料护理需求的贫困重度残疾人，符合特困人员救助供养条件的纳入特困人员救助供养，不符合救助供养条件的，鼓励地方通过政府补贴、购买服务、设立公益性岗位、集中托养等多种方式，为贫困重度残疾人提供集中照料或日间照料、邻里照护服务。三是"第六道防线"托起医疗兜底。济源市在实行贫困群众基本医疗救助的基础上，全面落实医疗兜底救助制度，实施医疗第六道防线"困难群众医保再保障"，实现贫困人口基本医保、大病保险、医疗救助和兜底保障相互衔接。济源市委、市政府整合资源，在住房、教育、医疗上同时发力，做好托底工作，不断促进济源市全体人民全面发展、共同富裕，解决好每一位身处困境者的燃眉之急，让民众有更多获得感、更强幸福感。

（二）统一城乡低保制度

城乡一体化是中国现代化和城市化发展的一个新阶段，把城镇居民与农村居民作为一个整体，统筹谋划、综合研究，通过体制改革和政策调整，改变长期形成的城乡二元经济结构，实现城乡在政策上的平等、国民待遇上的一致，让农民享受到与城镇居民同样的文明和实惠，使整个城乡经济社会全面、协调、可持续发展。济源市委、市政府以深度贫困群体脱贫攻坚为重点，加强以老年人、残疾人、重病人为重点的重度贫困群众的攻坚战，探索更加有针对性的扶贫政策，在全省率先实行城乡低保并轨、低保标准统一，全力助推贫困群众稳定脱贫，促进城乡一体化建设。

济源市民政部门组织工作人员分镇分期分批对全市低保对象进行了精准认定，结合实际生活水平评估，对低保家庭分类施保、分档实行兜底保障、靶向脱贫。将符合低保政策的建档立卡贫困户、贫困边缘户、低保边缘户，按审核审批程序全部纳入低保或特困供养范围；对重度残疾人、大病重病患者、一户多病、一户多残、老残同户等重点救助家庭或对象，根据实际情况适当提高补助水平，采取多种措施保障其基本生活。济源市低保政策按贫困程度却不按城乡分类，按照低保标准增长机制实行动态调整，实行城乡低保一体化，确保最低生活保障救助公平、公正、合理。

根据济源市 2015—2019 年城乡低保信息表（见表 9-4），济源农村低保人数远多于城市低保人数，这在很大程度上加大了城乡低保一体化的难度。在济源市民政部门的统筹领导下，全体党员干部攻坚克难，积极探索创新城乡低保一体化，于2018年在全省率先实行城乡低保一体化。2018年不再区分城市农村，城乡低保统一标准为每人490元，2019年为每人520元。

表9-4　济源市2015—2019年城乡低保信息表

年份	低保人数/人		低保标准/元		特困人数/人		特困标准/元	
	农村	城市	农村	城市	集中供养	分散供养	集中供养	分散供养
2015	19292	5466	300	380	493	452	4560	3000
2016	17517	4929	300	380	496	449	4560	3000
2017	14752	4211	300	400	498	492	6708	4680
2018	7447		490		576	556	7644	6468
2019	10473		520		568	644	8112	8112

数据来源：根据济源市资料整理

＊＊＊专栏9-4

使命担当，攻坚克难

正如鲁迅先生所讲，"我们自古以来，就有埋头苦干的人，有拼命硬干的人，有为民请命的人，有舍身求法的人……这就是中国的脊梁"。济源市党员干部正是因为秉持着一心为公、造福子孙的强烈历史责任感和使命感，前赴后继、不懈奋斗，推动着济源脱贫攻坚稳步前进，取得优异的成绩。李向阳秉承着"星星之火，可以燎原"的坚定信念，奋斗在扶贫第一线。

　　李向阳曾是一名装甲步兵，任干部期间两次荣立三等功，2004 年 10 月转业到河南省济源市民政局工作，从此，他致力于民政工作，攻坚克难，为济源市脱贫攻坚奉献一分力量。一是秉持军人本色，政治坚定抓扶贫。李向阳同志自转业以来，坚持退伍不褪色，不忘初心，牢记使命，充分发扬革命军人特别能吃苦、特别能战斗的精神，坚持自身党性修养和锻炼，具有较强的政治敏锐感，在重大原则问题上旗帜鲜明，在大是大非面前头脑清醒，顾全大局，任劳任怨，为民政事业做出了应有的贡献。二是探索创新，精准施策。2016 年 11 月担任局社会事务和社会救助科科长后，他始终抓住民政政策与扶贫政策紧密衔接这条主线，坚持民政为民、民政爱民的工作理念，将大量的双休日投入到工作中。经过一年多的调研论证修订政策，2018 年，济源市率先在河南省实行城乡低保一体化，完善了低保制度，健全了城乡统筹的社会救助体系，大幅度提高了困难群众的救助水平，使大批符合条件的困难群众纳入最低生活保障，广大困难群众尽享改革红利；充分发挥行业政策在脱贫攻坚中的保障作用，在全省首创增孝关爱扶贫模式，鼓励建档立卡贫困户中的子女为 60 岁以上老人每月按规定寄存赡养费，由民政部门为老人发放"增孝关爱补贴"。三是突出重点狠抓精准兜底。李向阳把工作重点放在应保尽保、精准兜底上，开展低保领域集中整治行动。在业务上勇于创新，根据政策积极与市公安部门进行沟通协调，流浪乞讨人员的寻亲推送率和脱氧核糖核酸（DNA）采集率均达 100%，指导救助管理站为流浪乞讨人员建立多元化安置渠道。2018 年，为长期滞站人员全部办理了济源户口和身份证，审批纳入特困人员，集中安置到市社会福利院和公立医院托养；关注留守儿童，2017 年 6 月，他起草了《济源农村留守儿童"合理监护、相伴成长"关爱保护专项行动实施方案》，由民政、综治、法院、检察院、教育局、公安局、财政局、计生委八个部门联合下发。组织各镇彻底查清留守儿童构成、特点、家庭状况等基本情况，尤其是义务教育阶段辍学、家庭生活困难、监护人缺失、事实上无人抚养、身体残障的留守儿童。以村为单位建立了留守儿童信息库，每季度更新一次，及时补充或变更联系卡的有关内容。协调检察、妇联等单位，走进留守儿童较集中的乡镇学校，开展"送关爱"活动，为孩子们送去书本、书包、夏凉被、凉席和慰问金等，讲授法治课，宣传有关防火、防溺水、防电、防中暑、防交通事故等安全知识。

为确保社会救助政策落地，他每月都要带领工作人员到农村抽查困难群众的存折，核查资金是否发放到位，检查低保是否公开，经常深入市社会救助管理站、市社会福利院、各镇敬老院等民政服务机构，认真检查消防安全工作，及时排查各类隐患，多年来未出现一起安全事故。逢年过节，他都要和科室人员一起到所有敬老院进行慰问，与特困老人共同聚餐，共享其乐。

李向阳所带科室连续多年被评为民政局优秀科室，本人连续六年被评为优秀共产党员，四次被评为民政局优秀公务员。2017年7月，经群众推荐，组织考察，李向阳同志被河南省委宣传部、河南省军区政治部、河南省民政厅、河南省人社厅、河南省总工会授予"河南省第七届优秀复转军人年度人物提名奖"。2018年5月，被济源市总工会授予"济源市五一劳动奖章"，2018年6月，被评为"2017年度全省脱贫攻坚工作先进个人"，受到河南省政府办公室通报表彰，2019年6月，被中组部、中宣部授予全国"人民满意的公务员"称号。

（三）首创增孝关爱补贴

敬老孝老是中华民族的传统美德。在打赢脱贫攻坚战中，济源市民政局认真贯彻落实习近平总书记关于扶贫工作系列重要讲话精神，按照济源市委、市政府的安排部署，发挥行业职能作用，积极创新扶贫模式，对全市建档立卡未脱贫户中的老人，实施增孝关爱政策，全力助推脱贫攻坚工作扎实推进。通过激励子女孝敬老人，从而在全社会进一步形成尊老、敬老、爱老、孝老的良好风尚，让贫困老人感受到政策的温暖，激发贫困群众脱贫致富的内生动力，做好与乡村振兴的有效衔接。

济源市委、市政府在扶贫工作调研中，发现一些贫困户中的子女，因为在外工作、外出打工、交流学习等原因，往往不能和老人居住在一起，平时难以照料老人，造成贫困老人收入没有保障，精神缺少慰藉，安全隐患增多，成为扶贫领域的新问题。民政、扶贫等部门结合济源实际，充分调查论证，建立实施了增孝关爱扶贫激励政策，即鼓励全市建档立卡未脱贫户中的子女积极为老人寄存赡养费。一是完善工作机制，规范管理。完善组织领导机制。将增孝扶贫列入重要议事日程，多次召开会议研究部署，成立了济源市增孝扶贫专人专班，明确了增孝扶贫牵头领导，形成了党政一把手负总责，分管领导专门抓，镇办组织具体抓的工作机制，层层绑实绑牢主体责任，完善受助核查机制。增孝扶贫办理逢进必核，精准认定，完善救助经办机制。对增效救助实行一体化推行，一站式受理，一个口进出的"三个一"救助模式，畅通社会救助的绿色通道，完善绩效考评机制。建立责任追究制度，加强社会监督，确保各项救助政策阳光、透明、公正。二是制定实施方案，明确办理程序。凡符合条件的建档立卡贫困老人，其子女按月将赡养费寄存到老人账户上，并将银行出具的显示寄存子女姓名及收款老人姓名的有效转账凭证原件提交镇民政所，镇民政所对资料进行审核，审核把关后提交市民政局审批，市民政局审批通过后，将补贴直接拨付到老人银行卡或存折上。三是先锋模范，倡导文明新风。结合乡村振兴，成立由村"两委"干部、党员代表、群众代表等参加的评选小组，在全村开展"孝老爱亲"系列道德模范评选活动，对为贫困老人寄存赡养费的，作为参评"孝老爱亲"等道德模范的优先条件。对评选出的"孝老爱亲"等道德模范，在全社会广泛宣传其先进事迹，并由市政府给予适当物质奖励；对不孝不亲的反面典型，群众反映强烈的，评选小组把其反面事例公之于众或在媒体曝光；对于子女在行政单位或企事业单位工作的，同时将有关情况通报至所在单位。

济源市委、市政府紧紧围绕"子女尽责、政府履责"的扶贫新理念，在充分调研、座谈的基础上，聚焦问题、创新思路，不忘初心、为民谋利，在全省创新出台增孝扶贫政策，精准发力，在全市上下引起了强烈的反响，营造了孝老爱亲浓厚社会氛围，取得了良好的社会效应。

2020 年根据脱贫攻坚工作需要，将增孝关爱政策适用范围由原来的建档立卡未脱贫户中年龄在 60 周岁（含）以上的老人扩大到建档立卡已脱贫享受政策户中年龄在 60 周岁（含）以上的老人。

※本章小结

遵循"人们对美好生活的向往是我们共同的追求"的目标，可以将推动全面小康社会向更高一级的社会形态发展。为此，城乡共享发展的全面小康社会、城乡公平发展的小康生活是济源市不断追求的目标。济源市认真学习习近平总书记讲话精神，传承和弘扬愚公移山精神，使愚公移山精神与习近平扶贫思想理论在济源扶贫工作中发挥独特的历史作用、文化作用、精神作用和情感作用。积极推动城乡关系从对立与二元走向融合发展，把脱贫攻坚与乡村振兴、农村人居环境整治结合起来，统筹贫困村与非贫困村发展，不断强化基础保障和托底性功能，探索出一条帮助贫困群众稳定高质量脱贫的路子，取得显著成效。济源市在基础保障和民生兜底方面的实践探索，有以下三点值得各地推广学习。

图9-8 贫困群众脱贫光荣照

第一，充分发挥工作模式在民生保障中的引领作用。济源市组织相关部门深入贫困地区调查，统筹部署，创新适合济源脱贫攻坚的扶贫工作模式。在危房改造中，精准识别、精准实测，在改造贫困群众住房条件的同时，保留当地文化传统建筑，将土窑改造为具有历史文化的旅游景点，留住乡愁；在教育扶贫方面，创新"双千双扶"模式，精准帮扶，组织师生志愿者到贫困村开展彩绘文化墙活动，将扶贫政策画到贫困村的墙上，让村民们时时刻刻关注到帮扶政策，激发贫困群众脱贫致富的内生动力，深化教育扶贫，助攻乡村振兴；因病致贫是济源市的突出问题，济源市委、市政府不断探索解决之法，创新形成环环相扣的"六位一体"健康扶贫闭环工作模式，极大地缓解了因病致贫、因病返贫现象，为打赢脱贫攻坚战提供强有力的健康保障。

第二，坚持教育资源与医疗资源下沉。完善的资助体系和医疗服务体系充分体现了党和政府对生活困难群众的关心，也充分体现了社会主义制度的优越性。为保证适龄儿童都能上得起学，济源市委、市政府加大财力倾斜，完善从学前教育到高等教育的教育资助体系，全面落实义务教育两免一补，加大奖助学金补助力度，推动控辍保学有效实施，大大缓解了因学致贫、因学返贫的突出问题；在教育扶贫激发贫困群众内生动力的同时，加大医疗扶贫力度，建立"六位一体"医疗扶贫工作模式，全面推行"智慧医疗"，推行医疗"六道保障线"，织牢健康扶贫服务网，保障贫困群众稳定脱贫。

第三，强化愚公移山精神的动力支撑作用。为做好脱贫攻坚与乡村振兴的有效衔接，济源市全体人民充分发挥愚公移山精神，推进扶贫向深开展，啃下扶贫路上最难啃的骨头。精准识别残疾人群、特困供养人群等，分类施策，创新建立了残疾人脱贫攻坚"六大工作机制"，首创城乡低保一体化，实现城乡低保救助平等，推进城乡一体化建设；创新增孝关爱补贴，在降低政府救助压力的同时，激励子女传承中华美德，营造了孝老爱亲浓厚社会氛围，推进贫困地区高质量脱贫和乡村振兴战略实施。济源市在脱贫攻坚中强化愚公移山精神动力支撑，压实脱贫责任，在保留优秀传统文化的基础上，积极探索脱贫攻坚新模式，形成脱贫攻坚强大合力，实现从开发式扶贫向开发与保障扶贫并重、从短期政策扶持向短期政策与长效机制并重转变，全面提升群众获得感、幸福感，实现高质量稳定脱贫。

第十章 | 脱贫成效与乡村振兴有机衔接的
"济源方案"

接续推进全面脱贫与乡村振兴有效衔接。脱贫摘帽不是终点，而是新生活、新奋斗的起点。要针对主要矛盾的变化，理清工作思路，推动减贫战略和工作体系平稳转型，统筹纳入乡村振兴战略，建立长短结合、标本兼治的体制机制。[①]

中国共产党在实现两个一百年奋斗目标的历史使命下为解决"三农"问题提出了精准扶贫和乡村振兴两大战略，建设社会主义强国。在全面建成小康社会的驱动下，精准扶贫的脚步踏遍祖国的万里河山，从

[①] 习近平：《在决战决胜脱贫攻坚座谈会上的讲话》，12页，北京，人民出版社，2020。

产业、教育、医疗、基础设施等方面切断了全国贫困群众陷入贫困圈落的后路。济源市在经济社会发展过程中，始终坚持把脱贫攻坚作为第一民生工程，在"以民生改善为目标，以产业发展为核心，以协调发展为基调"的扶贫思想指导下，坚持多措并举，有序推进各项扶贫工作，持续提升脱贫质量。愚公故里打响的这场脱贫攻坚战，取得了阶段性胜利，产生系列效应，为经济腾飞发展补齐了短板，为乡村振兴与产城融合示范区的工作稳步推进奠定扎实基础。

举国上下开展的精准扶贫、精准脱贫攻坚战，为全面建成小康社会补齐短板，为全面实施乡村振兴战略做好扎实准备工作；各地因地制宜地针对实际工作中出现的"拦路虎"探索多元解决路径，为后脱贫时代建立长效稳定脱贫机制、巩固拓展脱贫成果提供了参照样本，同时与乡村振兴有机衔接进行有益探索。然而插花式贫困地区虽未在国家重点资源、政策的帮扶范围内，但在全国打赢脱贫攻坚战的部署中，插花式贫困地区面临的问题不容小觑。习近平总书记提出的"立下愚公移山志，打赢脱贫攻坚战"对愚公故里的济源具有重要意义，"愚公移山，敢为人先"是济源的精神符号，济源市在推动区域经济发展时始终秉承愚公移山精神，在发展中扶贫，在扶贫中发展，实现发展与扶贫的良性互动，全力推动经济社会高质量发展。在脱贫攻坚的奋进征程中，济源市探索的一系列扶贫发展经验为未来乡村发展奠定基础性作用，城乡融合体制的建立为农村发展提供新的经济增长动力，多元新型经营主体在产业发展中将小农户与市场相连，促进农业现代化发展，为脱贫攻坚与乡村振兴有机衔接提供了济源方案。

图 10-1 济源城市风光

一、插花型贫困的整体减贫成效

济源市在精准扶贫工作上，坚持科学统筹多措并举的治理方案，为其在未来城乡一体化进程中添墨画彩。利用自身优势，借助社会力量带动，培植乡村产业，实现"村村有产业，户户有增收"。深植精神扶贫，赋予愚公移山精神以新的时代含义，着力激发群体内生动力。举全市之力，全党动员，全线压上，调动社会力量，倾力帮助贫困群体增收致富，取得脱贫攻坚的阶段性胜利。

（一）产业与公共服务双促进

从产业带动来看，济源市强化"三个落实"、做到"四个不摘"，以促进贫困地区农业供给侧结构性改革为重点，不断壮大蔬菜制种、高山蔬菜、优质烟草、优质林果、畜禽养殖等特色农业产业，建立健全利益联结机制，实施龙头企业"联镇带村"行动，以自有优势建强农业农村发展；加强基层党建与产业双推动，推出党建引领"双联双助双促"行动，以党建强有力的组织性、政治性和号召性带领贫困群体脱贫致富；发挥合作社的示范作用，通过合作社将公司、市场、人才、技术连接起来，持续增加贫困群众经济收入；发动电商引领产业发展新潮流，线上线下合力拓宽农副产品销售渠道；在全域旅游带动下，积极探索包容性乡村旅游发展，提高农户副业收入，实现美丽乡村建设。自此，产业扶贫取得了较大成效，济源市从全域视角出发，科学规划农业产业布局，于 2019 年实现各类农业产业面积增加，带动农户增收，也为乡村振兴的产业兴旺奠定基础（见表 10-1）。

表 10-1　2019 年济源市产业发展带贫成效一览表

产业类型	产业面积/亩	产值/万元	带动贫困户/户
蔬菜制种	35000	23800	192
烟叶	7000	2775.5	34
蔬菜	80000	96000	286
冬凌草	15000	4500	8
畜牧	——	138728	438

数据来源：济源市扶贫开发办公室

从基础设施建设及公共服务来看，济源市自 2010 年以来基础设施就已经完善，所有村庄实现通村道路全覆盖，通村自来水全覆盖。在民生工程方面，每个县卫生机构全覆盖，基本医疗保险和基本养老保险人数覆盖面积逐渐上升。教育水平方面，自 2010 年至 2019 年学龄儿童入学率保持在百分之百的状态。济源市基础设施建设、民生工程建设以及教育水平提高为完成脱贫攻坚任务和实现经济发展创造有利环境和条

图 10-2　济源市蔬菜制种产业基地

件，推动人口恩格尔系数逐年降低（见表 10-2）。

表 10-2　2010—2019 年济源市基础设施建设及基本公共服务情况一览表

年份	恩格尔系数/%	基础设施建设		民生工程建设			教育
		通村主干道路硬化率/%	通村自来水覆盖率/%	全县卫生机构数量/个	基本医疗保险人数/人	基本养老保险人数/人	学龄儿童入学率/%
2010	37.8	100	99.30	25	91107	109238	100
2011	35.5	100	99.30	25	99584	117570	100
2012	33.7	100	99.30	25	104380	134095	100
2013	33	100	99.30	25	117985	145278	100
2014	29.3	100	99.30	25	140357	183223	100
2015	29.6	100	99.30	25	244550	174288	100
2016	28.8	100	99.30	25	169298	175026	100
2017	25.4	100	99.30	25	701466	214206	100
2018	—	100	99.30	26	705047	305843	100
2019	—	100	99.30	—	694389	305792	100

数据来源：济源市扶贫开发办公室

图 10-3 王屋镇美丽乡村

（二）物质与精神双创扶

脱贫攻坚除了带来贫困发生率的降低，贫困群体收入增加等直接效果以外，还引致政府治理水平提升、内生动力的激发等影响。济源在脱贫攻坚过程中，严谨的工作作风促进济源治贫能力提升，以实际行动赋予愚公移山精神以新的内涵。破解城乡二元结构的做法，实现社会公平性。

首先，济源市将脱贫攻坚作为发展社会经济的主要力量，从组织架构、队伍建设、机制创新上探索出一套自上而下、行之有效的工作机制。从基层而言，开展扶贫领域基层减负工作落实、整肃扶贫领域作风问题，发扬愚公移山精神的带动影响力，以精神涵养促脱贫攻坚，进而提高工作队伍的能力和素质，为今后乡村振兴战略实施奠定有力的人才基础和制度基础。

其次，济源市对集体经济的强力干预，使得济源市各村庄集体经济

图10-4　济源市帮扶干部到村民家中走访

收入均实现增长。产业扶贫基金引导的村集体经济项目，为村级持续性发展提供金融保证；龙头企业"联镇带村"行动为村集体经济创收提供技术支撑；合作社带贫，通过各主体相互配合的形式，为村集体经济收入创建多种来源渠道。在政府组织、社会力量、市场以及扶贫基金的干预下，基本上实现村村有集体经济收入，从而极大地增强村级发展信心，为后续城乡融合一体化、乡村振兴发展战略实施提供动能。

此外，脱贫攻坚不仅仅是解决物质上的贫困，更应该重视精神文明建设。扶贫与扶志同等重要，济源脱贫攻坚这一路走来，离不开其背后人文精神的支持。扶贫工作的逐渐深入，济源实现物质脱贫—能力脱贫—精神脱贫三位一体有机统一的治贫体系。持续弘扬愚公移山精神，赋予愚公移山精神以新时代内涵，坚持"锲而不舍，久久为功"的定力，真正挖掘贫困群体的自身发展动能，从而从整体上营造良好的社会发展氛围，促进政府、社会和贫困群体目标耦合的发展合力。

图 10-5 2020 年 1 月济源和北京师范大学开展情系愚公家乡·助力
脱贫攻坚文化扶贫活动

二、社会治理与绿色经济转型

脱贫攻坚的推进不仅直接改善我国贫困地区的发展面貌，促进落后
地区贫困群众生活改善，同时还有力地推动我国乡村治理的现代化转
型，加速城乡融合发展趋势，推动资源开发与环境改善的良性活动，在
整体上与乡村振兴战略相契合。由精准扶贫推进引发的对于经济社会发
展实践和社会意识等层面的深刻变革，形成引人瞩目的"溢出效应"。
在实际工作推动过程中，精准扶贫的溢出效应已经显现出对于实现"产
业兴旺，生态宜居，乡风文明，治理有效，生活富裕"的乡村振兴国家
战略目标的重要现实意义和价值。

精准扶贫工作开展以来，济源市通过健全扶贫机制、创新扶贫模

式、统筹扶贫资源，多措并举统筹推进域内扶贫工作。2018 年，济源 59 个贫困村全部脱贫出列。2019 年，济源实现建档立卡贫困人口全部脱贫，提前一年完成脱贫攻坚任务。济源市的脱贫攻坚工作不仅直接带动域内贫困地区、贫困人口的脱贫致富，同时其溢出效应也在济源的城乡融合发展、自然环境改善、乡土文化生成和乡村治理水平的提升等方面产生深刻而长远的影响。

（一）城乡一体化发展

城市相较于农村有资源禀赋的天然优势，无论是在产业发展、社会保障或是治理水平等方面，城市的发展水平都高于农村地区，因此农村地区的减贫、脱贫工作要以城乡融合发展为依托。农村在脱贫攻坚中通过外部财政、技术、制度资源的输入，激发本地发展的内生动力，推动特色产业链条发展，带动贫困村、贫困户增产、增收，对于城乡一体化融合发展也有着重要的助推意义。济源市经过多年探索，逐渐在脱贫攻坚工作中形成依托"产城融合，城乡一体化"发展规划，统筹城乡发展资源，脱贫攻坚与城乡一体发展、协同共进的局面。脱贫攻坚的溢出效应直接助推了城乡融合发展的步伐，城乡融合发展反过来又对脱贫成效和质量给予了强有力的保障。具体来看，脱贫攻坚对于城乡融合发展的溢出效应主要体现在城乡产业链条对接、社会保障均衡、公共服务优化配置等方面。

首先，在产业链条对接方面，济源市在脱贫攻坚中重视贫困地区特色产业资源的开发利用，通过"以城带乡""企业带贫""消费扶贫"等形式加速城市资源、技术同农村地区特色发展资源的有机结合，强化了城乡产业之间的联系，使城乡产业发展紧密结合在一起。同时，济源是改革开放的"试验田"，先后承担国家中小城市综合改革试点、产城融合示范区的任务。借助这一发展大趋势，积极推进产业结构转型升级，推进企业向大产业链、全产业链高端化方向发展。通过产业合理布局、产业链嵌入扶贫工作的形式，使产业链的每个环节与地方扶贫工作相适应，真正实现推动产业改革升级的同时助推产业扶贫进程，从经济利益上强化城乡连接。

其次，在社会保障均衡发展方面，济源市在确保贫困人口"两不愁三保障"的基础上，通过提高农村地区社会保障水平、城乡社会保障同步化来消减城乡社会保障差距，提高社会公平性，为农村贫困人口脱贫提供坚实的保障服务。济源市促进城乡一体化发展的载体是产城融合，在政策设计上和具体落实上兼顾城市居民和乡村居民的利益诉求，确保区域内社会整体平衡发展。以脱贫攻坚为出发点的城乡社会保障均衡化发展在实现其原有目标的同时对于提升农村居民幸福感和获得感、消解城乡二元格局、推动城乡融合起到了积极作用。

此外，在公共服化配置方面，济源市通过定制扶贫政策"大礼包"，加强对农村地区的就业、教育、医疗、交通等公共服务配置量，率先在全省实现城乡居民养老全覆盖、社会养老保险并轨和医疗一体化。持续提高乡镇卫生院和村卫生室医疗基础设施水平，积极推进公立医院改革。探索城乡一体学校管理模式，实现教育均等化、公平化。一系列措施既助推农村地区经济、社会发展，也符合"就业跟着产业走、居住跟着就业走、公共服务跟着居住走"的城乡一体化发展思路，提高了农村城镇化的发展水平、发展质量。

（二）社会治理环境提升

精准扶贫与乡土文化协同发展。文化是人类特有的社会现象，农村经历几千年发展形成的乡村文化深厚历史积淀和丰富内涵，是农村人与物的外在表现，也是乡村灵魂之依托。"文以化人"以文化熏陶人类的行为使其发挥潜移默化的作用。济源市在脱贫攻坚工作中，把文化为民、文化惠民、文化乐民作为文化扶贫的基本价值导向，通过打造系统的文化扶贫平台、建设过硬文化扶贫队伍、创作优秀文化扶贫作品，真正实现文化扶贫的产品供给、传播流通和受众反馈的有机结合。

传统扶贫主要针对贫困地区和群众从经济物质上进行辅助，而实践证明贫困地区要改变贫穷落后面貌，既要从经济上加强扶持，更需要加强智力开发和健康文化重建。文化扶贫以"治贫"必先"治愚"的思想为先导，从文化和精神层面上给予贫困地区以帮助，大力发展农村文化事业，提高农民的思想文化素质和科学技术水平，打造豫剧《山路弯弯》以形象传达愚公移山精神内涵，从根本上创造农村经济发展、农民综合素质提升的有利条件。其次，济源的文化扶贫，一方面通过科技教育培训等形式满足了贫困群众在发展生产过程中对先进科学技术的迫切需求，另一方面也通过文化产品下乡满足了广大群众迫切的精神生活需求。在文化扶贫活动开展的过程中，济源贫困地区的扶贫文化逐渐生成，乡村内生文化快速成长，乡村地区的文化认同、文化归属和文化自信不断增强。相应地，在乡村振兴中，文化振兴是"灵魂工程"，乡村文化让人记住乡愁，留住乡情，对乡村振兴"塑魂"具有较强的价值引领和价值导向作用。济源市以全域旅游烘托乡村旅游建设，以"乡愁"

留住游客，从形式和内涵上保障乡村文化发展，协同推进文化脱贫与文化振兴工作。

精准扶贫与乡村治理协同发展。传统乡村治理的难题主要集中在治理手段落后，队伍建设不强；产业发展较弱，集体经济空壳；内生文化不足，群众参与不够等几个方面。而当前济源市的脱贫攻坚工作恰好在乡村队伍建设、产业发展和文化生成方面不断发力，在推动贫困地区脱贫致富的同时深刻地改变了乡村地区的治理面貌，精准扶贫工作的溢出效应深刻改变了域内乡村治理的结构，提升了乡村治理水平，推动了乡村向治理有效的目标大踏步前进。

在队伍建设方面，济源市一方面通过驻村工作队为乡村干部队伍带来了新的工作理念和方法，提升其工作水平；另一方面通过严格执行脱贫攻坚各项考核制度，使乡村干部队伍实现了"能者上，庸者下，劣者汰"的良性更新，优化了干部队伍构成。这两方面的努力大大增强了乡村干部队伍的综合水平。

在产业发展方面，济源市积极引导贫困村通过土地流转、入股龙头企业、组建合作社等方式，盘活村级集体资产，助推集体经济的重建。在扶贫中特别重视扶持贫困村发展集体经济，增强村级集体经济的造血功能。乡村村集体经济的成长，一方面使得现实的脱贫攻坚工作有了有力抓手，另一方面也重塑或增强了乡村治理主体的权威和群众对于村级治理活动的认同。

在文化生成方面，济源市通过多内容、多形式、多渠道相结合的文化扶贫政策，为贫困地区供给了生产、生活迫切需要的科学技术和文化产品，使乡村地区的文化供给水平得到快速提升。文化产品外部供给的丰富化和内生动力的充足化是当前济源市乡村文化发展的主要趋势和表现。乡村优良文化的生长在助推脱贫攻坚的同时也在不断改善着乡风、村风和民风，并最终为乡村治理的改善和提升提供优良的文化环境。

（三）绿色循环经济培育

在脱贫攻坚中，生态扶贫是打赢脱贫攻坚战的关键举措，显示出强大的生命力。在乡村振兴战略中，良好生态环境是乡村振兴的支撑点，也是乡村振兴的乡村优势和宝贵财富。济源市从长远利益考虑，站在发展的制高点，协同推进生态脱贫与生态振兴，推动产能向绿色发展方式转变，推动乡村旅游向人与自然和谐相处的方向发展，全面治理境内生态环境，推动发展新动能转换。

全面治理生态环境，实现人与自然和谐相处。生态环境是承载人类社会发展的基础，坚持绿色发展是精准扶贫的重要原则。坚持绿色发展的基本原则就是要在扶贫开发中牢固树立保护生态环境就是保护生产力、改善生态环境就是发展生产力的理念。济源市是河南省重点林业市之一，全市山场面积广阔，森林资源丰富，山区、丘陵面积占到全市面积的88％，森林覆盖率达45.06％，居全省第二，且贫困人口分布与林业发展重点区域高度重叠。以此为基础，济源市确定了自身在扶贫开发中对于环境保护特别是对于林业发展"开发与保护相统一，生态环境与经济收益双提升"的基本发展思路。济源市一方面在开展林地确权的基础上，通过林业供给侧结构性改革，推动林业产业化的合理发展，使贫困农户能够在退耕还林、荒山育林、林产品深加工等多方面获益增收；另一方面，则始终坚持"与自然和谐共生"的基本方略，加快推进现代生态林业建设，真正做到保护并扩大济源市的"绿水青山"，打造生态宜居的乡村环境。总的来看，济源市的扶贫开发活动扎实做到了将生态文明理念融入经济发展和脱贫攻坚全过程、全方位、全地域，引导、倒逼地区绿色发展，探索出了绿水青山就是金山银山的新道路。

产业结构升级转型，实现绿色循环可持续。济源市坚持以工业做保障，新兴产业发展为导向，深度延伸产业链，实现生产全程无废料，资源的高效利用。通过鼓励各大企业参与扶贫工作，用产业链各环节嵌入到产业扶贫中，依据贫困村、贫困群体特征，安排不同生产环节，在保护地方生态环境的同时，促进农村产业发展，贫困群体稳定增收，生产生活条件明显改善，生态产品供给能力增强，生态保护与经济社会发展状况相适应，可持续发展能力进一步提升。

三、激发内生动力与厚植愚公文化内涵

贫困问题是一个综合性的社会发展问题，经济贫困的背后往往深藏着文化贫困的特质。围绕"扶贫扶志"的目标，积极开展文化扶贫工作，改善地区文化环境，厚植愚公文化深刻内涵是济源提升贫困乡镇、贫困村人口文化素质，激发贫困群体内生动力和"造血"功能的主要手段，也是济源从根本上治理贫困的关键所在。

一是弘扬愚公移山精神，扶贫与扶志扶智深度融合。济源牢记习近平总书记的话，将愚公文化精神与扶贫扶志扶智充分结合，以润物细无声的形式，将文化感染力发挥到极致，深入人心。将每年的 6 月 11 日

设立为愚公移山精神纪念日，在全市持续深入开展"学愚公移山精神，树当代愚公榜样，促济源跨越发展"活动，评选表彰"济源十大当代愚公"，为推动各项事业发展注入了强大精神动力。为进一步弘扬愚公移山精神，济源市于 2013 年成立了愚公移山干部学院，先后承办北京、上海、重庆等地各类培训班 1000 余期、培训学员 8.6 万余人次。此外，针对基层人民，济源通过人们喜闻乐见的形式，加强舆论导向，抓好文化扶贫。设计具有济源特色的愚公移山扶贫宣传标识，坚定贫困群体"立下愚公移山志，打赢脱贫攻坚战"的信心和决心。紧贴基层群众口味，创新改进宣传方式，编排各种节目，提升了贫困群体脱贫致富的精神气儿。

图 10-6 2018 年 12 月，北京大学组织书画名家书写扶贫春联，助力愚公家乡文化扶贫

二是构建多元投入机制，将文化内涵具体化。济源是愚公移山精神的发源地，在推动经济改革发展的具体实践中，济源始终将传承和弘扬

图 10-7 2020 年 1 月文化扶贫活动中北京师范大学启功书院书法家
为济源贫困群众写春联

愚公移山精神摆在重要地位。将愚公移山精神贯穿于文化扶贫当中持续发力，加大人力、物力、财力投入，将愚公移山精神具体化、形象化，是济源文化扶贫广泛深入开展的基本前提。率先推出济源精准扶贫标志，将愚公移山精神具体化。创设愚公品牌徽标打造愚公文化品牌效应，通过徽标授权使用，引导鼓励企业、团体、组织、个人等社会各界力量捐助、援助等方式，广泛参与文化扶贫，拓宽文化扶贫投入渠道。此外，积极引进市场机制，向文化单位、民间文化社团等社会组织购买文化扶贫服务，发挥当地传统文化优势，编排扶贫现代豫剧《山路弯弯》。《山路弯弯》在济源 59 个建档立卡贫困村巡回演出，并于 2018 年 12 月被选作脱贫攻坚主题剧目在全省各地市扶贫巡演。豫剧与扶贫工作充分融合，以政府有限的资源力量撬动实力雄厚、类型多样的社会资源，保证文化扶贫投入的多元化和持续化。

四、愚公移山精神支撑下的济源治贫启示

自扶贫开发工作进入脱贫攻坚阶段，全国各地区的扶贫工作正如火如荼地开展着，但扶贫政策、资源、资金都倾斜于贫困地区，更偏重于深度贫困地区。然而，就全国全面打赢脱贫攻坚战的范围而言，插花式贫困地区的贫困问题也占有举足轻重的地位。作为非贫困地区的一分子，济源市扶贫工作跳出脱贫抓脱贫，以脱贫、致富及发展三者统一为整体作为一个长期目标，打破行业、部门间的壁垒，建立长效稳定的协同发展机制。济源的脱贫工作为后脱贫时代非贫困地区脱贫工作提供了市级样板，为非贫困地区脱贫工作提供了借鉴，同时也为贫困地区进一步巩固脱贫攻坚成果、建立解决相对贫困的长效机制、促进区域经济协同发展提供有益的启示。

（一）围绕愚公移山精神提升文化建设

党的十九届四中全会指出："发展社会主义先进文化、广泛凝聚人民精神力量，是国家治理体系和治理能力现代化的深厚支撑。"中华优秀传统文化源远流长，是一笔重要的精神财富。随着时代的发展，中华民族传统文化在历史车辙下彰显出不同时代价值，焕发出新的蓬勃生机。愚公移山精神从寓言故事到革命时期上升为民族精神，再到新时代在脱贫攻坚战中被赋予新的内涵，散发出独特的精神魅力。作为愚公故里的济源，广大人民群众一脉相承将愚公移山精神践行到底，将愚公移山精神在中原这片广袤的土地上发扬光大，使愚公移山精神在脱贫攻坚中绽放时代光芒。在新时代奋进征程中，济源市充分发挥愚公移山精神

在脱贫攻坚中的引领作用，增强济源儿女的文化自信。在打造愚公移山精神名片时，将脱贫攻坚工作、愚公移山精神与徽标设计相融合，创新推出济源精准扶贫徽标，提升扶贫工作的影响力和向心力，抢占市场先机。为破解政府、社会协作力量的碎片化难题，将济源精准扶贫徽标授权于合格企业，发挥文化的经济功能，增强政社脱贫协作的社会基础，同时促进扶贫产业与消费扶贫双双发展，带动贫困群众脱贫增收，实现双赢。

文化是人类在生产生活中智慧与汗水的结晶，填充了人们精神生活中的空白。文化扶贫是一种基于文化功能的扶贫实践，对"扶志"有着其他扶贫实践不可替代的作用。在推进精准扶贫工作纵深发展中，济源市通过建立扁平化的宣传工作机构、济源脱贫攻坚微信公众号、送文化下乡、文学记录等形式将党中央、国务院的各项惠民、利民政策送到农户家门口，化解农村居民的精神困境，调动贫困人口的发展积极性，转变等靠要思想，激发贫困群众的内生动力，增强脱贫的自觉性；通过多元形式构建起宣传扶贫政策、典型事迹为主的扶贫文化宣传网，在人人参与扶贫的良好舆论氛围的熏陶下，以文化的力量于无形中帮助群众提升文化修养，从根源上解决人生存与发展的困境。这一系列的文化扶贫措施使济源市的社会文化元素增多，为多元文化建设提供了思路，增强了广大人民群众的文化自信。

（二）循环经济理念下增强内源性发展动力

党的十九大报告明确提出："建立健全绿色低碳循环发展的经济体系……推进资源全面节约和循环利用，实施国家节水行动，降低能耗、物耗，实现生产系统和生活系统循环链接。"循环经济理念是在生态保护、资源的有限性及资源的浪费等背景下应运而生的，为更有效地充分利用资源并保护生态环境造福于子孙后代，各地区通过产业链延伸、三产融合等路径实现循环经济发展。济源市是全国最大的绿色铅锌冶炼基地和中国最大的白银生产基地，以"绿色冶炼、环保发展"的理念，围绕产业链延伸、绿色循环、集群式发展，打造中国铅锌冶炼循环经济样本。具有代表性的民营企业万洋集团，其领导层充分认识到循环发展、可持续发展是人类社会发展的必然要求；资源永续利用能够促进经济发展、保护环境，是中国工业发展长久之路。通过系列循环发展举措，变单一铅冶炼产业为"资源—产品—废弃物—再生产品"多元良性循环产业，达到四面开花的效果，实现了金、银、铜、铋、锑、碲、硒等有价元素的综合回收，真正实现"吃干榨净"，现已形成上下游关联的 4 条循环经济产业链，化解了产能、人才、技术、资本和管理上的现实困境，实现人与自然、社会经济的良性互动、和谐。在工业发展中科学配置放错位置的资源即废弃物，以产业链资源整合、协同创新为驱动力，积极推进循环经济体系建设，实现产业链上下游之间的纵向合作和平行产业之间的横向配合，建立产业链的循环创新体系，加快产业转型升级步伐，增强了工业的发展潜力，也为城市经济发展提供源源不断的能量。

产业是一个地区经济发展的内源性发展动力，各地区出台相应政策推动产业结构优化转型升级，以期达到供给侧改革的目的。在政府对产业布局的调控下，完善周边地区的基础设施，增强产业发展优势。济源市把打好精准脱贫攻坚战作为底线任务，以第一、第二、第三产业带贫为基底，不断从住房、教育、医疗、兜底、基础设施等方面补齐区域经济发展的最短板，探索出一条政府、市场和社会多元主体互补相融的协作脱贫治理路径，为提高区域经济实现高质量跨越式发展奠定坚实基础。在产业扶贫中，通过龙头企业、基地、合作社等新型经营主体带动贫困户发展，形成多样化的利益联结机制，切实打通"小农户"与市场间的联系通道，解决两者间对接不顺畅、不紧密的堵点，实现小农户和市场有效衔接。如下冶镇创新合作社带贫模式，以"精准"为目标，形成"支部＋合作社＋基地＋贫困户""公司＋基地＋合作社＋贫困户""公司＋合作社＋贫困户""社司一体"的村集体经济发展四种带贫模式，以四轮驱动带领贫困群众"抱团"发展、稳定增收，实现了农户就业增收、企业降本增效、产业提质升级"三赢"发展。

坚持全域一体发展，统筹推进农业转移人口就地就近市民化。在农村发展中由于耕地资源数量有限，产生大量剩余劳动力，而城市建设速度加快，存在结构性劳动力不足问题，造成两者间的固有矛盾，出现农业人口向城市转移现象，但因户籍制度、服务体系、城市承载力等因素的影响，农业转移人口市民化的速度较慢。济源市通过产业布局、人居环境、社会服务等方面协调部署使农业人口共享经济发展的成果，改变了农业转移人口在城市里的弱势地位，缓解了农村剩余劳动力与有限土地资源之间的矛盾，满足了城市发展对于劳动力的需求，推动农业转移人口就地就近市民化，实现城市和农村经济共同发展。

济源市在经济发展中秉承循环经济理念，结合全域城乡一体化发展，补短板、丰业态、提档次，在农业发展中形成以阳光兔业为代表的三产融合发展模式下的绿色立体循环农业体系，在工业发展中形成以豫

图 10-8 济源市黄河三峡、小浪底及王屋山景观图

光集团为代表的产业链延伸模式下的绿色转型工业体系，在旅游业发展中形成以邵原镇娲皇谷旅游度假村为代表的历史人文相结合模式下的生态旅游体系。同时在第一、第二、第三产业齐头并进的趋势中，带动周边生产、生活环境的焕然一新，三次产业的蝶变，打造济源经济增长极，为济源经济插上了一双腾飞的翅膀。

五、城乡一体：结构均衡的高质量经济体

脱贫攻坚与乡村振兴是党中央对完成 "两个一百年" 奋斗目标针对

农村实际而做出的重大战略部署。当前正处于脱贫攻坚和乡村振兴两大战略的交汇期和过渡期，贫困地区脱贫攻坚的全面铺展为乡村振兴的实施打好坚固地基，为农村的繁荣兴盛铺好康庄大道；插花式贫困地区由于经济基础条件略好于贫困地区，贫困基数少且分布零散，将脱贫攻坚任务作为经济发展的最短板来进行弥补，将脱贫攻坚与区域经济发展、新型城镇化相结合，通过产业辐射带动、教育扶贫、基础设施完善等提升精准扶贫支撑能力与居住环境改善，为农民致富增收打通渠道，同时也为破解城乡二元结构难题提供思路。济源市作为非贫困地区的代表，以愚公移山精神为引领，布局谋划以产业为中心的城、镇、村三位一体的协同发展路径，形成工农互促、城乡互补、全面融合的城乡关系，引导小农户融入现代农业发展体系，为全国其他地区实施乡村振兴战略提供了借鉴。

（一）城乡融合发展路径下的城乡关系

党的十九大报告明确提出："中国特色社会主义进入新时代，我国社会主要矛盾已经转化为人民日益增长的美好生活需要和不平衡不充分的发展之间的矛盾。"最大的不平衡是城乡发展间的不平衡，最大的不充分是农村与农村之间、农村内部之间发展的不充分，要从根本上解决这个社会主要矛盾，必须打破固有的城乡二元结构，厘清城市与乡村之间的关系，究竟是吸附性城乡关系、并立型城乡关系，还是融合型城乡关系，需根据地区社会经济发展程度来确定。新形势下，城市与乡村应是一种工农互促、城乡互补、全面融合、共同繁荣的新型城乡关系。要推动城乡融合发展，关键要挖掘"融合"路径，开好"融合"药方，在

"融合"二字上下功夫。所谓"融合",就是更加强调将城镇发展与乡村发展看成一个有机整体去规划,注重城乡发展的有机联系和共生共存。济源市抓住河南省城乡一体化试点、全国绿色循环低碳交通运输体系建设试点、产城融合示范区的机遇,破解"二元结构"桎梏,持续推进改革,畅通资金、人才等要素合理流动渠道,率先建立城乡统一的医疗、教育、养老、低保、就业等各项保障政策,建立长短结合、标本兼治的体制机制,尽最大的努力推进公共服务均等化,构建了城乡一体化新格局。

城市和乡村的不平衡发展是我们当前解决社会主要矛盾面临的重要问题,党中央一直以来对城乡发展问题给予高度重视,从"城乡二元"到"城乡统筹",再到"城乡融合",对于城乡关系发展的认识不断深化。在推进城乡融合发展时,必须大力推进体制机制创新,强化乡村振兴制度性供给,建立健全城乡融合发展体制机制与政策指导支撑体系,统筹城乡两个地域空间中的人、财、物等资源要素在城乡间双向自由流动和平等交换,形成"工农互促、城乡互补、全面融合、共同繁荣"的新型工农城乡关系,建立向农业农村倾斜的城乡融合发展体制机制,加速填平城乡二元结构的鸿沟。

(二)小农户与现代农业有机衔接

党的十九大报告中明确指出,实现小农户与现代农业发展有机衔接。家庭联产承包责任制在全国范围内开展极大地释放了农村生产力,唤醒了农村沉睡资源,但在发展中形成农业经营以小农户为主的格局,表现出的最突出特征就是经营分散化、小规模化。小规模农户经营是当前我国农业生产的主要形式，并且在未来很长一段时间内不会发生改变，在人口与土地资源的双重约束下肩负重任。同时，党的十九大报告中也指出："巩固和完善农村基本经营制度，深化农村土地制度改革，完善承包地'三权'分置制度。保持土地承包关系稳定并长久不变，第二轮土地承包到期后再延长三十年。"在产业纵深发展中，新型经营主体的出现为小农户规避风险、适应多变的市场提供了选择。扶贫开发工作以产业发展为杠杆，补齐各项短板，推进经济整体发展。插花式贫困地区将外部帮扶与内在动力结合，带动贫困群众自我发展并具备抵抗返贫的能力，摆脱贫困圈落。在产业扶贫中，通过龙头企业、合作社等新型经营主体带动，建立完整的利益联结机制，将小农户与瞬息万变的市场相连，促进农业发展。

产业兴旺是实施乡村振兴战略的首要任务和工作重点，是乡村焕发新的生机的基础和保障。在现代农业发展中，如何让具有资源和能力优势的新型农业经营主体带动处于弱势地位的小农户协同发展是推进乡村振兴的重要内容，也是小农户与现代农业融合发展的关键节点。济源市立足于当地资源禀赋和发展基础，不断丰富组织模式，创新优化联农带农机制，以党建带动、龙头企业、合作社、基地、电商等形式组织小农户生产深度分工融合，使各类新型经营主体成为小农户与现代市场沟通的桥梁，解决"单打独斗式"小农经济发展的弊端，推动农业提质增效、农户稳定增收致富；以产业辐射带动周边发展的团状经济是济源实施乡村振兴的"金钥匙"，也为城乡融合发展架起一座"新桥梁"。因此，在插花式贫困地区解决小农户融入现代农业发展中，要全面提升小农户发展能力，以小农户为主体建立形式多样的组织体系并提高小农户组织化程度，拓展小农户增收空间，健全面向小农户发展的社会化服务体系，完善利于小农户发展的扶持政策，把小农生产引入现代农业发展轨道，让小农户赶上现代农业的"快车"，使传统小农户向现代小农户转变，让小农户共享改革发展成果。

结　语

已见繁花结硕果，更立壮志谱新篇！愚公故里在新时代脱贫征程中的每一个脚印都在滚滚历史长河的见证下熠熠发光，迎着改革的春风，经过开放的洗礼，济源儿女在愚公移山精神的感召下奋勇拼搏，破除一切艰难险阻，用辛勤和实干、智慧和汗水，力争在新时代干出一番大业绩，从而实现在厚积薄发中量到质的华丽转身。年轻就是最雄厚的资本，济源是河南省面积最小、年纪最轻的省直管市，敢于以第一个吃螃蟹的态度探索出一个又一个"济源样本"，为济源市的创新发展源源不断地注入"活水"，以只争朝夕、不负韶华的姿态去奋斗、去书写改革路上的济源篇章。文化是一个民族的灵魂和血脉，也是一个国家、地区发展强大的精神支撑，济源市打造"一山一水一精神"；为讲好济源故事找准突破口。济源的每一次腾飞，诠释着愚公故里改革创新的激情，释放着愚公儿女不畏艰辛的能量。在脱贫攻坚战与乡村振兴战略的交汇期，在"十三五"与"十四五"两个时期的过渡阶段，济源市将愚公移山精神作为推动新时代发展的强大精神动力，以更大的决心和勇气、毅力和韧劲，在发展的激流中把握新机遇、迎接新挑战，建立健全城乡融合发展体制机制和政策体系，奋力建设富强民主文明和谐美丽的社会主义现代化强市，为中原出彩、济源出重彩谱写新的时代篇章。

参考文献

［1］魏婉茹. 我国城乡二元经济结构浅析［J］. 经贸实践，2018(20).

［2］冯婧，李素侠，张雪花. 基于系统动力学的新兴绿色产业链价值增值研究［J］. 科技管理研究，2019，39(22).

［3］王勉."精神脱贫"起步了吗？［J］. 农村 农业 农民，2016(6).

［4］刘辉武. 精准扶贫实施中的问题、经验与策略选择——基于贵州省铜仁市的调查［J］. 农村经济，2016(5).

［5］汪波，王雄军. 精准扶贫的实践逻辑与理论创新［J］. 行政管理改革，2018(11).

［6］田波，柳长兴. 人力资本视角下的"志智双扶"问题研究：后扶贫时代的扶贫治理［J］. 重庆理工大学学报(社会科学)，2020，34(2).

［7］刘明月，陈菲菲，汪三贵，等. 产业扶贫基金的运行机制与效果［J］. 中国软科学，2019(7).

［8］吴梓境，张波. 少数民族地区扶贫引导基金的模式探索［J］. 云南民族大学学报(哲学社会科学版)，2019，36(1).

［9］龚蔺，贺梦婷，江丹，等. 乡村旅游对接插花式贫困户精准扶贫的操

作路径研究——以四川省平昌县和都江堰市为例[J]. 农村经济与科技，2017，28(7).

[10] 中国农业新闻网. 济源："六大机制"保障脱贫攻坚工作有序高效开展[EB/OL]，2018-09-10.

[11] 王雷雷. 农地经营权抵押贷款中抵押物价值评估研究[D]. 硕士学位论文，西北农林科技大学，2018.

[12] 邓大才. 利益、制度与有效自治：一种尝试的解释框架——以农村集体资产股份权能改革为研究对象[J]. 东南学术，2018(6).

[13] 向天成，罗红芳. 论文化扶贫的实践理路——基于马克思需要理论视角[J]. 贵州民族研究，2019，40(10).

[14] 杜姣. 城乡关系的实践类型与乡村振兴的分类实践[J/OL]. 探索，2020（1）：142-153. ［2020-03-06］. https：//doi.org/10.16501/j.cnki.50-1019/d.2020-01-13.

致敬扶贫人

——献给脱贫攻坚战线的"新愚公"

济源市原副市长　卫祥玉

脱贫攻坚战，是人类历史上一场没有硝烟的消除贫困的战争。从 2015 年 11 月 27 日习近平总书记在中央扶贫开发工作会议上发出"脱贫攻坚战的冲锋号已经吹响。我们要立下愚公移山志，咬定目标、苦干实干，坚决打赢脱贫攻坚战，确保到 2020 年所有贫困地区和贫困人口一道迈入全面小康社会"的重要指示；到 2019 年 3 月 7 日习近平总书记在参加十三届全国人大二次会议甘肃代表团审议时发出"现在距离 2020 年完成脱贫攻坚目标任务只有两年时间，正是最吃劲的时候，必须坚持不懈做好工作，不获全胜，决不收兵"的号召；再到 2020 年 12 月 3 日习近平总书记在中共中央政治局常务委员会会议上发出"如期完成了新时代脱贫攻坚目标任务，现行标准下农村贫困人口全部脱贫，贫困县全部摘帽，消除了绝对贫困和区域性整体贫困，近1亿贫困人口实现脱贫，取得了令全世界刮目相看的重大胜利"的宣告，五年多来，在以习近平同志为核心的党中央坚强领导下，全国上下发扬愚公移山精神，咬定目标，苦干实干，锲而不舍，久久为功，啃下了一个又一个硬骨头，创造了人类历史上一个又一个奇迹。

打赢脱贫攻坚战，关键在人。脱贫攻坚战是一场必须打赢打好的硬仗，既然是硬仗，就意味着不是轻轻松松一冲锋就能解决的，就意味着要有高度的责任担当、超常规的付出奉献甚至牺牲。脱贫攻坚战取得重大胜利的背后，离不开一支支能打善战、实干创新的扶贫干部队伍。五年多来，全国上下广大党员干部"上山下乡"到贫困村驻村帮扶，机关优秀干部到村任第一书记，280多万驻村干部、第一书记奋战在脱贫一线，还有770多名扶贫干部牺牲在反贫困斗争的战场上……这些吃住在村扎根基层的驻村干部、第一书记，是脱贫攻坚战中最辛苦、最劳累、付出最多的，月光、星光、灯光，往往就是他们的诗和远方。是他们，为着同一个目标，从繁华的都市，来到偏远的农村，充满着理想和期待，挥洒着青春和热血，绽放着无悔人生的光彩，书写着新时代"最可爱的人"的风采和情怀；是他们，不忘初心、牢记使命，勇于担当、甘于奉献，用"功成不必在我，功成必定有我"的信念，用"要学愚公担担子，不学智叟撂挑子"的担当，践行着习总书记"立下愚公移山志，打赢脱贫攻坚战"的号召和指示。

在济源，古有老愚公移山，今有新愚公扶贫。五年前，习近平总书记"立下愚公移山志，打赢脱贫攻坚战"的号召和指示是对全国讲的，但对愚公移山故事原发地的济源更具特殊意义。济源位于河南省西北部，因济水发源地而得名，是愚公移山故事的原发地，辖 2 个产业集聚区、11 个镇、5 个街道，总人口 73 万，面积 1931 平方公里。济源山区丘陵面积约占 88%，贫困人口居住分散，呈点状分布，贫困程度深，帮扶难度大，是"艰中之艰，难中之难"，都是最难啃的"硬骨头"。为了挖掉贫困这座大山，济源人民在愚公移山精神指引下付出了长期不懈的努力。20 世纪 50 年代，深受旱涝之患的济源人民开展了声势浩大的治理蟒河大会战，两次受到国务院表彰。70 年代，济源响亮地提出"向高山水利化进军"，完成了王屋山、鳌背山、天坛山三大水库建设，山区 13.5 万亩"望天收"的"火旱田"变成了"保丰田"。进入新世纪以来，济源持续加大对扶贫开发的投入力度，切实增加贫困群众收入，着力改善山区群众生存环境，率先在全省实现了"镇镇通"高速公路、"村村通"公交车、"组组通"硬化路、"户户通"自来水。脱贫攻坚战的冲锋号吹响以来，济源坚持把脱贫攻坚作为重大政治任务和第一民生工程，深入贯彻习近平扶贫开发重要论述，牢记习近平总书记"立下愚公移山志、打赢脱贫攻坚战"的重要指示精神，深刻领会和把握愚公移山精神与脱贫攻坚的内在联系，把弘扬愚公移山精神贯穿于脱贫攻坚战的全过程，转化为广大党员干部和人民群众的强烈共识和自觉行动，咬定目标、众志成城，不获全胜、决不收兵，脱贫攻坚工作取得了决定性成效。2018 年底济源 59 个贫困村全部退出；2019 年底建档立卡贫困人口 2073 户 7084 人全部脱贫；2020 年，贫困人口收入全部达到一万元以上，贫困人口人均纯收入达到 16203 元，是 2015 年贫困人口年人均纯收入的 4.9 倍，59 个贫困村集体经营性收入全部达 10 万元以上，最高达到 109.36 万元。2017 年 7 月，时任中共中央政治局常委、中央书记处书记刘云山同志在济源调研时，对济源抓党建促脱贫攻坚的做法给予了充分肯定。2018
年，济源代表河南省接受国务院大督查脱贫攻坚专项督查，受到督查组
充分肯定，国务院大督查专刊两次推介济源扶贫经验做法，督查组成
员、全国政协委员连玉明的《王屋山下访"愚公"》在《河南日报》头版刊
发。济源被评为全国首批脱贫攻坚优秀城市；"十个全覆盖"扶贫扶志典
型案例、"六位一体"健康扶贫案例等多篇典型案例在全国获奖；扶贫干
部李向阳荣获第九届全国"人民满意的公务员"称号，受到习近平总书记
的亲切接见；成富营、侯三元、李典辉、任云飞、杨团结分别荣获
2018、2019、2020 年度"河南省脱贫攻坚奖"。副省长武国定、霍金花分
别对济源"一揽子"保险政策、"双千双扶"教育扶贫活动做出批示；"双
联双助双促"行动、精准扶贫徽标授权使用、"携手奔小康"产业扶贫基
金、龙头企业"联镇带村"产业扶贫模式、精准扶贫企业贷款、增孝关爱
扶贫政策等经验做法被河南省《脱贫攻坚动态》专题推介；档卡资料规范
化建设的经验做法被河南省扶贫办制作成专题片，供全省学习；北京师
范大学中国扶贫研究院在济源设立全国首家精准扶贫调研点，把济源作
为非贫困地区精准扶贫的典型进行研究总结，为全国脱贫攻坚提供经验
参考。国务院扶贫办中国扶贫发展中心主任黄承伟指出："济源过去几
年在脱贫攻坚领域的成功实践，对于贯彻落实十九届五中全会精神，对
于脱贫攻坚战完成后的乡村工作，对于如何接续推动脱贫地区发展、解
决低收入人群的发展问题，具有在全国范围学习交流的价值。"

　　济源市脱贫攻坚取得的成绩，同样离不开这样一批咬定目标、苦干
实干的基层一线扶贫干部。我从 2018 年 5 月分管扶贫工作以来，在脱
贫攻坚一线与基层扶贫干部共同奋斗，看到了他们披星戴月、日夜辛劳

的身影，看到了他们强烈的使命担当、深厚的为民情怀，深切地感受到他们的责任与担当、奉献与付出。特别是 2020 年新冠肺炎疫情暴发后，59 个贫困村第一书记大年初二就全部复岗，109 个村 264 名驻村干部春节期间在岗在位，切实履职尽责，阳光兔业、瑞星牧业、丰之源三家重点龙头带贫企业全面恢复生产，带贫合作社全部复工，贫困家庭劳动力 3257 人"应就业尽就业"，贫困群众没有 1 例确诊病例和疑似病例，没有 1 户贫困群众基本保障受到影响，确保了脱贫攻坚和疫情防控双战双胜。作为愚公儿女，他们以融入济源人民灵魂深处和血脉之中的愚公移山精神与困难决斗，万众一心加油干，越是艰险越向前；他们用汗水和心血让广大人民群众看到了干部作风的转变，用自己的辛苦指数换来了广大人民群众的幸福指数，赢得了广大群众的肯定和信任；他们用责任和担当书写了济源脱贫攻坚工作中的精彩华章，贡献了济源智慧、济源经验、济源力量。

说到扶贫干部，不得不提"铁人"贺双福同志。2018 年 5 月，为强化扶贫工作力量，作为市政府副秘书长的他兼任扶贫办主任。当时脱贫攻坚形势最为严峻、任务最为繁重，加上扶贫办绝大部分为新借调人员，工作尚不熟悉。在这最困难的时刻，他没有犹豫，没有退却，团结带领扶贫办干部职工披星戴月、加班加点，一边学习扶贫政策，尽快进入角色；一边迅速捋顺工作机制，创新工作方式，补齐工作短板，扎实推进脱贫攻坚各项工作。"增孝关爱"扶贫政策、"双千双扶"教育扶贫活动、"一揽子"保险新模式、慈善爱心(励志)超市、龙头企业"联镇带村"等多项创新举措在全省推广。三年多来，在脱贫攻坚战的战场上，他承受了许多常人难以承受的压力、忍受了许多常人难以忍受的委屈、克服了许多常人难以克服的困难；三年多来，在高强度的工作压力下，由于过度劳累导致经常流鼻血，但他轻伤不下火线，依旧坚守在第一线，就连孙女出生他也没时间回去看一眼；三年多来，每天他来得最早，走得最晚，和同志们一道，在星光、灯光、月光的陪伴下，不断追寻着扶贫人的诗和远方。

还有，扶贫办的成富营同志，他是从一名驻村第一书记逐步成长起来的。2015 年 8 月，他到大峪镇曾庄村任第一书记。成立红白理事会，开展"入党纪念日"活动，创立"三基金一保障"精准扶贫法，实施"村集体＋公司＋租用农户屋顶"光伏模式、创办全市第一个村级微信公众号……一系列举措不仅让曾庄远近闻名，他本人也先后获得了"全省优秀驻村第一书记""全省脱贫攻坚奖创新奖"等荣誉。2018 年 6 月，根据组织安排，他被抽调到济源扶贫办工作。工作岗位变了、工作内容变了，唯一不变的是他六年如一日的工作热情。在扶贫办，他承担着最为繁重琐碎的工作，经常和科室的同志们一起加班加点，拟定会议方案，策划宣传活动，挖掘扶贫故事，提炼典型经验……他说，赶上脱贫攻坚这一时代大主题，是人生的一笔宝贵财富。经历了脱贫攻坚战的洗礼，任何困难都能克服。

再比如，王屋镇党委书记雷红，她作为一名女同志，老父亲身患重病，长期住院，但她却往往为了扶贫工作，不能在床前尽孝。王屋镇原庄村党支部书记范哲红，2013 年从王屋镇机关退休回到原庄，并没有"船到码头车到站"，而是退而不休，带领全村 24 名党员，成立产业发展功能性党小组，永葆底色、率先垂范、产业引导、助力脱贫攻坚……

特别是以第一书记为代表的驻村干部们，他们放弃原本较为优越的工作生活环境，从城区到山区，经历寒冬酷暑，埋头苦干，抓党建，抓脱贫，抓项目，办好每一件惠民实事，服务好群众"最后一米"，他们与乡亲们同吃同住同劳动，从花开到花落，从烈日炎炎到冰冻三尺，春夏秋冬，日月轮回，一名名机关干部成了地地道道的"农村干部"；他们用自己的辛苦指数换来了贫困群众的幸福指数。一篇篇驻村日记、一个个扶贫故事、一次次彻夜长谈，写满了第一书记们的酸甜苦辣，他们累并快乐着。

比如，大峪镇王庄村的三任第一书记。从 2015 年 8 月，河南交通投资集团的第一任驻村第一书记到岗，至今共有三任第一书记派驻王庄。三任驻村第一书记刘剑君、任云飞、张家祥到王庄后，老百姓都给他们起了新名字：刘"脱贫"、任"致富"、张"振兴"。三任第一书记一任接着一任干，王庄村不仅实现了脱贫致富，而且成为乡村振兴的一面旗帜。谈及驻村感受，任云飞说："皮肤变黑了，脸皮变厚了，胆子变大了！"是啊，当好扶贫带头人，当好村里代言人，当好群众贴心人，皮肤再黑一些，脸皮再厚一些，又有何妨呢！

比如，邵原镇碌碡村原第一书记李自琴，由于所驻的村很穷、很偏僻，已经 60 多岁的母亲心疼闺女，干脆就跟着驻村了。到了村里，经常是女儿忙着入户调查，母亲也跟着去；闺女走访登记、核查信息，当妈的就在一旁拍照片、留资料、问长问短。回到家里，女儿建档案、做卡片，母亲忙着做饭。就这样，这位妈妈铁了心，陪女儿驻村三年多，村里人都称她为"第二书记"。

比如，王屋镇谭庄村原第一书记卢丽娟，工作中风风火火，是一个女汉子，生活中却非常细心，对贫困群众关怀备至，被贫困户子女亲切地称为"卢妈妈"。

还有下冶镇北吴村第一书记林运法，下冶镇吴村第一书记杨玉祥，王屋镇封门村第一书记任晓晓，王屋镇桃花洞村第一书记胡爱国，坡头镇郝山村第一书记王友世，坡头镇校庄村第一书记王国平，坡头镇石槽沟村第一书记陈建政，承留镇山坪村第一书记张骞等 8 名第一书记，从2015 年起，在偏远的山区一驻就是 6 年，他们默默付出，无怨无悔，把驻村当"我村"，把他乡当故乡，老愚公咬定目标、挖山不止的精神，在他们身上得到了充分的体现。

············

每一名第一书记，每一名扶贫干部，每一名扶贫人，说起他们的扶贫故事，都会滔滔不绝。什么是幸福，什么是成就，也许当自己的理想和组织的安排正好重合的时候，那就是最幸福的时候。一个个贫困户脱贫后的笑脸，一个个贫困户发自内心地对党的感恩，一名名群众对扶贫干部的肯定和信任，一个个贫困村翻天覆地、日新月异的变化，都写满了扶贫干部的故事。比如，王屋镇原庄村的脱贫户侯小军，他十几年如一日照顾身体较差的妻子、智力残疾的儿子及妻姐一家，被评为"河南好人"；比如王屋镇桃花洞村的脱贫户翟道贵，不甘贫困、两次主动向村里递交脱贫申请书，被众多媒体报道；比如下冶镇吴村脱贫户赵革命，脱贫致富不忘党恩、积极向党组织靠拢，成为一名预备党员；还有带领全家脱贫的"新时代好少年"孙东海，发展电商带领乡亲致富的"核桃姐"冯艳青等等，一大批脱贫户都成为广受称赞的榜样。与此同时，许多贫困村也都实现了"蜕变"，大峪镇曾庄村被评为"第六届全国文明村"，大峪镇王庄村成为 2020 年中国美丽休闲乡村，邵原镇双房村的娲皇谷旅游度假区成为第六批全国森林康养基地试点建设单位，王屋镇西门村 2020 年集体经营性收入达到 109.36 万元……贫困村发展越来越红火，贫困群众生活越来越幸福，干群关系也越来越融洽。

与此同时，在济源，社会各界共同关注、支持、参与脱贫攻坚，形成了社会扶贫大格局，奏响了这个时代的主旋律。70 家企业与贫困村和有贫困户的非贫困村结对帮扶，创新"双联双助双促"帮扶模式，三年来帮扶资金达到 6500 多万元；民营企业济源钢铁公司的老总李玉田一次性捐赠 3000 万元成立扶贫基金；丰之源公司每卖出一罐"愚公核桃"饮料向产业扶贫基金捐一角钱并向广大扶贫干部和贫困群众赠送春联、福字；农行济源分行、邮储银行济源分行冠名开展"农行杯"文学助力脱贫攻坚活动、"邮储银行杯"济源摄影家聚焦脱贫攻坚主战场活动……农行济源分行大楼正中悬挂的大型脱贫攻坚倒计时牌，无时不在提醒愚公儿女坚定愚公移山之志，确保脱贫攻坚全胜；还有以济源市慈善总会办公室主任商永莉、济源市"爱心助学之家"负责人李玉线、天爱社会服务中心负责人王应军等十佳扶贫志愿者为代表的社会各界人士，汇聚起无数个人力量助力脱贫攻坚。

愚公故里扶贫人，都是脱贫攻坚战线的新愚公，他们身上有着愚公移山精神最好的传承和弘扬，有许多人被这些新愚公感动着。譬如，全国政协委员连玉明，他在参加 2018 年国务院大督查第十六督查组督查河南期间，二下济源，行程 1000 公里，踏访 6 镇 17 村，入户 20 多家贫困户，面对面座谈交流 50 多人，督查扶贫政策之落实，感受脱贫攻坚之艰辛，探寻愚公精神之本源，写下《王屋山下访"愚公"》一文。譬如，《中国扶贫》杂志总编文炜在济源采访，发出了"立下愚公移山志，打赢脱贫攻坚战！济源人的雄心壮志声震寰宇，济源人的干劲儿直冲云霄！太行、王屋二山啊，你不曾挡住愚公挖山不止的执拗，又怎能挡住新时代新愚公的新斗争？"的感慨。譬如，第十届茅盾文学奖获得者李洱先生，深入济源扶贫一线采风，专门为《济源文学扶贫专刊》写下寄语，"用文学的形式助推脱贫攻坚，此乃新时代的新风尚，也是作家深入生活的新形态。愿更多的文艺工作者深入生活第一线，用心描绘脱贫攻坚事业，创作出更多无愧于时代、无愧于人民也无愧于作家称号的优秀文艺作品"。譬如，北师大中国扶贫研究院院长张琦教授，在济源调研之后，对济源给予了高度评价，"在愚公移山精神鼓舞下，济源创造了产城融合积极推进产业扶贫和非贫困地区脱贫攻坚的成功案例，是践行探索实现巩固拓展脱贫成果同乡村振兴有效衔接的改革创新道路的先行地区"。

当前，脱贫攻坚战收官之际，脱贫攻坚工作取得的成效来之不易，最辛苦、最劳累、付出最多的就是我们的扶贫干部，应该从提拔使用、表彰奖励、提高待遇、人文关怀等多个方面，正向激励扶贫一线干部。"用人导向是最重要的导向。"习近平总书记多次强调，要把脱贫攻坚实绩作为选拔任用干部的重要依据，在脱贫攻坚第一线考察识别干部。

脱贫攻坚战打响以来，习近平总书记的足迹踏遍了全国 14 个集中连片特困地区，先后深入 24 个贫困村走访调研。总书记身体力行、以上率下，为全国广大扶贫干部树立了榜样。正是总书记的率先垂范和亲切关怀，让广大扶贫干部如沐习习春风，有了强大的精神动力。他们身上有一种精神，一种信仰，一种境界；他们以"累并快乐着"的革命浪漫主义情怀和"家是最小国，国是千万家"的家国情怀，投身脱贫攻坚这场没有硝烟的消除贫困的战争，用实干担当、奉献牺牲践行着共产党员的初心和使命，诠释着扶贫人的精神和信仰。他们是党和人民最忠诚的战士，他们是新时代"最可爱的人"。与此同时，脱贫攻坚工作是对中华民族、对人类都具有重大意义的伟业，能够参与其中，见证这一历史伟业，每一位扶贫干部都倍感荣耀。相信在若干年后，广大扶贫干部最值得骄傲自豪的就是参与过脱贫攻坚，最爱听的称谓就是扶贫人，最感亲切的就是脱贫攻坚战友们。

作为愚公故里的济源，对扶贫干部、第一书记也给予了很多的关心关爱。从 2018 年开始，每年在全国扶贫日前后，都要开展脱贫攻坚"十佳"系列评选表彰活动，对"十佳第一书记"、"十佳镇村扶贫干部"、"十佳行业扶贫干部"等进行大规模表彰；对优秀扶贫干部提拔重用，对扶贫干部的"暖心行动"，给第一书记进行体检；提高驻村干部的伙食补助和交通补助，提高第一书记的工作经费标准，市级领导逢年过节看望慰问扶贫干部，为扶贫干部赠送春联……一系列活动让扶贫干部干得安心、舒心、顺心。

脱贫摘帽不是终点，而是新生活、新奋斗的起点。习近平总书记强调，"各地区各部门要总结脱贫攻坚经验，发挥脱贫攻坚体制机制作用，接续推进巩固拓展攻坚成果同乡村振兴有效衔接，保持脱贫攻坚政策总体稳定，多措并举巩固脱贫成果。要激发贫困地区贫困人口内生动力，激励有劳动能力的低收入人口勤劳致富，向着逐步实现全体人民共同富裕的目标继续前进"。党的十九届五中全会提出要"实现巩固拓展脱贫攻坚成果同乡村振兴有效衔接"。脱贫攻坚的主战场在农村，乡村振兴的主战场同样在农村，脱贫攻坚与乡村振兴紧密联系。从脱贫攻坚到乡村振兴，是一个从"攻坚战"到"持久战"的转变，是从消灭绝对贫困到推动乡村产业、人才、文化、生态、组织等全面振兴的一个过程，一方面要做好人的衔接，继续使用好经历了脱贫攻坚战考验的广大扶贫干部，充分发挥他们"爱农村、知民情，懂民意"的优势和乡村振兴"领头雁"和"压舱石""中流砥柱"的作用；另一方面要做好精神的衔接，脱贫攻坚战需要愚公移山精神，乡村振兴同样需要愚公移山精神，要进一步传承弘扬好"咬定目标、苦干实干，锲而不舍、久久为功"的新时代愚公移山精神，逐步实现乡村振兴，逐步实现共同富裕的目标。

时代不会忘记，人民不会忘记。党和人民将永远铭记这些为打赢脱贫攻坚战做出奉献牺牲的广大扶贫干部们。能够做好脱贫攻坚工作的他们一定是最优秀的党员干部，经历了脱贫攻坚战洗礼和淬炼的他们也一定能够成长为最优秀的党员干部，愿他们在接下来的乡村振兴战略和全面建设社会主义现代化国家新征程中，继续弘扬新时代愚公移山精神，不忘初心，不负韶华，在新的岗位上做出更大的贡献，书写更加精彩的华章！

图书在版编目（CIP）数据

　　立下愚公移山志　打赢脱贫攻坚战：河南济源脱贫攻坚经验/
张琦等著. —北京：北京师范大学出版社，2021.5
　　（新时代脱贫攻坚研究系列）
　　ISBN 978-7-303-26977-8

　　Ⅰ.①立… Ⅱ.①张… Ⅲ.①扶贫-经验-济源 Ⅳ.①F127.614

中国版本图书馆 CIP 数据核字（2021）第 086450 号

营　销　中　心　电　话　010-58805385
北 京 师 范 大 学 出 版 社　http://xueda.bnup.com
主题出版与重大项目策划部

LIXIA YUGONGYISHANZHI　DAYING TUOPINGONGJIANZHAN
出版发行：北京师范大学出版社　www.bnup.com
　　　　　北京市西城区新街口外大街 12-3 号
　　　　　邮政编码：100088
印　　刷：北京京师印务有限公司
经　　销：全国新华书店
开　　本：787 mm×1092 mm　1/16
印　　张：19.25
字　　数：231 千字
版　　次：2021 年 5 月第 1 版
印　　次：2021 年 5 月第 1 次印刷
定　　价：86.00 元

策划编辑：祁传华　　　　　　　责任编辑：郭　瑜
美术编辑：王齐云　　　　　　　装帧设计：王齐云
责任校对：陈　民　　　　　　　责任印制：陈　涛